华中农业大学公共管理学院学科建设经费资助

城乡一体化下国土空间优化与土地收益分配研究

文兰娇　张安录　著

科学出版社

北京

内 容 简 介

随着我国城镇化水平的不断推进，产权和土地细碎化空间分布失调，如何构建"城乡一体化"下国土空间优化与土地收益分配机制已引起社会各界广泛关注。基于此，本书围绕"城乡一体化"建设，以湖北省典型城市和"四化同步"试点乡镇为例，进行省、市、镇三级尺度的"城乡一体化"空间优化分区，探究不同模式下土地增值收益分配现状和存在问题及地方政府、农民、企业参与国土空间优化意愿、福利水平等，最终构建不同模式下国土空间优化政策及制度保障体系。

本书主要适合于高等院校、科研机构从事"城乡空间优化与土地收益分配"等问题研究的学者、学生，以及政府相关土地管理部门的管理决策人员等阅读参考。

图书在版编目（CIP）数据

城乡一体化下国土空间优化与土地收益分配研究 / 文兰娇，张安录著. —北京：科学出版社，2020.9

ISBN 978-7-03-061247-2

Ⅰ. ①城… Ⅱ. ①文… ②张… Ⅲ. ①国土资源-资源管理-研究-中国 ②土地经营-收入分配-研究-中国 Ⅳ. ①F129.9 ②F321.1

中国版本图书馆 CIP 数据核字（2019）第 094556 号

责任编辑：王丹妮 / 责任校对：贾娜娜
责任印制：张 伟 / 封面设计：无极书装

科 学 出 版 社 出版
北京东黄城根北街 16 号
邮政编码：100717
http://www.sciencep.com

北京虎彩文化传播有限公司 印刷
科学出版社发行 各地新华书店经销
*

2020 年 9 月第 一 版 开本：720×1000 B5
2021 年 1 月第二次印刷 印张：15
字数：300 000

定价：136.00 元
（如有印装质量问题，我社负责调换）

目　　录

第1章　概论 ··· 1
   1.1　问题的提出 ··· 1
   1.2　研究意义与价值 ··· 2
   1.3　研究目标 ··· 3
   1.4　研究思路与方法 ··· 5
   1.5　相关研究进展 ··· 9

第2章　城乡一体化与"四化同步" ·· 26
   2.1　"四化同步"与"城乡一体化"的概念及内在联系 ································ 26
   2.2　城乡一体化发展测度——以湖北省为例 ··· 29
   2.3　"四化同步"发展测度——以湖北省为例 ··· 35

第3章　城乡一体化下国土空间优化实证分析 ·· 43
   3.1　新型城镇化与国土空间发展布局——以湖北省为例 ······························· 43
   3.2　示范乡镇"四化同步"国土空间优化——以襄阳市双沟镇为例 ···················· 60

第4章　城乡一体化土地增值与收益分配理论分析框架 ································ 79
   4.1　相关理论基础 ·· 79
   4.2　存量建设用地市场价值机理及收益分配模型 ······································· 90
   4.3　集体建设用地空间置换及收益分配模型 ··· 98
   4.4　小结 ·· 101

第5章　城乡一体化下权利主体收益分配关系和福利效应 ····························· 102
   5.1　城乡一体化下集体建设用地交易与空间关系识别 ································· 102
   5.2　集体建设用地空间置换收益分配模式 ·· 107
   5.3　地票指标交易撬动土地征收中收益分配关系及其优化
        ——以鄂州市为例 ·· 117
   5.4　集体建设用地空间置换收益分配关系及其优化
        ——以"四化同步"示范乡镇为例 ·· 129

第6章　相关权利主体空间优化行为研究 ·· 134
   6.1　政府主导模式下参与行为研究——以增减挂钩为例 ······························· 134

  6.2 市场主导模式下参与行为研究——以参与集体建设用地流转为例 ···· 172
第 7 章 国土空间优化与收益分配改良政策及制度保障 ················ 204
  7.1 国土空间优化方向 ·· 204
  7.2 土地增值收益分配的改革方向 ······························ 208
  7.3 构建政府-市场混合模式的国土空间优化模式的政策建议 ······· 210
参考文献 ·· 219
后记 ·· 235

第1章 概　　论

1.1　问题的提出

城市化带来的农村衰落（rural decline）是全球共同面临的挑战，在快速城市化发展中的我国尤为明显（Liu and Li，2017）。截至2017年，我国城镇化率已高达57.4%，达到刘易斯拐点，全国建成区面积为54 331.47平方千米，相较于2010年，城市土地扩张了35.63%，城镇人口增加了15.03%，土地城市化快于人口城市化，"城市蔓延"严重（蔡昉，2012；蔡继明等，2013；方创琳等，2017）。迅速的"城市蔓延"造成了城乡国土空间和收入差距的双失衡发展。一方面，城乡国土空间发展失衡，大量集体建设用地闲置，而城市建设用地紧缺。城市化推进资本、技术等要素在城镇的集聚，乡镇企业在城市市场竞争下逐步萧条，大量细碎化的乡镇企业用地闲置（黄庆杰和王新，2007；顾湘，2013），而城市化诱使农村劳动力向城镇转移，加剧了农村耕地撂荒、集体建设用地闲置浪费的空心村现象（Li et al.，2014；Zhang et al.，2018）；生产要素的城市集聚进一步加速了城市建设用地扩张，城市周围农地数量与质量锐减，城市用地缺口明显（Lai et al.，2014），形成了城镇建设用地紧缺，而二倍于城镇建设用地的农村集体建设用地却大量闲置的独特景观（周其仁，2004）。另一方面，随着国土空间发展失衡，城乡差距不断扩大（文兰娇和张安录，2017）。据统计，1986~2009年城乡收入比从2.12∶1上升到3.33∶1，近年来稍有下降，2017年城乡收入比为2.71∶1[①]。

为缓解快速城镇化下国土空间和收入差距失衡的问题，围绕"盘活农村集体建设用地，优化城乡建设用地布局，全面推进新型城镇化"，中共中央和地方政府展开了一系列制度创新。1999年，国土资源部开始在浙江湖州、安徽芜湖、广东南海、江苏昆山等地进行集体建设用地流转试点，旨在打击、清理集体建设用地非法流转（王晓霞和蒋一军，2009）。2004年以后，为缓解城市建设用地指标压

---

① 国家统计局，http://www.stats.gov.cn/.

力，维持耕地动态平衡，减少集体闲置用地存量，从中央到地方开展了一系列"城乡建设用地增减挂钩"（简称挂钩）实验，形成了如天津"以地换房"（崔宝敏，2010）、成都"双放弃"、嘉兴"双置换"（唐健和谭荣，2013）等典型宅基地有偿退出模式，而重庆"地票交易"（Wen et al., 2017）和浙江"跨区指标交易"（汪晖和陶然，2009）在增减挂钩中深入探索了集体建设用地空间置换指标交易机制。可以说，依托增减挂钩项目，创新集体建设用地空间置换模式，成为实现优化城乡建设用地空间，盘活集体资产，促进农民增收等多目标的重要载体和主要手段。

十八大报告以后，"优化国土空间开发格局、构建新型城镇化"已作为重点工作开展。党的十八大报告中明确提出，"优化国土空间开发格局"，"促进生产空间集约高效、生活空间宜居适度、生态空间山清水秀"，"构建科学合理的城市化格局、农业发展格局、生态安全格局"[①]。同时，提出要"坚持走中国特色新型工业化、信息化、城镇化、农业现代化道路，推动信息化和工业化深度融合、工业化和城镇化良性互动、城镇化和农业现代化相互协调，促进工业化、信息化、城镇化、农业现代化同步发展"[①]。十八大报告不仅表明了工业化、信息化、城镇化与农业现代化将同步发展，即"四化同步"发展，对于消除工业与农业之间的张力、推动经济发展方式的转型升级、提高资源配置效率、增进人民福祉也具有重要的现实意义。此外，强调了优化国土空间开发格局在"四化同步"建设过程中发挥着统筹和管控作用，而其中合理的土地增值收益分配是"四化同步"建设的基础与保障。

2017年，党的十九大报告进一步提出实施"乡村振兴战略"和"区域协调发展战略"[②]，这再一次印证了城乡统筹下国土空间优化与土地收益分配的重要时代内涵。

1.2 研究意义与价值

而优化国土空间开发格局和完善权利主体收益分配机制，在城乡一体化建设过程中发挥着统筹和管控作用。特别地，为了响应中共中央有关国土空间优化和统筹城乡发展的总体要求，湖北省委、省政府于2014年在全省范围内选取21个

[①] 胡锦涛. 坚定不移沿着中国特色社会主义道路前进 为全面建成小康社会而奋斗——在中国共产党第十八次全国代表大会上的报告[R]. http://cpc.people.com.cn/n/2012/1118/c64094-19612151.html，2012-11-18.

[②] 习近平. 决胜全面建成小康社会 夺取新时代中国特色社会主义伟大胜利——在中国共产党第十九次全国代表大会上的报告[R]. http://www.gov.cn/zhuanti/2017-10/27/content_5234876.htm，2017-10-18.

示范乡镇（街道）为典型示范区，要求示范区以国土资源管理制度改革创新为核心，以优化城乡土地布局和结构为抓手，以城乡统筹、五位一体为重点，以建设新型城镇化、城乡一体化为目标，综合运用市场经济规律和国家宏观调控手段，调整和优化土地利用结构与布局，转变土地利用方式，推动产业向优势区域集中、人口向社区集中、土地向规模经营集中，提高土地节约集约利用水平，推进新型工业化、信息化、新型城镇化和农业现代化同步发展。随后，中共中央办公厅和国务院办公厅于2015年联合下发《关于农村土地征收、集体经营性建设用地入市、宅基地制度改革试点工作的意见》，确定了北京市大兴等33个试点县（市、区），鄂州市和宣城为两个试点地区，并持续列入2016年"三块地"改革的试点名单。2017年，经中共中央、国务院同意，国土资源部印发《关于完善建设用地使用权转让、出租、抵押二级市场的试点方案》（国土资发〔2017〕12号），武汉市作为全国34个试点地区之一，开始探索城乡建设用地二级市场，进一步盘活城乡存量土地、促进土地要素合理配置。可以说，湖北省在城乡统筹建设过程中，有诸多试点先进经验，因此，在城乡一体化下，以湖北省典型城市和"四化同步"试点乡镇为例，探讨国土空间优化模式及其优化过程中土地收益分配方式和机制，对于统筹城乡一体化发展具有重要的现实意义。

具体来讲，以湖北省"四化同步"示范乡镇、集体建设用地入市等土地改革试点地区为调查研究区域，探讨乡镇国土空间优化模式和国土空间优化过程中的土地收益分配方式和机制，一方面能够促进以国土空间优化推动"新型工业化、信息化、新型城镇化、农业现代化"同步协调发展，从而实现城乡统筹下新型城市化改革；另一方面能够为湖北省其他乡镇和全国非试点地区，尤其是中西部地区，统筹发展国土空间优化模式和土地收益分配与机制建设探索路径。

1.3 研究目标

1.3.1 分析示范乡镇国土资源现状及空间格局

综合分析示范乡镇的社会经济发展概况和土地利用现状及其存在问题，并在此基础上，评价示范乡镇土地利用效率，分析示范乡镇土地利用效率的影响因素和限制土地利用效率提高的因素，为示范乡镇国土空间优化奠定基础。此外，在实地调研的基础上，分析示范乡镇人口、资本、土地等空间格局特征，进而分析示范乡镇国土空间格局形成原因及影响乡镇国土空间格局的因素。

1.3.2 构建"四化同步"下国土空间优化模式

根据城乡一体化要求,扩展城乡一体化内涵为工业化、信息化、城镇化、农业现代化,并结合湖北省"四化同步"示范乡镇建设,以典型地区为例,测算城乡一体化指数,在此基础上,采用 Ward-method 聚类方法,对区域内村级行政单元进行分区,确定为城镇发展区、城镇发展缓冲区、生态农业发展区、综合发展区,通过增减挂钩进行城乡建设用地空间置换,实现国土空间优化。

国土空间优化要采用新的发展理念与发展模式,充分体现对未来我国城市化、工业化的引导作用,将空间资源、自然资源、环境资源的集约高效利用,融入国土空间开发格局,引导各地区采用经济效益、社会效益、生态环境效益三位一体的理性发展思路。同时,遵循资源环境承载能力的原则,充分考虑区域资源环境的禀赋条件,根据各地资源环境承载能力、承载水平,通过区域化产业发展和环境保护政策,形成合理的产业与人口集聚的空间格局。另外,合理引导人口与产业集聚趋势,准确把握不同地区间的资源环境背景差异,正确处理好重点开发区域与一般区域的关系,促进产业与人口向条件适宜的区域聚集,形成疏密有致的国土空间开发格局。此外,通过基本公共服务均等化等政策措施,促进地区经济协调发展,逐步缩小地区社会发展的差距。针对湖北省示范乡镇国土空间优化格局与特征,总结归类,凝练出充分代表示范乡镇试点作用和特色的乡镇国土空间优化模式,并进一步深入探讨和归纳示范乡镇的城镇土地优化模式与村庄土地优化模式。最终在"四化同步"发展要求下,综合考虑国内外国土空间优化的实践探索经验与启示,构建示范乡镇国土空间优化模式。

1.3.3 探究不同模式下乡镇土地收益分配现状及优化方案

以典型示范地区为例,分析国土空间优化过程中土地增值收益分配现状和存在问题,并根据产权理论和要素贡献理论,按照增减挂钩指标调控和挂钩指标有偿交易两种模式构建收益分配模型,对比分析不同模式下地方政府、拆旧区农民和建新区农民的增值收益分配方案。

当前,土地征收补偿的主要依据是征地区片综合地价和统一年产值标准。征地过程中涉及的产权关系如下:征地方支付征地补偿,获得土地所有权;集体失去土地所有权或使用权,获得土地补偿费、安置补助费及地上物和青苗补偿。但现实中,征地补偿价格与被征地价值形成了差额,产生了征地环节的增值。在土地出让环节，同样产生了土地增值。政府通过招标、拍卖、挂牌等出让土地的方式，将土地使用权出让给土地使用者，取得全部土地价款（包括受让人支付的征地和拆迁补偿费用、土地前期开发费用和土地出让收益等）。地方政府实际取得土地价格和前期开发费用，与土地出让价格形成了差额。若土地使用权被房地产开发商获取，通过建设房屋并卖出房屋，获得土地收益，这部分收益与取得土地使用权价格又形成了差额，存在土地增值收益。深入分析乡镇国土空间优化过程中土地增值收益，确定土地增值收益额，按照土地增值价值链和利益网，提出土地收益分配方法和土地收益分配机制。

1.3.4 剖析不同国土空间优化模式下各利益相关权利主体的响应行为及相互关系

国土空间优化涉及土地用途、开发程度、权属等方面的改变，涉及地方政府、企业、集团、农户等多种权利主体，而当前国土空间优化涉及政府主导、市场主导等多种形式，因此，深入剖析不同国土空间优化模式下各利益相关主体的响应行为和利益相关关系，有利于进一步优化和提升国土空间开发。

1.3.5 构建差别化国土空间优化政策及制度保障体系

在分析不同国土空间优化模式下权利主体土地增值收益分配关系、响应行为、相关关系的基础上，结合城乡建设用地流转的经验和探索实践，最终构建不同模式下差别化国土空间优化政策及制度保障体系。

1.4 研究思路与方法

1.4.1 研究技术路线

本书的整体思路如下：首先，在收集相关基础数据和国内外相关文献的基础上，对湖北省典型城市和"四化同步"试点乡镇展开一系列实地调查，深入分析典型试点地区国土空间优化的实践过程和土地增值收益分配方案，构建不同模型空间分布和土地增值收益分配机制。对于国土空间优化，采用城乡一体化指数构建空间聚类模型为优化国土空间格局提供依据；对于土地增值收益分配机制，基于要素贡献理论构建收益分配、阿特金森指数等模型度量相关权利主体收益分配份额。进一步地，通过实地微观调研数据，采用有序Probit模型、Shapely值博弈等方法分析不同模式空间分配和土地增值收益分配机制下权利主体的参与意愿、行为响应和相互关系，最终形成国土空间优化、土地收益分配和集体经营性建设用地流转的一系列配套政策和制度安排。具体见图1-1。

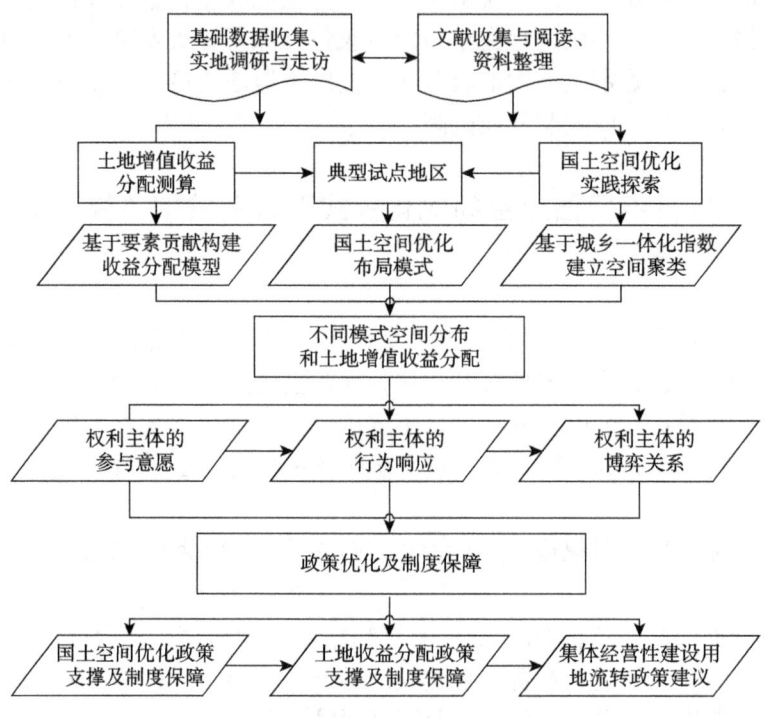

图1-1 技术路线

在确定国土空间优化分区后，主要依托增减挂钩项目，对不同空间优化区域进行整理和复垦，将限制建设区域内的闲置农村集体建设用地复垦为农用地，集中在允许建设区或者有条件建设区安置，从而实现农村集体建设用地的空间置换。在挂钩过程中，其土地增值收益分配应依据谁做出贡献且引起收益增值，谁就应该参与增值收益分配的原则。在客观评价各成员所提供生产要素在整体利益中贡献的基础上，按照贡献的大小确定分配的多少，分配过程效率优先、兼顾公平。挂钩中按照要素贡献分配，即拆旧区农民贡献要素为其宅基地，建新区农民贡献要素为其农用地，政府要素投入为基础设施建设等的资本投入。城乡建设用地空间置换中各主体投入要素与土地增值过程见图1-2。

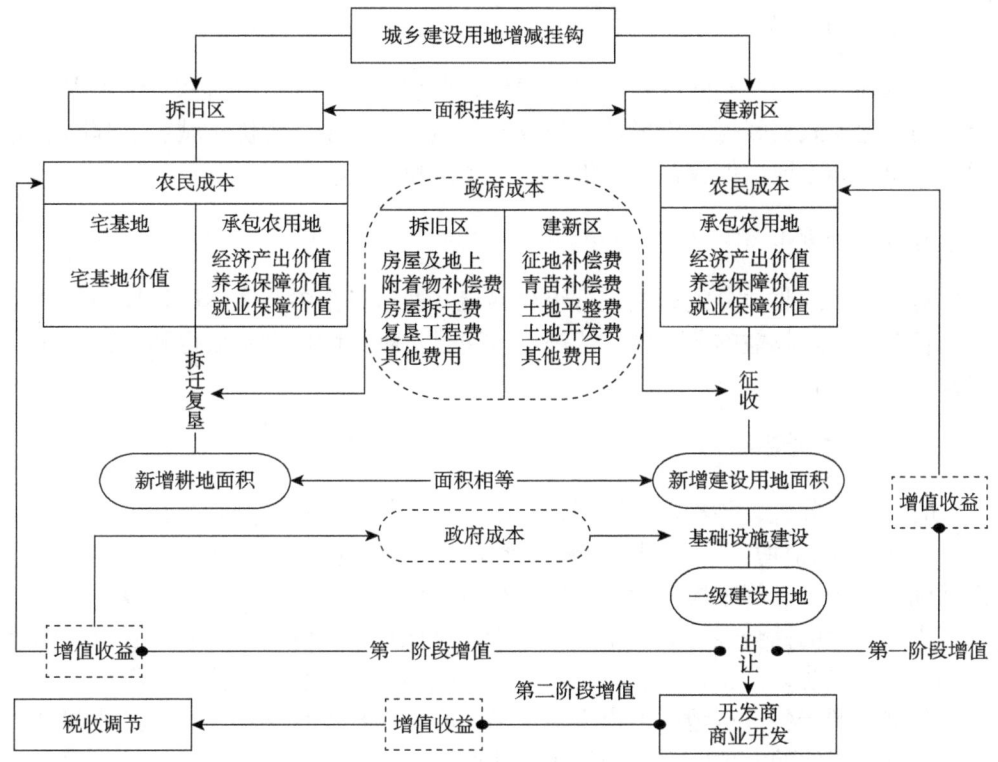

图 1-2　城乡建设用地空间置换中各主体投入要素与土地增值过程

1.4.2　研究方法和资料来源

本书采用定性研究与定量研究相结合、实地调查与资料分析相结合、静态分析与动态分析相结合、理论探讨与实证研究相结合的研究方法，利用现有研究成果及文献，综合运用经济学、统计学、管理学理论及相关分析工具，以湖北省典型试点地区为研究对象，分析国土空间优化模式和土地增值收益分配机制，最终建立健全国土空间优化政策和土地收益分配机制制度安排。

1. 问卷调查法

通过深入研究区域，根据调查、访谈等了解研究区域社会经济发展现状和国土资源空间异质性及不同行政单元的国土管理模式，为研究内容提供所需资料。通过设计问卷，调查不同模式下地方政府和农民的参与意愿和响应行为。

2. 案例分析法

选取国内外国土空间优化格局实践探索典型案例，通过分析和总结国内外国土空间优化模式实践探索中成功和失败的经验及其启示，为优化城乡统筹国土空间优化模式和土地增值收益分配机制提供经验和借鉴。

3. 贡献分配模型方法

对各类土地收益分配方式进行组合界定，通过各个参与主体的目标函数计算得到各单类土地收益的分配合理状态，再通过贡献分配模型集成得到多类土地收益分配的综合合理状态。

4. 其他研究方法

时间序列分析、要素贡献模型、有序 Probit 模型、阿特金森指数模型、聚类分析、Shapely 值博弈、空间计量模型等方法和理论在研究中都有一定的应用，为基础研究和国土管理模式设计提供了有力支撑。

本书涉及的社会经济数据主要来源于典型试点地区统计年鉴和各省市国民经济和社会发展统计公报，各乡镇的农业社会数据来源于乡镇农业统计年报，土地交易数据来源于各试点地区城市土地交易中心和农村产权交易中心，其他调研数据由课题组组织的实地问卷调查和访谈获取。

1.4.3 研究内容

1. 构建城乡一体化国土空间优化模式

根据城乡一体化要求，扩展城乡一体化内涵为工业化、信息化、城镇化、农业现代化，并结合湖北省"四化同步"示范乡镇建设，以典型地区为例，测算城乡一体化指数。在此基础上，采用 Ward-method 聚类方法，对区域内村级行政单元进行分区，确定为城镇发展区、城镇发展缓冲区、生态农业发展区、综合发展区，通过增减挂钩进行城乡建设用地空间置换，实现国土空间优化。

2. 探究不同模式下土地增值收益分配现状及其优化方案

以典型地区为例，分析国土空间优化过程中土地增值收益分配现状和存在问题，并根据产权理论和要素贡献理论，按照增减挂钩指标调控和挂钩指标有偿交易两种模式构建收益分配模型，对比分析不同模式下地方政府、拆旧区农民和建新区农民的增值收益分配方案。

3. 分析不同国土空间优化模式下各利益主体参与国土空间优化的意愿、响应行为、相互关系

通过访谈、问卷调查等多种方式，深入调查襄阳双沟镇、江夏五里界镇、黄梅小池镇等试点乡镇在政府主导、市场主导的国土空间优化模式下，各利益主体参与国土空间优化的意愿和相互关系，对相关权利主体参与的动力和阻力因素进行分析，最终为国土空间优化提供参考和依据。

4. 构建不同模式下国土空间优化政策及制度保障体系

根据不同模式下相关权利主体参与的动力和阻力因素，结合其他地区城乡建设用地流转的经验和探索实践，提出不同模式下国土空间优化、土地增值收益分配、集体经营性建设用地入市的政策建议。

1.5 相关研究进展

1.5.1 国土空间优化

国土空间要素主要包括土地、劳动力、矿产资源、产业等，这些要素的丰沛程度在很大程度上影响着国土空间优化和开发。在国土资源中，土地资源是基础，承载着人类生产生活等活动，土地利用与人类社会经济活动密切相关，尤其是"四化同步"发展中，土地资源为其提供了有力支撑。建设用地供给为城镇化和工业化发展提供了用地保障，农地流转促进了农业规模经营，耕地保护和基本农田划定保障了农业生产基础，土地集约节约利用和土地信息化管理是信息化建设在国土管理过程中的典型运用。因此，本书重点研究国土资源中土地资源的空间优化格局，为示范乡镇"四化同步"发展提供助力。

1. 国土空间优化方法

国土空间优化的方法很多，如基于运筹学原理的线性规划模型配置、现状和经验的空间优化、非线性模型的空间优化、关系数据分析的空间优化、非线性与地理信息系统（geographic information system，GIS）耦合的空间优化等。例如，席一凡等（2001）以多目标决策理论、组合优化理论为依据，建立土地功能优化配置模型。姜友华和王新生（2002）在面积比例硬约束条件下建立了单目标城市土地优化配置模型。郑新奇等（2001）利用系统动态学（system dynamics，SD）模型和多目标规划模型对城市各用地类型的面积进行优化计算，进而优化

城市土地空间结构。董品杰和赖红松（2003）提出了基于多目标遗传算法的土地利用空间结构优化配置方法。Feng 和 Lin（1999）采用遗传算法构建了供城市总体规划参考的城市空间结构框架图。王汉花和刘艳芳（2008）运用生态位模型对土地资源数量结构进行优化，进而将数量优化结果作为元胞自动机（cellular automaton, CA）模拟的约束条件对空间格局进行优化。另外，基于主体功能区区划、挂钩、城镇低效用地利用、低丘缓坡用地开发的研究为国土空间优化提供了方法和思路。例如，主体功能区划统筹考虑未来人口分布、经济格局、国土利用和城镇化格局，将国土空间划分为优化开发、重点开发、限制开发和禁止开发四类主体功能区。城乡增减挂钩通过农村建设用地的减少与城镇建设用地的增加，使城乡用地空间布局更加合理。

2. 国土空间优化政策

优化国土空间开发格局除须构建科学合理的体制机制之外，还须制定具有针对性的政策和采取有效的措施。肖金成和欧阳慧（2012）认为优化国土空间格局可以从以下几方面做起：完善以促进农民工市民化为核心的人口政策；完善城乡建设用地增减挂钩的土地政策；实行有利于产业转移的差别化产业政策；健全引导城市紧凑发展的城市规划和管理政策；制定对粮食主产区和生态功能区的补偿政策；完善环境保护的政策。汪阳红（2012）详细分析了影响我国国土空间开发的财政和规划两大体制、区际利益和政绩考核两大机制目前存在的主要问题，提出要合理确定事权与支出责任，建立有利于调动地方积极性的收入划分制度，明确空间规划的定位，完善空间规划的体系及其相应的作用，处理好各类规划间的关系，建立区际利益协调的多元化治理机制、组织机制及法律法规，根据不同类型区域特点制定具体的政绩考核评估体系和完善政绩考核配套措施等。申兵（2012）认为国土空间开发行为的不规范是区域管理等多方面的体制机制及相关政策不健全使然，因此优化国土空间格局需要相关的体制机制和政策。一是创新区域管理体制和机制，减少财政层级，弱化地方政府的财政"主体"地位，推进基层民主化进程，完善地方决策的制衡机制；二是稳步推进土地制度改革，完善挂钩政策，加快建立健全土地市场体系；三是促进人口分布与经济格局相匹配，促进农民工市民化，保障流动人口与本地人口享有均等的基本公共服务和同等的权益。

3. 土地利用空间优化配置

土地利用空间优化配置（spatial optimization allocation of land-use），即根据特定的规划目标，依靠一定的技术手段，对区域内土地的利用结构、方向，在时空尺度上，系统地进行安排、设计、组合和布局，并得到由点、线、面、网组成的多目标、多层次、多类别的土地利用空间配置方案，综合比较土地空间配置方案的经济、社会和生态效益，最终确定目标效益最优方案的过程（罗鼎等，2009）。土地利用空间优化的研究主要集中在土地利用空间优化理论方法的研究上。国外关于土地利用空间优化配置的理论研究主要包括区位理论、增长极理论、田园城市理论等城市宏观空间结构理论研究，以及"点—轴"理论、同心圆理论、扇形理论、"核心—边缘"理论及多核心理论等城市微观空间结构理论研究（郑新奇等，2001）。国内土地空间优化配置研究的理论框架体系主要是借用国外空间结构理论，并结合我国具体情况和特点，加以综合和应用。例如，刘彦随（1999）对土地利用优化配置空间尺度层次模式和程序流程做了比较详尽的研究，陆大道（2002）在深入研究增长极理论和"点—轴"理论的基础上，把"点—轴"开发模式提到新的高度，构建了我国沿海与长江流域相交的"T"字形空间框架。刘卫东等（2007）把"集聚区"比作"点"，把"发展轴"看作"轴"，认为"点—轴"是未来国土空间配置的基本构架。陈文言等（2004）根据流域可持续发展的运行机理，构建了以流域整体开发为指导思想、以流域土地利用空间重组为手段的流域可持续发展实现途径。付海英等（2007）以山东省泰安市泰城区为研究对象，打破传统城乡用地规划中严格的分区规则，从促进城乡互动角度讨论了城乡用地空间布局方法。石英和程锋（2008）以北京市平谷区王辛庄镇为研究对象，建立了乡级土地利用规划空间格局的数学模型。

  国外关于土地利用空间优化配置的方法研究比较成熟的是现代控制论规划理念、非线性规划和线性规划等控制理论、与 GIS 结合的理论方法等。例如，Lenz（1978）认为土地利用规划和环境保护及生态平衡密切结合，大大地促进了土地资源的合理利用与保护。Charnes 等（1975）最早将线性规划技术应用于土地利用规划研究。Dokmeci（1973）首次提出土地利用规划是多目标的，并将线性规划应用于土地利用的空间配置进行了研究。Barber（1976）提出运用多目标规划法来解决居住可达性最大和能源消耗最小两个目标的土地利用规划问题。Huizing 等（1994）将混合多目标整数规划应用于土地利用规划。Faris 等（2000）以环境保护模型为核心并结合 GIS 技术构建了土地利用规划的决策支持系统。Santé-Riveira 等（2008）研究了基于 GIS 的农村土地利用探索系统（rural land-use exploration system，RULES），并模拟比较了西班牙西北部 Terra Cha 地区农村土地在经济、社会和环境三种目标条件下的空间格局状况。国内学者主要是从理论原则、模型构建、算法优化和 GIS 应用等方面，结合系统动力学、景观生态学和 GIS 地学分析等相关学科，对土地利用空间优化配置进行了探索性研究。例如，吴克宁等（2006）在研究河南驻马店地区城区扩展用地空间布局时，借助农用地分等成果，尽量避开高质量耕地，优先考虑将等别低、质量差的一般耕地作为城区扩展用地。陈佑启等（2000）在研究我国土地利用影响因素及其空间规模相关性时，采用平均值法将 1 千米×1 千米的网格转换为 32 千米×32 千米的网格，从规模尺度角度出发把全国划分为几个典型的大区域，很好地解释了全国土地利用的空间分布及其变化。张耀光（2001）应用线性规划法建立了辽河三角洲土地资源合理利用结构优化模型，利用计算机优选计算出辽河三角洲现状、近期和远期土地利用优化构成及不同时期土地利用优化结构目标函数值。何春阳等（2007）、黎夏等（2010）分别利用 CA 模型对北京、东莞的城市土地扩张现象进行了研究。牛振国等（2002）借助 GIS 技术在对主要生态水文过程模拟的基础上建立土地利用最小耗费表面模型，探讨土地利用时空格局优化模式研究的技术路径。

4. 土地空间置换

土地空间置换是将城乡建设用地在空间上进行置换，即将级差地租低的地块置换到级差地租高的地块，可以对城乡建设用地的空间布局进行优化，并进一步减少新增建设用地对耕地的占用，进而在一定程度上使得土地的节约集约利用水平得到提高，达到统筹城乡发展的目的（杨永磊，2012）。

国外土地空间置换，特别是西方发达国家的土地空间置换，主要通过土地发展权转移实现。土地发展权转移是指在规划分区的基础上，将被保护区域（权利发送区）和允许进行更高强度开发的区域（权利接受区）共同组成土地发展权转移的项目区，通过赋予权利发送区的所有者一定数量的土地发展权，并允许其交易到权利接受区，最终实现土地发展权在权利发送区和权利接受区之间的置换（顾汉龙等，2015）。Roddewing 和 Ingbram（1987）对美国和日本土地发展权转移的运作模式及其配置机制进行了总结概括，即发展目标确定—土地发展权核定—土地使用管制落实—土地发展权分配—补偿机制建立—实现发展目标。Gude 等（2006）通过自上而下（社区未来发展量—定义全社区所分配的发展）和自下而上（分配单个权利—产权量确定未来发展问题）两种计算方法测算转移的土地发展权。Plantinga 和 Miller（2001）认为土地发展权转移应该对土地所有者进行补偿，补偿金额等于地块的最高市场价值扣除发展受限的农业用途的价值。Corburn（2007）认为补偿数量标准依赖于土地的私有市场价值，而 Blondel（2006）提出支付的补偿等于或者小于土地的市场价值与农业价值之差。

而国内主要围绕"增减挂钩"政策运行情况及其实施效果展开。刘彦随（2007）认为农村居民点整理潜力大，城乡用地挂钩是解决农村用地问题的突破口。庄社明（2005）和张宇等（2006）认为挂钩政策的实施，促进了农村城镇化和现代化进程，同时优化了城乡用地结构及提高了土地的节约集约利用程度。买晓森和杨庆媛（2018）、周击（2011）认为增减挂钩政策的实施，有利于改善农村的生活环境和生产条件，实现城乡统筹，有利于有效地保持耕地总量的动态平衡。运作模式方面，王君等（2007）按照组织管理实施主体将增减挂钩运作模式划分为政府主导实施模式、市场主导实施模式与农村集体经济组织自主实施模式三种；戴媛媛（2011）和陈科（2011）将拆旧区农民的安置模式划分为"拆迁并居"模式、就地城镇化产业化发展模式、统一规划自建模式、"定销房+社保"模式、"以宅基地换房进行示范小城镇建设"模式及"双置换"模式等。运行效果方面，胡传景（2009）认为增减挂钩政策开展主要遇到滞后的村镇体系规划、项目资金来源的易变动、农村居民点整理观念障碍等阻力；刘建生等（2011）研究发现，在实践中，增减挂钩项目存在违背农民意愿强拆强建、片面追求用地指标、忽略归还指标的耕地质量问题。还存在补偿不规范、侵犯农民合法权益及公众参与不足等问题（李旺君和王雷，2009）。一些学者针对项目实施过程中存在的问题也相应地提出了合理的建议与对策，如提出应打破城乡二元结构，用地规划要编制得科学合理，因地制宜、合理有序地推进项目；明确土地产权主体，建立公平的农村土地市场，严格耕地质量验收；尊重农民意愿，保障农民合法权益，提高农民的参与度（刘建生等，2011；易小燕等，2011；张一鸣和刘俊，2011）。

1.5.2 土地价值增值与收益分配

1. 土地价值增值机理

国内有的学者认为土地增值就是土地价值的增长，如陈顺清（2012）认为地价的增长是社会经济发展和土地自然条件改变导致的。有的学者认为土地增值仅仅是土地价格的上涨，如周诚（2006）认为土地增值和其构成密切相关，实际生活中土地价格的增加和以土地价格为重要基础的土地劳动价格的增加引起了土地增值。孙陶生（1997）持相似观点，其认为土地资产在开发经营和利用过程中，土地资产价值量的提高是土地价格上涨引起的。还有学者持第三种观点，如乔志敏（1994）认为土地增值实质是土地价值的增加，但仅仅表现为土地价格的上涨。国外学者 Bastian 等（2002）运用"享乐主义学说"，研究了农用地价值与美国某州环境之间的关系，研究表明生态环境可以引起土地增值。大多数学者根据原因的不同，将土地增值分为三种增值形态，即投资性增值、供求性增值和用途性增值（陈志刚，2002）。姜开勤（2004）认为土地增值包括投资性增值、发展权增值、自然增值和土地补偿不完全增值四种增值形式。王永慧和严金明（2007）基于发展权理论，认为实体发展权的价值是土地增值的原因。底亚玲等（2006）的研究表明，一些不正常的因素同样是土地增值的原因，如征地补偿偏低使得原有土地产生了表面上的增值，即政府扭曲的土地征收价格是土地增值的重要来源。国外学者 Patton 等（2008）的研究则表明，政府的惠农政策如粮食补贴可以引起土地增值。

王小映等（2006）根据政府取得土地增值收益的具体环节和土地增值的实现形式，将我国农地征收过程中的土地增值收益分为两部分：一部分是土地取得环节政府以税费形式取得土地增值收益即初次土地增值收益；另一部分是土地供应环节政府通过用地者支付的土地受让价款或者土地出让金取得土地增值收益即二次土地增值收益。马贤磊和曲福田（2006）认为经济转型期土地增值收益由自然增值和土地价格扭曲两部分组成。范辉和董捷（2006）基于产权经济学的角度将土地增值分为土地增值 1 和土地增值 2，土地增值 1 即农地合理价格与实际价格的差额，土地增值 2 即在农地合理补偿的情况下农地转为建设用地产生的增值。截至目前土地增值的定量研究不多，朱道林等（2006）通过对农用地转非农建设用地过程中土地价格的变化及其对农民造成的影响，认为应加快推进征地补偿方式和标准的改革，降低对农民权益的损害。刘明皓和邱道持（2008）对土地增量储备过程中的土地增值机理与土地增值收益进行实证研究，将土地增值分为相对增值和公共增值两部分，建立了相对增值和公共增值的计算模型，对农民集体在土地征收中的土地增值额进行了测算。陈莹等（2009）运用实证研究方法，通过分析征地过程中人工增值、自然增值和由市场与政府失灵导致扭曲的土地增值的测算，得出在征地过程中武汉市区域的土地增值及分配差异明显。

2. 城乡建设用地价值增值与定价机制

由于土地是具有很强异质性的商品，不同用途的土地交易可能也会产生市场分割，其市场细分程度较高，私有制的产权制度下，针对农地和非农建设用地有着不同的价值评估体系（Kenedy et al.，1997）。发达国家城市化水平较高，因而建设用地主要集中在城市，农地主要分布在农村或郊区。城市土地的价值往往是土地经济价值资产化的体现，由五个可加的部分组成：农地租金、转换成本、通达价值、预期收益和增值价值（Capozza and Helsley，1989），地块价值与土地用途类型、区位、交通成本等有着密切关系（Arnott and MacKinnon，1978）。Hale（1973）认为土地用途在城市土地价值、使用和市场区域的理论中占有举足轻重的作用，城市土地价格是城市土地在某一时间点最高土地利用用途的价值体现。尽管不同市场范围土地价格存在差异，但是不同土地用途的价格对空间特征的响应是一致的（Hushak and Sadr，1979）。当城市土地在未来土地用途、地块面积等方面存在不确定性时，土地价值也会随之发生变化（Titman，1985）。DiMasi（1987）利用城市空间一般均衡模型分析了空间区位、交通成本与城市土地价格的关系，认为空间区位和交通成本将负向影响城市土地价格，在此基础上，Choi 和 Sjoquist（2015）构建了可计算一般均衡模型来研究亚特兰大地区不同税收模式下三者的相互作用关系。土地的位置固定性使得城市土地市场常常和房地产市场合为一体，土地价值由房地产价值体现，近年来房地产市场泡沫和经济萧条也导致了美国城市土地价值和房地产价值大幅下降（Zhang and Nickerson，2015）。此外，城市土地价格受周围景观的影响，公园等城市休憩景观会给城市土地价格带来正效应（Gao and Asami，2007）。尽管农地和非农建设用地有着不同的评估体系，但是二者价值仍联系紧密，尤其是在城乡接合部地区，特别是涉及农用地转非农建设用地情况，国外研究很好地践行了同地同价。在单核心城市模型中，距市中心的距离是影响土地价格的决定性因素，城市边界上土地价格与农地价格相等（DiMasi，1987），因而农业土地特别是城乡接合部农地价格会受城市土地价格影响，如 Zhang 和 Nickerson（2015）利用特征价格模型（hedonic price model，HPM）指出，靠近城市部分的农地价格会随着城市土地价值的降低而降低。

相比之下，受土地产权制度约束，我国城乡建设用地市场根据对象划分为国有建设用地市场、集体建设用地市场和土地征收市场三种形态（刘江涛等，2005）。改革开放以来，随着城镇建设土地市场的开放，如何进行城市土地价值的评价、确定城市土地等级是构建稳定有序土地市场的必要条件（宁晓明和李法义，1991），同时需要关注土地有偿使用的低地域差异和分等研究（董黎明等，1993）。在制定城市土地基准地价时，其理论依据与国外城市土地价值评估理论一致，均是城市土地的最佳利用和最高收益原则（倪绍祥和王玲霞，1994）。而近年来住房价格的不断攀升，使得城市土地价格与房地产价格时空关系愈演愈烈，备受关注（郑娟尔和吴次芳，2006；王洋等，2015；朱一中等，2015）。由于我国新增建设用地主要通过征收农村土地而来，政府以土地出让的形式有偿让渡土地使用权于土地使用权人，土地供给弹性是影响土地和住房市场均衡状态的重要因素（刘洪玉和姜沛言，2015），城市土地价格机制和影响因素与宏观经济环境等联系异常紧密，因而在价格影响分析方面，相比国外学者热衷于地块特征等微观经济因素对城市土地价格影响的研究，我国学者更偏好于研究城市土地价格与宏观经济环境之间的关系。杜雪君和黄忠华（2015）基于 1998~2012 年我国省际面板数据实证分析得出城市化和工业化是土地出让影响经济增长的两种机制，土地出让能通过正向影响城市化和工业化而促进经济增长；郑思齐等（2014）认为，土地价格上涨能够通过土地出让收入带动城市基础设施建设，而城市基础设施投资又能够在短期内显著地资本化到土地价格中，形成土地价格和城市基础设施投资间自我强化的正反馈过程。

新增建设用地市场中，政府以低价购入建设用地，并以高价卖出所形成的特有的"征地市场"价格机制是国内学者研究城乡建设价格中最为关注的部分。目前，征地市场价格过低已达成普遍共识，征地价格影响因素如何、如何实现合理的征地价格仍众说纷纭。诸培新和曲福田（2006）以江苏省为实证区，分析得出土地市场中农民补偿偏低影响了土地资源配置的公平性和农地保护的积极性。吕萍和孙琰华（2004）基于 Ricardian 地租地价理论分析了农地转用的价格构成，指出当前征地价格过低。高魏等（2010）利用微观数据实证分析得出影响征地价格的因素众多，但政府定价缺乏市场调控手段是最主要的原因。王小映（2007）表示，土地征收应实行"同地同价"补偿，需充分考虑农用地的区位价值和预期增值，稳步提高农用地的征地价格。汪晖和黄祖辉（2004）则从经济学公平与效率的角度分析了公共利益与公平补偿问题，认为确定公共边界可以有效提高征地价格。农村集体建设用地市场方面，尽管在二元结构下集体建设用地不能直接进入市场，但在 20 世纪 80 年代后，部分乡镇企业采用入股、租赁或挂靠村集体等私下交易方式，"灰色""隐形"流转集体建设用地，使得集体建设用地市场客观存在。吴克宁等（2006）认为交易对象和承包、转包、入股等交易形式变化会影响流转价格。陈利根和卢吉勇（2002）认为，建立有序的集体建设用地市场能减少交易成本，这不仅能降低制度成本、促进潜在收入分割，也能增加农民和集体的潜在收入，改善农民和集体福利效应，还能有效抑制流转价格扭曲现象。

3. 土地价值增值与市场配置效率

国外关于土地市场配置效率的研究，主要体现在测算和影响上。通过对城乡土地市场配置效率的分析，不少学者发现其存在时空效应和规模效应，Benirschk 和 Binkley（1994）分别研究土地市场行为不同时间和空间下的作用，认为时间和空间上土地配置效率表现会有所不同；Isakson 和 Ecker（2001）通过运用包含时间效应的 Colwell Munneke-type 规模报酬递减模型，分析了规模报酬递减的时空差异和规模递减模型的作用。同一块土地具有不同用途，每种用途的边际生产力都并非固定，欧美发达地区存在规模报酬递减，当土地面积增加时土地价格以递减方式增加（Colwell and Munneke, 1999），而日本等个别土地总价以递增的方式随土地面积增加而增加（Lin and Evans, 2000），二者非线性关系取决于土地分割和合并所需成本。快速的经济发展和产业结构分化势必带来土地产权细碎化，土地规模效应变化已是西方发达国家的一个共识（Myyra and Pouta, 2010），而南亚等发展中国家农业经营主体数量和农田细碎化程度双增加的趋势已严重威胁到当地农民的可持续发展（Blaikie and Brookfield, 1987; Paudelg, 2001; Niroula and Thapa, 2007）。

此外，不同发育程度的土地市场其配置效率的影响因素存在异质性。境外城乡土地市场建设和运行与社会经济发展大约经历了农村土地租赁时期、城市化初期、城市化快速发展时期和城市化高度发展时期四个阶段（Lall et al., 2009）：

①农村土地租赁时期，不同阶段土地市场配置效率的影响因素不同，土地流转的发生频率、调控策略、中介组织的运作制度设计及管理绩效等充分体现了一个区域土地市场的运行效率。Seto 和 Kaufmann（2003）指出，土地利用方式改变的重要原因是工业和农业中不同的劳动生产率，而究其根本，工农业劳动生产率的变化是农用地生产率与工业用地生产率的比例变动。Teklu 和 Lemi（2004）分析了非洲南部的埃塞俄比亚高原地区非正式土地租赁市场强度，认为非正式土地流转市场对于均衡农场层面的因素比例、提高生产力和农民家庭福利起到媒介作用。②城市化初期，平等的土地进入/退出机制是城乡土地资源优化配置的重要路径。例如，拉丁美洲、南亚和非洲地区，其土地、房地产交易的社会和法律制度就很薄弱，最急需的土地政策也许是建立制度和法律规制来提高经济交易效率、降低成本（Lall et al., 2009）。而对南亚、中美洲和非洲一些落后国家的土地流转市场而言，整合土地市场所需昂贵的成本是造成土地市场配置效率低下的主要原因（Awasthi，2009）。例如，Macours（2014）以中美洲的危地马拉为实证，研究发现在弱的产权实施背景下，种族多样化如何造成市场分割，以及契约实施问题如何影响土地流转决策及危地马拉土地租赁市场所有者的契约选择。③城市化快速发展时期，税赋公正的土地税费制度安排，是提升土地市场配置效率的关键。Dunham（1958）区分了警察权与征收权的界限，提出如果管制（私人土地发展）给社区带来了好处，则应该补偿（Costonis，1973）。对发展受限和产生的净的正外部性（positive externality）土地利用行为给予补偿，对发展过度和产生的净外部性给予课税立法（Goetz and Zilberman，2007）。④城市化高度发展时期，采取刚性与弹性结合的公共政策工具，适时适度调控土地市场，是市场平稳、安全运行的重要手段。刚性手段有土地用途专门分区、征收权土地分区管制、绿带（green belt）、城市增长边界（urban growth boundary）（Beaton，1991），而弹性手段则考虑了不确定性和市场因素，需要更多关于地主的动机和影响保护地役权位置变量的信息（Farmer et al., 2015）及在交易中区分潜在的需求者（Bastian et al., 2017）。不少学者提出土地转换过程存在不可逆、不确定性，如果在土地转变决策过程中不考虑这部分价值，极有可能由于低估土地价值而使土地市场配置效率"虚高"（Hodge，1984；Coggins and Ramezani，1998）。

反观我国，城乡土地市场配置效率的分析主要集中在现有城乡分割土地市场配置效率绩效和对如何构建统筹土地市场进行土地市场帕累托改进的相关问题上。对于现有城乡分割土地市场配置效率绩效分析，国内学者主要关注农地城市流转过程（征地市场）效率损失和过度性损失的度量。例如，谭荣和曲福田（2006）通过边界生产函数模型，测算出农地非农化市场配置效率低下产生的效率损失和农地非农化过度性的损失非常大，约占农地非农化总量的 11.2%，

1989~2003年，每年都有近21.7%的耕地资源损失是政府行政性的资源配置造成的。郑振源和黄晓宇（2011）更表示，现行的行政-计划配置制度不能实现土地资源优化配置，城市土地和农村土地的集约利用呼唤土地资源市场配置。构建城乡一体化的土地市场机制是土地资源有效配置的必经之路，而在对城乡土地市场配置如何进行帕累托改进的研究上，国内学者主要从土地市场化水平测度、农地非农化和农村集体非农建设用地入市驱动因素、流转模式、绩效等方面探寻实现土地市场从分割到统筹整合的路径。钱忠好和牟燕（2013）认为，土地市场化水平和城乡收入差距是先促进后减少的库兹尼兹曲线作用关系，而当前土地市场化水平处于促进城乡居民收入差距的阶段，因此在土地资源配置过程中发挥市场机制的作用显得尤为重要。实现路径方面，李辉和王良健（2015）认为，当前提升农用地边际收益和重点提升中西部建设用地边际收益是优化土地资源配置的最佳途径；夏方舟和严金明（2015）则表示，引导土地储备从城市土地"供给方"向城乡建设用地市场"调控方"转变是集体建设用地有序进入市场的保障。强化相关法律制度创新与改革，实现城乡非农建设用地市场由分割向整合状态的转变，有助于提高土地资源的市场配置效率，并能有效提高社会总福利（钱忠好和马凯，2007）。有学者指出，分割的土地市场可能会加剧地方保护，不利于土地市场配置效率的提升（陆铭和陈钊，2009）。同时，推动城乡一体化土地市场体系的构建（张合林和郝寿义，2007），实施有效的公共政策供给以调控土地市场，有利于维护土地市场的良性发育（钱忠好，2004）。

4. 城乡土地市场收益分配与福利效应

国外关于城乡土地市场土地增值、收益分配和福利效应的研究较早。早在20世纪60年代，美国土地经济学家Muth（1961）就从定量分析的视角，建立农地城市流转的供需经济模型，使得定量研究土地流转与福利效应成为可能。从Muth的供需经济模型可以看出，住宅和粮食产品的需求弹性决定了农地城市流转的需求，当二者的边际效益最优时，农地发生流转。此后，大量学者对土地市场的经济福利效应展开分析。Ervin和Dicks（1988）以美国农地转用计划为例，通过估算该项目实施过程生产者剩余（producer surplus，PS）和消费者剩余（consumer surplus，CS）测度土地流转过程中的经济福利变化。Lopez等（1994）通过对美国马萨诸塞州、阿拉斯加州等地区的农地边际社会效益和农地边际生产效益、城市用地边际生产效益和边际社会效益估算，进而计算土地最优流转量。Bukenya（2007）利用社区服务成本（cost of community services，COCS）模型，分析了亚拉巴马州Madison县农地流转福利效应，发现农地流转的福利小于农地农用的福利。Lawrence等（2008）进一步得出，城市土地扩张带来的农地流转不仅使得不同区域居民生活成本、环境和方式发生变化，也会加大政府税收收入和财政支出。农地城市流转过程中的不可逆性和不确定性会引发农民福利的损失（Coughlin，1980；Gengaje，1992），因土地所有者忽视土地开发的后果而做出的错误流转决策也会引致福利的损失（Arrow and Fisher，1974）。而土地市场非经济福利主要体现在农地城市流转过程中相关群体农地舒适价值的获得和失去（Olson and Lyson，1999）与土地非均衡发展中土地利用正、负外部性（negative externality）对土地市场的影响方面。Gardner（1977）认为保护农地可以保障地方和国家粮食安全、城市和乡村土地高效利用、农村天然生境的维护，而这些功能外溢于经济效益。Sellar 等（1986）和 Nelson（1992）分别利用农地与周边其他建设用地的价格关系和不同主体的个人支付意愿方法，测算了农地城市流转的负外部性及农地保护的非经济福利量。

而关于土地收益分配，研究者主要探讨的是土地增值与价值分享的一致性，由于土地私有，故实质上是关于政府和土地所有者对土地增值贡献及土地收入协商的讨论，目前，尚未形成定论，仍在讨论中。关于土地增值，一般分为自然增值和人工增值。自然增值是指由人口集聚、经济发展和土地用途管制等外部经济带来的土地价值增值，而人工增值是追加资本投入带来的价值增值。关于土地增值收益与分配的讨论绝非新鲜话题，早在 1848 年，约翰·穆勒就倡导土地增值国有化，他建议减去业主投资带来的土地增值收益剩余增值部分归国家所有。在此基础上，George 于 1879 年提出了价值捕获（value capture）的概念，他认为土地增值主要是由人口集聚和生产需求引发的，强调外部自然增值效果大于个人劳动投资的人工增值，因而土地增值收益应归社区，并提出了针对土地增值收益的单一税。在不同发展阶段，价值捕获的表现形式不同，即对应不同价值捕获工具干预私有财产（Smolka and Davi，2007），根据干预程度由强到弱，宏观价值捕获的政策工具分为国有化（政府直接控制土地用途）、公共租赁、土地银行和土地再调整（Bourassa，2007）。随着城市发展水平增加，宏观捕获工具演变成直接价值捕获工具，此时主要有土地或财产税、改良税、特别税，英国最早使用基于基础设施回报的改良税，是世界的前期政策"实验室"，也面对了诸多政策失灵情况（Peterson，2009），而美国则在英国的经验上，实施了基于土地发展权的改良税（Alterman，2010）。

关于我国城乡建设用地市场经济福利的研究，主要体现在土地增值过程中增值收益测算和收益分配关系上。增值收益方面集中于增值收益测算和增值机理分析，已有研究表明，政府通过征地和卖地行为在 1979~2000 年从农民手里获取的土地增值价值超过 2 000 亿元（陈锡文，2004）；仅 2002 年，农民向社会无偿贡献的土地增值收益就达到了 7 858 亿元，共计土地财产权价值达 26 万亿元，而累计补偿农户的价值不足 1 000 亿元（党国英，2005）。张鹏和张安录（2008）对城市边界土地增值收益进行了经济学分析，认为农民具有参与增值分割的权利。

而蒋省三和刘守英（2003）通过对广东南海模式的调查分析，得出允许农村集体土地进入市场，农民以地作股，有利于农民分享农村集体建设用地在工业化中带来的土地级差收益。王珊等（2014）利用灰色模糊评价法对农地城市流转过程中农户的福利效应进行了测算。马贤磊和曲福田（2006）研究了经济转型时期我国土地增值收益的形成和分配机理，为建立合理分配机制提供了有效建议。相关权利主体的收益分配方面，彭开丽等（2009）通过建立农地城市流转福利分配模型，利用阿特金森指数、社会福利指数等模型对土地征收过程中不同权利主体福利和效率损失进行了测算；沈飞等（2004）认为农村集体经济福利的损失主要是因为现行的土地征用制度缺乏"市场机制"，存在"制度的壁垒"。与此同时，缺乏有效的社会和生态补偿（高进云，2008）、农民对农地流转的福利认知水平不高（陈莹和张安录，2007；聂鑫等，2010）、有效的福利功能变化尺度不高（高进云等，2007）、较低的征地透明度和增值收入分配制度不够完善（李永友和徐楠，2011）也是影响失地农民福利的重要原因。而关于非经济福利效应研究，国内比国外相对滞后，但国内学者在城乡土地市场交易中对福利测度、福利变化、福利均衡和非均衡分析上也进行了一些尝试。高进云等（2007）基于森的可能性理论框架，提出可以用农民福利的功能性指标讨论农地城市流转过程中相关权利主体的福利变化，在此基础上，袁方和蔡银莺（2012）对武汉市近郊农民征地前后福利变化进行了测度。聂鑫等（2010）认为影响失地农民福利变化的主要因素有健康状态、居住状态、社会参与支持、工作状态及补偿公平。李晓云等（2007）认为，非经济福利效应对土地市场中土地用途改变有重要作用，其中，建立社会保障制度可有效影响农户农地城市流转意愿，从而促进土地用途转变顺利进行。

也有学者从土地增值形态的角度对土地增值收益的分配方式进行研究，对于土地的自然增值分配，大部分学者以马克思地租理论为依据达成一致看法，认为该部分归国家所有，但对于土地的投资性增值收益分配的意见不统一。杜新波（2003）和田莉（2004）认为投资的土地增值收益按照投资决定收益的归属，张俊和于海燕（2008）则认为政府获得绝对地租带来的增值收益，对于级差地租的增值收益应该在政府与土地使用者之间以"贡献分配"和"需求调节"的原理进行合理分配。对于土地的用途转换增值收益，有的学者认为归政府所有，有的学者认为归国家所有。王小映（2003）则提出应当由农村集体经济组织分享，周建春（2007）进一步研究认为，由于规划限制了土地使用者使用土地的权利，基于公平的原则，该部分收益应给予农民和农民集体，提出农民获取10%~20%的增值收益。除了以上静态的土地增值收益分配方式，有学者考虑到农民的长期生活保障，提出动态的土地增值收益分配方式，如胡小平和孙喜梅（2005）提出建立一种农民、公司长期收益的分配机制，即土地股份合作制；谢青等（2006）提出建立土地增值长期利益共享联盟（包括开发商、政府、农民），利益联盟由开发商提供资金，政府、农民和开发商共同开发土地、经营项目，从而减少对农民高额的补偿要求，使得农民可以长期分享土地增值收益。王文革（2006）提出建立我国城市土地增值收益回收制度，即通过收取土地利用外部性的"受益费"对地租进行动态调节。彭建超和吴群（2006）提出征收动态的农地流转增值税，进而合理分配土地增值收益。林瑞瑞等（2013）通过演绎推理法和实证分析法，系统研究了土地增值产生环节及各个产生环节中参与主体的收益分配关系。在土地增值收益分配方式方面，近年来趋向于模型化、定量化、应用化的研究逐渐增多。保险模型、财政错觉模型、零补偿、市场价值补偿条件、资本资产定价模型（capital asset pricing model，CAPM）、条件价值评估法、离散选择模型（discrete choice model，DCM）、Probit 模型等分别在决策方案的选择、土地非货币价值的分析、农地发展权补偿标准、土地增值收益农户参与意愿的分配比例确定等方面具有优势（Blume et al.，1984；Bockstael and McConnell，1980；Cameron，1991；Mackenzie，1993；Miceli and Segerson，1994；郭翔宇和王颜齐，2010）。

5. 土地财政与政策调控绩效分析

Anderson（2001）提出城市低密度发展是因为市场失灵，因此，在土地市场下应适当加入政府宏观调控，而土地市场运作中，政府最主要的宏观调控手段是税收和土地用途管制制度。关于土地财政，国外学者主要围绕土地相关税收作用和绩效进行探讨。美国与土地相关的税收最主要的是地价税（land value tax，LVT），源于 Henry George 的价值捕获理论，其主要思想是"涨价归公"，尽管土地属于个人，但是房屋和土地因社会改良而增值部分应交税费。地价税，也是一种土地增值税，在美国每个州的房地产税收制度中都发挥了至关重要的作用，但土地并不是州、地方唯一的赖以产生地方收入的方式，如果能更重视土地价值税，那么投机、城市衰落、城市边缘跨越、税收权益和公平等问题都可以迎刃而解（Wuensch et al.，2000）。Choi 和 Sjoquist（2015）以佐治亚州亚特兰大市为研究区，分析了从资产税向地价税的空间福利效应变化，认为和资产税相比，地价税更能有效控制地价增长。从 20 世纪 60 年代开始，美国城市使用区划来控制城市建设和土地使用。在西方发达国家，土地税收/土地财政和土地用途管制是息息相关的，有的学者认为，分区外部性效应主要是对土地价格总体水平的影响，这些分区政策在提高土地价值的同时，提高了地方税收基准（Hanushek and Quigley，1990）。但是，Jaeger 等（2012）以华盛顿州为研究区实证分析证实土地规划系统对土地资产价值产生了显著负影响。美国引入了土地发展权制度，对利益受损者采用市场和政府相结合的福利补偿及转移政策，在发展区实行土地发展权购买制度，而在受限区实行土地发展权转移制度，通过购买和转移土地发展权，实现政府对土地利用分区控制和土地用途转变过程的税收调控（Costonis，1972；Small and Derrd，1980）。Chiodelli 和 Moroni（2016）将土地发展权转移制度分为分区整合型和分区分解型，前者是传统土地发展权转移制度，后者市场化程度更高，减少了腐败的可能。美国城市土地用途管制无处不在，土地用途管制包括各种规则的物理位置辖区内的经济活动；规定设计、高度或商业和工业产权资本密集度；对于住宅用地采用最小地块管制，规定住宅的卧室数量或其他居住密度限制（Hanushek and Quigley，1990）。Lee 和 Linneman（1998）利用 1970~1989 年首尔的时间序列数据进行研究，发现适宜性价值很高，对监管城市发展的动态仍有较大作用。

我国土地财政对经济增长存在显著的正影响，政府收入主要依赖土地财政，有的地方土地财政甚至占到地方政府收入的 70%（杜雪君等，2009），尽管现行的土地税收体系基本涵盖了土地取得、保有、流转三个环节（包括土地出让金、土地使用税、营业税、土地增值税等）（乔庆伟等，2010），但是土地财政存在惯性依赖，地方政府有足够空间利用土地进行融资，土地必然成为财政收入重要途径（李郁等，2013）。而土地税收存在结构不合理、交叉设置、税种缺失等问题（乔庆伟等，2010），其对土地市场有效运行的宏观调控力度和效果有待考察。土地用途分区绩效方面，分区带来的外部性问题也广受诟病，如蔡银莺和张安录（2010）表示，由于我国补偿机制不完善，在土地用途管制制度、分区规划政策及耕地保护制度的实施过程中，寻租行为时有发生，存在分区带来的社会不公和相关权利主体收益分配扭曲的现象。近年来由土地用途管制逐渐衍生出公众福利研究（陈竹和张安录，2012），学者认为应该对在城乡土地市场中构成必要牺牲的地区予以生态补偿（马爱慧等，2012），转移发展权受限补偿（任艳胜等，2010）。而和国外较为成熟的针对土地用途管制应运而生的土地发展权交易这一市场机制改进手段相比，我国土地发展权交易起步较晚，虽然讨论热烈，但主要从经济学和法学的视角进行了大量的理论探究，集中在土地发展权的概念（王小映，2003）、归属（张安录，1999，2000）、流转（张安录，2000；汪晗等，2011）及设立的必要性和可行性上（刘国臻，2005）。尽管多年来不少学者通过各种途径呼吁在我国的土地权利体系中增设土地发展权，但政府及相关部门一直没有正面回应（高洁和廖长林，2011）。实际上，地方上有关土地发展权转移和交易的实践已经出现，代表性的实例为浙江模式。浙江模式的"土地发展权跨区交易"有效解决了保护耕地与地方城市化发展之间的矛盾，但该模式局限于浙江省内部跨地市的交易，后期可能会因交易操作空间限制而无法实施（汪晖和陶然，2009）。也有学者认为重庆的地票模式是一种土地发展权交易形式，该模式以"地票"形式将城乡建设用地联系起来，利用整理复垦农村闲置建设用地的指标置换城市建设用地指标（张鹏，2010）。但笔者认为，重庆的地票模式并不是真正意义上的土地发展权交易，因为地票产生区和落地区的土地发展权并未实现——对等关系，地票的价值只是建设用地指标稀缺性价值的体现，并不能表征土地价值，但是不可否认，其对建立符合国情的土地发展权交易市场，以无形的手改良政府失灵的方法探索具有一定贡献。

1.5.3 文献评述

1. 国土空间优化

国土空间优化实质上是资源和其他要素在空间上优化配置的过程。国内外学者对国土空间优化的研究较多，主要集中在国土空间优化的技术方法和思路与模式两方面。而国内主要依靠政策引导，增减挂钩成为实现主体功能区区划、城镇低效用地利用、优化城乡建设用地分配等的主要手段（申兵，2012），一致认为完善增减挂钩政策可以实现人口、土地、产业等的城乡一体化（Li et al.，2014）。目前，基于增减挂钩项目的重庆地票等指标交易也引起广大学者的关注。

2. 土地价值增值与收益分配

纵观国内外土地市场研究现状与发展动态，由于我国土地市场和国外土地市场发育程度、市场结构等实际情况不同，国外学者和国内学者在土地价值机理、土地市场配置效率、市场福利效应、土地财政和政策调控绩效等方面关注的侧重点略有不同。整体而言，我国城乡土地市场的发展相对滞后，国际上较为成熟的理论和方法目前在我国仍处于理论探讨阶段，具体而言，主要研究进展如下：①城乡土地价格机理方面，国外学者主要从微观地块尺度探索土地价值机理，注重分析土地价格增值机理，而国内学者更偏向研究不同土地市场中土地价格与宏观经济环境的作用关系，其中，对于农村土地市场价格的探讨理论多过实践。②城乡土地市场配置效率方面，国外学者从土地市场不同发展阶段全面探索了土地配置效率的技术、时空效应、规模效应等问题，而国内学者的分析主要集中在现有城乡分割土地市场配置效率绩效和对如何构建统筹土地市场进行市场帕累托改进的相关问题上。对于现有城乡分割土地市场配置效率绩效分析，国内学者主要关注农地城市流转过程（征地市场）效率损失和过度性损失的度量。③土地收益分配和福利效应方面，国外学者对土地市场中福利效应问题的研究由传统经济福利向非经济福利过渡，非经济福利效应成为热点问题，收益分配方面主要集中在土地增值与价值分享的一致性探索上；而国内学者更关注土地增值过程中增值收益测算和收益分配的关系。④土地财政和政策调控绩效方面，税收和土地用途管制制度是政府宏观调控的两大法宝，国外学者主要围绕土地相关税收作用和绩效进行探讨，但是政府失灵的时候如何将有形的手和无形的手结合起来是有待进一步研究的问题。而我国二元结构使得地方财政对于土地财政的依赖程度非常高，且地税存在结构不合理、交叉设置、税种缺失等问题，其对土地市场有效运行的宏观调控力度和效果有待考察。

关于研究方法，国外较为发达，国内多数文献对福利的测算，尤其是非经济福利的测度是借鉴国外的研究方法。针对经济福利变化，国内外关于土地市场福利的测度方法主要有以下几种：第一种是基于传统的消费者剩余和生产者剩余建立的土地供需弹性分析模型（Allardt，1976）。第二种是针对非经济福利测度的假想市场法，如意愿调查法（Loomis et al.，1994；Cooper and Loomis，1992；Johnson，2002）、选择实验法（马爱慧等，2012；陈竹和张安录，2012；李霜和张安录，2014；Yang et al.，2015）。第三种是指标体系法，如物质生活质量指数（physical quality of life index，PQLI）、社会进步指数（index of social progress，ISP）、可持续经济福利指数（index of sustainable economic welfare，ISEW）、主观幸福指数等指标。第四种是合并了第一种经济福利指标和第二种非经济福利的方法（Scarpa and Bateman，2000）。还有学者关注事前和事后福利变化，如Swait等（2004）以补偿变化量（compensating variation，CV）和等值变化量（equivalent variation，EV）作为事前福利变化指标，以绝对损失量（dead weight loss）作为事后福利变化指标，测算资源环境政策实施前后福利变化。

关于研究内容，对福利的经济福利和非经济福利展开平行研究，并且研究重心有向测算土地市场各权利主体非经济福利转让、变化倾斜的趋势。目前，对非经济福利尚没有统一的度量标准，不同方法之间测算差异较大，并且缺乏对土地市场中权利主体福利变化的理论与实证分析，准确、有效地评估土地市场中土地的非经济福利将是今后土地市场福利效应测算的难点。而关于土地市场配置效率的研究，国内外研究都集中在对土地市场效率测算和土地发展权的讨论上，所不同的是，国外发展权交易市场已经比较成熟，且产权明晰，而国内发展权市场尚未建立起来，停留在发展权归属权利人还是国有的争论阶段，关于发展权价值的度量，大多学习国外方法，缺乏完善的市场交易体系。

3. 小结

城乡一体化下，挂钩已成为我国优化国土空间的重要政策工具，同时，集体土地流转带来的土地增值收益与分配是目前讨论的焦点和重要问题，而目前涉及国土空间优化过程相关权利主体收益分配的文献较少，缺乏系统探究。结合我国城乡一体化发展进程和实际情况，虽然目前有学者对农地流转过程中国家的福利损失、典型地区农地流转过程及国家、集体和农户收益分配进行了研究，但鲜有人对城乡建设用地不同市场对应的土地增值过程所涉及的各权利主体经济的、非经济的福利变化进行系统的理论和实证分析。因此，本书试图从城乡一体化下国土空间优化和土地增值机理与相关权利主体利益关系入手，综合运用案例分析、计量模型、博弈论等多种方法，为统筹城乡一体化发展提出科学分析依据。

第 2 章 城乡一体化与"四化同步"

2.1 "四化同步"与"城乡一体化"的概念及内在联系

2.1.1 新型城镇化

1978 年改革开放以来,我国城镇化经历了一个低起点、高增速的历程。随着发展战略调整与改革深入,城镇化水平不断提高,城镇化进程与城市建设取得显著成就(戚晓旭等,2014)。到 2012 年,我国城镇人口达到 7.1 亿,城镇化率基本达到世界平均水平。

单卓然和黄亚平(2013)综合前人对新型城镇化的研究,总结出新型城镇化的内涵,其是以追求民生、可持续发展和质量为内涵,以平等、幸福、转型、绿色、健康和集约为核心目标,以区域统筹与协调一体、产业升级与低碳转型、生态文明与集约高效、制度改革与体制创新为重点内容的城镇化。

新型城镇化是以人为核心的城镇化。推进以人为核心的城镇化,要以人为本,提高城镇人口素质和居民生活质量,把促进有能力在城镇稳定就业和生活的常住人口有序实现市民化作为首要任务。以人为本的新型城镇化,要求全面的人口城镇化,除了非农人口比率、二三产业从业人数比率等,全面发展教育和城乡协调也是新型城镇化的重点。

新型城镇化是经济产业发展的城镇化。城镇化的基础是经济发展,科学技术的不断进步及产业结构的不断调整,从第一产业逐步向二三产业过渡的过程,在这一过程中,国内生产总值(gross domestic product,GDP)是它的显著标志,二三产业比重及人均可支配收入等都是反映新型城镇化中经济产业发展情况的重要标志。

新型城镇化是生态保护和可持续发展的城镇化。在我国城镇资源日趋紧张和环境污染日趋严重的背景下,产业的发展要高效、节约、清洁,要有利于人的生存和发展,即通过推进产业绿色发展、循环发展、低碳发展等可持续方式为人提供宜居的生存和发展条件(沈宏超和洪功翔,2015)。不同于传统城镇化的粗放发展，新型城镇化着力推进绿色发展、循环发展、低碳发展，节约利用土地、水、能源等资源。

2.1.2 新型工业化

工业化主要是指工业在一国经济中的比重不断提高以至取代农业，成为经济主体的过程。简单来说，就是传统的农业社会向现代化工业社会转变的过程。这一过程的特征主要是农业劳动力大量向工业转移，农村人口大量向城镇转移，城镇人口超过农村人口。工业化是现代化的基础和前提，高度发达的工业社会是现代化的重要标志。新型工业化是指坚持以信息化带动工业化，以工业化促进信息化，走出一条科技含量高、经济效益好、资源消耗低、环境污染少、人力资源优势得到充分发挥的新型工业化路子。与传统工业化相比，新型工业化有三个突出的特点：一是以信息化带动、实现跨越式发展的工业化；二是增强可持续发展能力的工业化；三是充分发挥人力资源优势的工业化（李二超和韩洁，2013）。

就工业化进程本身而言，Hoffmann（1958）对各国工业化过程中工业结构的演进规律进行了开拓性的研究，他根据 20 个国家的历史数据分析了制造业中的消费资料工业和生产资料工业（以轻重工业划分）之间的净产值比例关系（消费资料工业净产值/资本品工业净产值）的变化，然后概括出有代表性的比值即 Hoffmann（霍夫曼）系数，根据这一比值来划分工业化的阶段，从而把工业结构特征与工业化过程的阶段划分联系起来。得到的结论是，各国工业化无论开始于何时，一般都具有相同的趋势，即随着一国工业化的进展，Hoffmann 比例（Hoffmann 系数）呈现出不断下降的趋势，这就是著名的 Hoffmann 定理。

2.1.3 农业现代化

农业现代化就是用现代科技、现代装备、现代经营管理理念等先进生产要素武装农业，不断提高劳动生产率、土地产出率和资源利用率，促进速度质量效益、生产生活生态等全面协调可持续发展的过程。

2.1.4 信息化

信息化是国民经济或社会结构框架的重心从物理性空间向信息或知识性空间转移的过程。它以高科技的信息技术为手段，对经济社会结构、产业结构等进行改造、改组或重新定向，通过提高产品与经济活动中信息与知识的含量，推动全社会达到更高级、更有组织、更高效率的经济发展水平。信息化是一个动态过程,国民经济和社会信息化意味着国民经济从工业经济向信息经济的演进,社会从工业社会向信息社会的演进。

2.1.5 "四化"内在机理与"城乡一体化"联系

湖北省"四化同步"重点示范乡镇都是以农业发展为基础而发展起来的,新型城镇化、新型工业化、农业现代化和信息化相辅相成,相互推进,如图 2-1 所示。例如,随着社会经济的发展,城镇的农业从零散的小农经济通过流转逐步向规模经营发展,社会科技的进步加上人口和土地的聚集带来了工业化的进一步发展;以工业为主的非农经济的迅速发展,工业产业的集聚,带来了更加完备的配套基础设施及服务业等第三产业的集聚,造就了城镇化的进一步发展;城镇化发展后实现对农业的反哺。信息化在整个过程中是农业现代化、新型城镇化和新型工业化的纽带和信息基础,为"三化"提供技术支持。

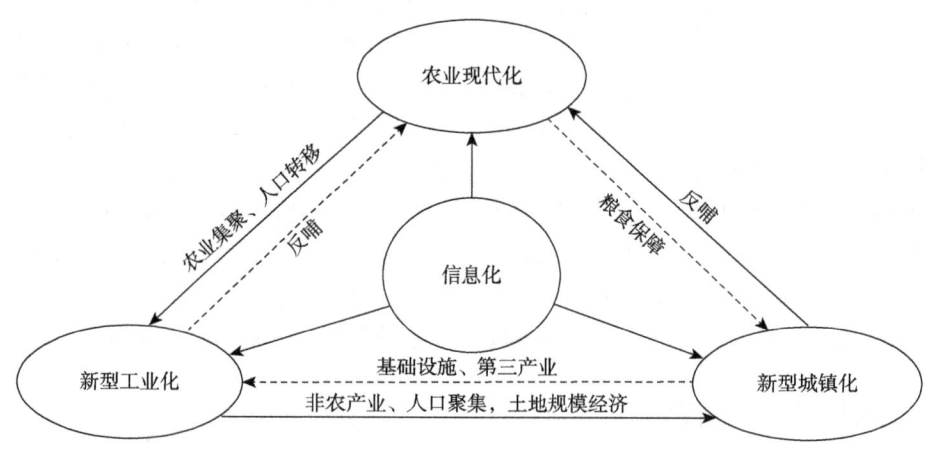

图 2-1 "四化同步"关系图

(1)新型城镇化与其他"三化"同步发展的内在机理。新型城镇化的发展促使二三产业不断扩张,对农业剩余劳动力的吸收能力不断增强,推动了农业剩余劳动力的供需平衡和劳动力资源的合理配置。城镇的集聚效应吸引着先进技术、高素质人才、大量资金和能源向城镇汇聚,为工业生产提供了充足的要素资源。城镇建设和城镇居民在工作、文化、娱乐生活等方面对信息化的需求为信息化提供了发展空间,使信息化在城镇规划、建设、运行等方面全方位渗透,从而实现城镇信息化。

(2)农业现代化与其他"三化"同步发展的内在机理。农业现代化的发展为新型工业化和新型城镇化提供了大量的农业原材料、农业产品、廉价劳动力和资本，满足了新型工业化、新型城镇化进程中的多样化需求，加快了新型工业化和新型城镇化的步伐。同时，农业现代化的发展需求和农村居民的信息需求为信息化提供了发展方向和市场空间，促进了互联网技术、数字化技术等高新技术在农业生产和农村生活方面的应用和推广。

（3）信息化与其他"三化"同步发展的内在机理。信息化为新型工业化、新型城镇化和农业现代化提供了新的发展动力。信息技术和现代信息管理手段的发展促进了工业结构优化升级，推动高能耗、高污染、低效益、低附加值的资源密集型产业及低端制造业向低能耗、低污染、高效益、高附加值的新技术产业及高端制造业转型。

（4）新型工业化与其他"三化"同步发展的内在机理。随着新型工业化进程的推进，其自身规律使工业生产向城镇空间集聚，加速了各类产业园区的建设，以工业产业园区为核心建立的社区、购物中心、商业中心等，进一步推动了新型城镇化的建设。新型工业化高速发展也为信息化提供了人力、物力和财力支持，工业生产的成熟为信息产品和信息技术的研发、应用和传播提供了设备依托。

"四化同步"发展及其协调发展程度将作为衡量城乡一体化程度的重要依据。

2.2 城乡一体化发展测度——以湖北省为例

城镇化是衡量社会经济发展的一项重要指标，是人口从乡村持续向城镇集聚的过程，是世界各国工业化进程中必经的历史阶段。城镇化发展过程离不开诸多要素的投入，而土地要素则是城镇化发展中不可或缺、不可替代的要素。一方面，城镇化的发展离不开城镇建设用地扩张的支撑；另一方面，土地供应所带来的土地收入为城镇建设资金投入提供了重要的渠道。湖北省作为中部地区的省份，在2001~2017年，城镇化发展取得了长足的进步，城镇化水平从2001年的34.6%上升到2017年的59.3%，超过全国平均水平（即58.52%）[①]。当前，湖北省已进入城镇化快速推进期，进入以城市社会为主体的发展阶段，对城镇化发展提出了新的更高的要求。2016~2020年是加快构建重要战略支点的关键时期，2016~2025年是湖北发展的"黄金十年"，在"中国城市梦""乡村振兴"等战略助推下，新型城镇化如何发展将成为推动全省社会经济发展的重要引擎。

---

① 数据来源：《湖北统计年鉴》（2018）。

2.2.1 城镇化发展分析

表 2-1 是以最为典型的城镇人口统计指标——常住城镇人口为口径计算的城镇化水平。

表 2-1 2001~2011 年湖北省城镇化水平变化情况

年份	2001	2002	2003	2004	2005	2006	2007	2008	2009	2010	2011
城市人口/万人	2 061.55	2 098.27	2 158.62	2 244.7	2 335.44	2 493.5	2 524.7	2 581.4	2 631.2	2 846.13	2 984.32
总人口/万人	3 896.36	3 863.7	3 831.7	3 729.5	3 243.3	3 199.5	3 174.3	3 129.6	3 088.8	2 877.64	2 773.68
城镇化率	34.60%	35.19%	36.04%	37.57%	41.86%	43.80%	44.30%	45.20%	46.00%	49.72%	51.83%

注：数据来源于历年的《湖北统计年鉴》

图 2-2 是湖北省城镇化发展的总趋势示意图，从图中我们可以发现：2001~2011 年这一时段内，湖北省城镇化水平的变化表现出了阶段性的特征，即先缓慢增长，后进入加速上升阶段。2001~2005 年，城镇化水平以年均 2.70 个百分点的速率增加；2006~2011 年，城镇化速度上升，城镇化水平以年均 4.4 个百分点的速度增加。

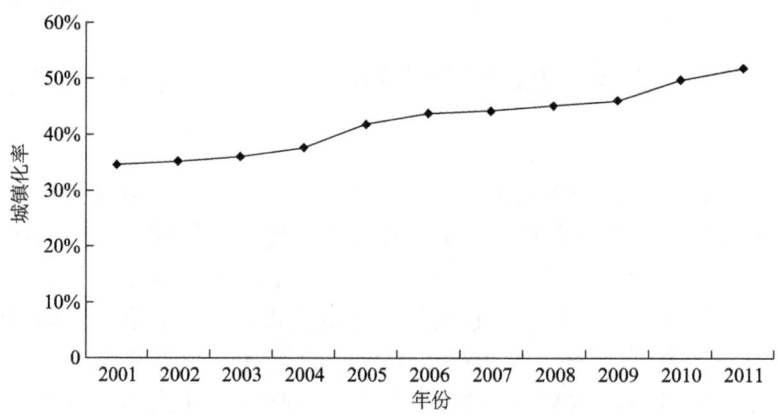

图 2-2 湖北省城镇化发展的总趋势示意图

对湖北省各个市（州）2011 年的城镇化水平进行计算。从图 2-3 中可以看到各市（州）的城镇化水平及市（州）间的差异，湖北省各个市（州）的城镇化水平与湖北省总的城镇化率有很大差别，湖北省 17 个市（州）中，武汉市、鄂州市和黄石市的城镇化率高于湖北省平均水平（51.83%），分别为 66.07%、60.38%和 58.95%；而城镇化水平最低的神农架林区仅为 19.75%，与全省平均水平相差很远。

将城镇化水平按照：高（>50%）、中（40%~50%）、低（<40%）的划分方式分为三个等级，则湖北省各个市（州）中，武汉市、鄂州市和黄石市属于高城

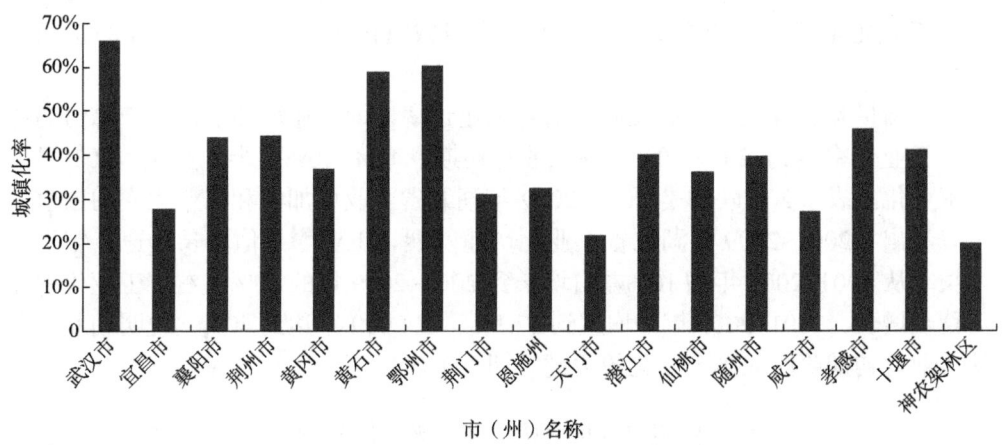

图 2-3　2011 年湖北省各市（州）城镇化水平

镇化水平，襄阳市、荆州市、潜江市、孝感市和十堰市属于中等城镇化水平，其余市（州）属于低城镇化水平。湖北省城镇化发展取得了很多成就：随着长江经济带的加速开放开发、高铁时代的到来，城镇发展空间得到进一步拓展，沿江城镇带和沿高铁城镇带发展迅速，湖北省城镇布局得到进一步优化；鄂州市等通过实施城乡一体化试点、仙洪新农村建设试验区、88 个新农村建设乡镇试点等工作，探索出了一条具有湖北特色的新农村建设、城镇化发展路子，在全省城镇化建设中发挥了重要示范作用，但是湖北省城镇化建设过程中也存在一些问题：一方面，湖北省城镇数量在全国位居前列，但大中城市数量少，小城镇数量多，发展质量不高。除武汉市外，其他城市人口均未达到 100 万人。县城规模在 10 万人左右，建制镇平均人口不到 1 万人，其中规模效益较差的小城市和小城镇比重超过了 40%。城镇规模过小，使文化、教育、医疗、卫生等公共设施因成本高而难以配置，导致城镇化质量不高。另一方面，湖北省东密西疏特点十分明显，城镇主要沿交通干线或长江汉水集聚，东部城镇数量多、密度高、规模大，而西部城镇数量少、密度低、规模小；大中小城市与城镇的布局不够合理，缺乏梯次推进的发展格局，制约了城市的协调稳健发展。

2.2.2　城镇化与工业化关联度

城镇化是农业剩余劳动力和农村人口向城镇聚集的过程，是生产方式和生活方式由农业转化为非农业的过程，是二三产业向城镇集中的过程。

工业化与城镇化是相互关联的，缺乏工业化的城镇化不可能实现可持续发展，工业化的发展有赖于城镇聚集效应的发挥。但一般来说，在城镇初期和中期，工业化是城镇化的主要动力，工业化与城镇化进程往往呈现明显的正相关关系。

为衡量湖北省工业化的发展，引入工业化率，即工业增加值占生产总值的比重。工业化率达到 20%~40%，为工业化初期，40%~60%为半工业化，60%以上为工业化。表 2-2 反映的是 2001~2009 年湖北省工业增加值和工业化率的数值，可以看出，2001~2009 年湖北省工业化快速发展，工业增加值增长迅速，年平均增长率从 2001~2003 年的 10%左右增长到 2004~2009 年的 20%左右。工业化率逐年稳步增长，2001~2009 年平均达到 37.1%。在 2009 年达到 40%，说明湖北省正从工业化初期阶段向半工业化的关键时期迈进。

表 2-2　2001~2009 年湖北省工业化水平变化情况

年份	2001	2002	2003	2004	2005	2006	2007	2008	2009
工业增加值/亿元	1 360.1	1 473	1 682.16	1 987.5	2 436.55	2 929.19	3 451.62	4 330.2	5 183.68
工业化率	35%	35%	35.4%	35.3%	37.6%	38.5%	38.4%	38.8%	40%

注：数据来源于历年的《湖北统计年鉴》

为进行城镇化与工业化的关联比较，以及分析城镇化对工业化的影响，将城镇化率与工业化率的变化趋势作图，如图 2-4 所示。2001 年湖北省城镇化率低于工业化率，2002~2004 年城镇化率以微弱优势反超工业化率，主要是因为起步期以工业化的发展为核心，工业化以拉动就业、增加收入、改变土地利用形态、调整产业空间布局的方式促进了城镇化的发展。2004~2009 年，湖北省的城镇化率和工业化率保持着基本相同的增长趋势，主要是因为从成长期进入了工业化与城镇化中期，城镇化在要素的合理流动、产品的顺利流通、资源的优化配置、信息的有效传播方面对工业化的发展起到促进作用。因此，在城镇化的发展进程中，协调好城镇化与工业化发展的关系是至关重要的。

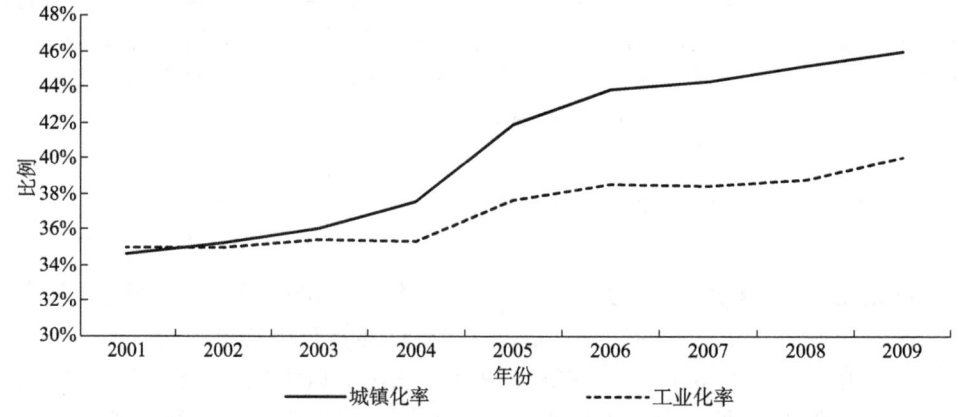

图 2-4　2001~2009 年湖北省工业化和城镇化发展的总趋势示意图

2.2.3 城镇化发展与国土供给空间

1. 湖北省

城镇建设用地供应在空间上有效保障了城镇化水平的稳步提高。从表2-3可以看出，湖北省城镇建设用地总规模从2001年的204.05万亩（1亩≈666.67平方米）上升到2011年的472.78万亩，城镇化率从34.60%提高到51.83%。

表2-3 2001~2011年湖北省城镇建设用地总规模、增长幅度及城镇化率

年份	2001	2002	2003	2004	2005	2006	2007	2008	2009	2010	2011
城镇建设用地总规模/万亩	204.05	206.02	207.73	212.52	219.72	223.99	229.28	234.78	411.13	438.21	472.78
对应2001年增长幅度	—	0.97%	1.807%	4.157%	7.68%	9.778%	12.37%	15.06%	101.48%	114.76%	131.70%
城镇化率	34.60%	35.19%	36.04%	37.57%	41.86%	43.80%	44.30%	45.20%	46.00%	49.72%	51.83%

注：数据来源于历年的《湖北统计年鉴》

城镇建设用地的充分供应对城镇化发展的作用可以总结为以下两点：

一是推动了旧城更新，城市面貌和居住环境得到改善。通过城中村改造，解决了城中村居民居住和就业问题，改善了居住环境，提供了大量公益用地和功能性用地；通过旧厂改造，支持了企业改制和搬迁改造，为产业升级和结构调整创造了条件；为城市提供大量的功能性用地，提升了城市功能，改善了生态环境，促进了服务业发展，贡献了大量政府收益。

二是促进了新城建设，都市发展区新型工业化进程加速。开发区和新城区的土地储备极大地促进了都市发展区外围产业集聚，为全市新型工业化和"工业倍增"计划的有效实施提供了土地保障。以武汉市为例，开发区和新城区规划工业用地占全市规划工业用地总量的70%以上。2006~2011年，开发区和新城区累计供应工业用地约9 040公顷，年均约1 808公顷。

数据通过平稳性检验和协整检验后，建立的误差修正模型可反映出：短期内，建设用地的供应量有推动人口城镇化的作用，并且建设用地面积会随着人口城镇化水平的提升而增加，但不同的城镇化模式对建设用地供应量的影响不同。就长期而言，人口城镇化水平关于建设用地扩张的弹性为0.52，即建设用地的面积每变动1%，人口城镇化变动0.52%，那么意味着在2011年的水平下，城镇化每增加1个百分点，城镇建设用地需要9.08万亩作为支撑。对照人口城镇化水平关于建设用地扩张的弹性来看，若不考虑其他因素的贡献，单就建设用地扩张的贡献来看，若要在2015年达到56%的城镇化水平，城镇建设用地面积需要在

2011年的基础上增加38.89万亩作为支撑；若要在2020年达到60%的城镇化水平，则城镇建设用地面积需要在2011年的基础上增加79.42万亩作为支撑；若要在2030年达到69%的城镇化水平，则城镇建设用地面积需要在2011年的基础上增加182.49万亩作为支撑。

误差修正模型的误差修正项系数，反映了长期均衡对短期偏离的调整力度较小，说明人口城镇化与建设用地扩张的均衡关系主要受短期波动的影响，也就意味着建设用地供应量对人口城镇化的作用主要较明显地体现在短期上。

2. 典型城市

根据前面湖北省人口城镇化水平关于建设用地扩张的弹性计算方法，对典型地区武汉市、宜昌市、荆州市、荆门市进行计算，得到如表2-4所示结果。

表2-4　湖北省典型城市人口城镇化水平关于建设用地扩张的弹性

典型地区	武汉市	宜昌市	荆州市	荆门市
弹性系数	0.43	1.25	0.56	0.80
城镇化率	66.07%	27.85%	44.46%	30.86%

注：计算整理所得

人口城镇化水平关于建设用地扩张的弹性系数反映了城镇化水平相对于建设用地的扩张量变化的敏感程度，弹性越大，敏感程度越高，说明城市化水平受到建设用地扩张的因素影响越大；反之，弹性越小，敏感程度越低，说明城市化水平受到建设用地扩张的因素影响越小。在表2-4中，弹性系数最高的两个市是宜昌市和荆门市，说明相同的建设用地扩张率的变化相对于弹性系数较低的城市而言可带来的城镇化水平的提高程度更大。

通过测算典型地区的城镇化率和建设用地扩张的弹性可以看出，城镇化率最低的宜昌市为27.85%，对城镇建设用地扩张的弹性系数最高，为1.25；城镇化率为30.86%的荆门市，对城镇建设用地扩张的弹性系数为0.80；城镇化率为44.46%的荆州市，对城镇建设用地扩张的弹性系数为0.56；城镇化率最高的武汉市为66.07%，对城镇建设用地扩张的弹性系数也最低，为0.43。宜昌市、荆门市和荆州市的城镇化水平低于全省的平均水平，其弹性也均高于全省的弹性系数，由此可见城镇化率越低的地区，弹性系数反而高，其城镇化发展对建设用地的投入也越敏感。

根据典型地区计算出的弹性系数，以湖北省2011年的城镇建设用地为基础可以推算出：当城镇化率低于30%的时候，城镇化率每增加1%需要城镇建设用地面积增加3.78万亩作为支撑；当城镇化率在30%~40%时，城镇化率每增加1%需要城镇建设用地面积增加5.91万亩作为支撑；当城镇化率在40%~50%时，城镇化率每增加 1%需要城镇建设用地面积增加 8.44 万亩作为支撑；当城镇化率在 50%~60%时，城镇化率每增加 1%需要城镇建设用地面积增加 9.08 万亩作为支撑；当城镇化率大于 60%时，城镇化率每增加 1%需要城镇建设用地面积增加 10.99 万亩作为支撑。这说明，单就城镇建设用地增加量来看，城镇建设用地在城镇化率较低的城市对城镇化发展的效率反而较高，同样是增加 1%的城镇化率，在城镇化率已经较高的地区就需要投入更多的城镇建设用地，如果不区分城镇化率的发展阶段去同等对待每个地区，就会导致建设用地在城镇化率较高地区利用的低效率。

在城市化发展过程中，城镇化率较低的城市在发展的初步阶段，只需要较少的城镇建设用地增加作为城镇化发展的支撑就可以达到城镇化率较高的城市需要较多城镇建设用地增加才能达到的效果，即使土地在使用过程中可能存在粗放的现象，但土地使用效率高，城镇建设用地的投入是城镇化发展不可或缺的要素，而城市化水平较高的城市在发展城镇化过程中应该更多依赖于其他要素的投入，根据不同发展阶段去配置不同的城市建设用地，这样才能使土地资源（特别是城镇土地资源）在区域间得到更优的配置。

2.3 "四化同步"发展测度——以湖北省为例

2.3.1 "四化同步"指标的选取

从新型城镇化、新型工业化、农业现代化和信息化的概念及内在机理来确定湖北省"四化同步"指标体系，如表 2-5 所示。

表 2-5　2010~2014 年湖北省"四化同步"指标体系

	指标	权重
新型城镇化	人口城镇化率	0.21
	二三产业人口比重	0.30
	城乡人均可支配收入比	0.23
	人均生产总值	0.26
新型工业化	单位工业产值工业废气排放量	0.11
	单位工业产值工业废水排放量	0.12

续表

指标		权重
新型工业化	单位工业产值工业固体废弃物生产量	0.12
	工业固体废弃物排放率	0.11
	工业总产值	0.42
	轻重工业产值比	0.12
农业现代化	单位耕地面积农业机械总动力	0.12
	人均耕地面积（按照农业劳作人员计算）	0.13
	机电排灌占有效灌溉面积比	0.18
	机耕面积率	0.15
	机播面积率	0.15
	机械植保面积率	0.14
	机械收获面积率	0.13
信息化	人均年末移动电话用户	0.23
	人均互联网宽带接入用户	0.23
	长途光缆线路长度	0.29
	人均公共图书馆藏数量	0.25

注：数据来源于历年的《湖北统计年鉴》

新型城镇化中选取人口城镇化率、二三产业人口比重（二三产业就业人口/一二三产业就业人口）、城乡人均可支配收入比（城镇居民人均可支配收入/农村居民人均可支配收入）、人均生产总值四个子指标表示。人口城镇化率是最普遍用来测度城镇化水平的指标；二三产业人口比重可以很好地反映出产业人口结构中非农产业就业人员所占的比重，体现出新型城镇化是人的城镇化；城乡人均可支配收入比可以测度城乡统筹发展状况，城乡人均可支配收入比越小，则说明区域的城乡发展越和谐；人均生产总值反映出区域的人均生产总值。

新型工业化中选取单位工业产值工业废气排放量（工业废气排放量/工业产值）、单位工业产值工业废水排放量（工业废水排放量/工业产值）、单位工业产值工业固体废弃物生产量（工业固体废弃物生产量/工业产值）、工业固体废弃物排放率、工业总产值、轻重工业产值比（轻工业产值/重工业产值）等指标来表示，其中引入单位工业产值工业"三废"的排放量或生产量，用于测度在工业化发展中每单位工业产量所产生的工业废弃物；工业固体废弃物排放率用于测度新型工业化过程中工业固体废弃物被综合利用、处理的能力；轻重工业产值比则借鉴了 Hoffmann 系数，通过地区轻重工业的产值比来推算工业化进程，比值越小则说明工业化程度越高。

农业现代化中选取了单位耕地面积农业机械总动力（农业机械总动力/耕地面积）、人均耕地面积（按照农业劳作人员计算）、机电排灌占有效灌溉面积比（有效灌溉面积中机电排灌所占比重）、机耕面积率（机耕面积/耕地面积）、机播面积率（机播面积/耕地面积）、机械植保面积率（机械植保面积/耕地面积）、机械收获面积率（机械收获面积/耕地面积）。人均耕地面积用于测度农业现代化中的规模经营度，每位农业劳作人员所占有的耕地面积越大，反映出区域的农业规模经营程度越高、农业机械化程度越高；单位耕地面积农业机械总动力、机电排灌占有效灌溉面积比、机耕面积率、机播面积率、机械植保面积率、机械收获面积率都体现区域的农业机械化水平。

信息化中选取了人均年末移动电话用户、人均互联网宽带接入用户、长途光缆线路长度和人均公共图书馆藏数量指标。

2.3.2 指标权重计算方法

采用熵值法确定"四化同步"指标权重。
评价指标标准化：
正向指标：

$$\overline{X}_{ij} = \frac{X_{ij} - \mathrm{Min}X_j}{\mathrm{Max}X_j - \mathrm{Min}X_j}$$

负向指标：

$$\overline{X}_{ij} = \frac{\mathrm{Max}X_j - X_{ij}}{\mathrm{Max}X_j - \mathrm{Min}X_j}$$

其中，X_{ij} 为第 i 年第 j 项指标值；$\overline{X}_{ij}$ 为其标准化值。

计算第 i 年第 j 项指标比重：

$$Y_{ij} = \frac{\overline{X}_{ij}}{\sum_{i=1}^{m}\overline{X}_{ij}}$$

计算信息熵：

$$e_j = -K\sum_{i=1}^{m}(Y_{ij} \times \ln Y_{ij}), \quad d_j = 1 - e_j$$

其中，$K = \dfrac{1}{\ln m}$，m 为年数。

计算对应指标的权重：

$$w_i = \dfrac{d_j}{\sum_{j=1}^{n} d_j}$$

其中，n 为指标数。

表2-6和图2-5显示，2010~2014年湖北省新型城镇化、新型工业化、农业现代化和信息化整体协调发展，"四化"程度逐年加强。"四化同步"综合指数由2010年的0.50逐年上涨至2014年的3.68。

表 2-6　2010~2014年湖北省"四化同步"发展指数

年份	新型城镇化	新型工业化	农业现代化	信息化	四化综合
2010	0.23	0.14	0.13	0.00	0.50
2011	0.42	0.24	0.23	0.28	1.18
2012	0.63	0.66	0.49	0.62	2.40
2013	0.64	0.86	0.63	0.74	2.86
2014	0.68	1.00	1.00	1.00	3.68

注：根据历年的《湖北统计年鉴》和表2-5整理所得

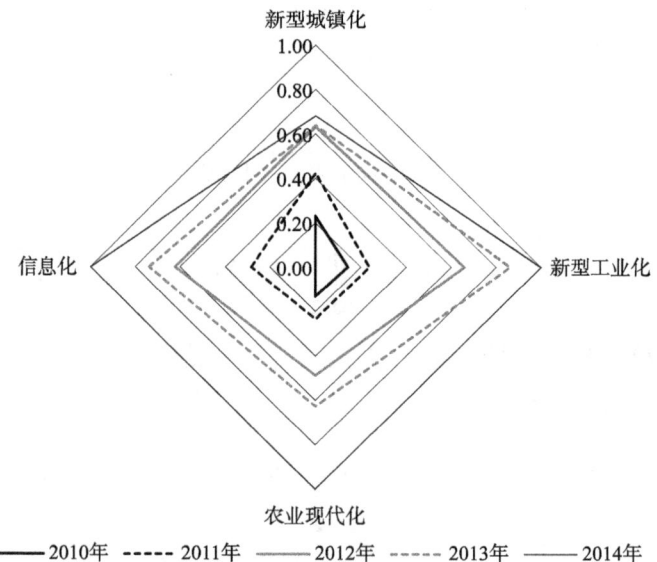

图 2-5　2010~2014年湖北省"四化同步"发展进度

新型城镇化程度由2010年的0.23增加到2014年的0.68，上涨0.45，相对发展较为稳定，特别是2012年之后从0.63稳步发展到0.68，仅上涨0.05，表明湖北省新型城镇化的整体水平已经进入相对平稳状态。

新型工业化由 2010 年的 0.14 逐年上升至 2014 年的 1.00，可见在这五年里，湖北省的工业化发展速度相对较快。2011~2012 年发展最快，新型工业化指数直接从 0.24 上涨 0.42 飞跃至 0.66。

农业现代化和信息化指数变化相对较快，在提出新型城镇化、新型工业化、农业现代化和信息化要同步协调发展后，湖北省农业现代化和信息化的发展也同步跟上节奏。虽然湖北省曾重点发展新型城镇化和新型工业化而疏于农业现代化和信息化的协调发展，但是后来湖北省在科学发展观的思想指导下，"四化同步"全面发展，使新型城镇化、新型工业化、农业现代化和信息化能够相辅相成、同步进步。

2.3.3 2014 年湖北省主要城市"四化同步"发展情况

以武汉市、宜昌市、鄂州市、随州市、襄阳市、黄冈市、咸宁市、十堰市、荆门市、孝感市、黄石市和荆州市 12 个主要城市为代表，根据湖北省"四化同步"发展指数测算体系，测算 2014 年湖北省主要城市"四化同步"发展情况。

2014 年湖北省主要城市"四化同步"发展指数如表 2-7 所示。"四化同步"综合指数最高的是武汉市（2.97），其次为宜昌市（2.26）和鄂州市（2.09），最低的是荆州市，仅为 0.82。武汉市作为湖北省的省会城市，是我国中部地区的经济腹地，其发展在湖北省各市中处于领先地位。

表 2-7 2014 年湖北省主要城市"四化同步"发展指数

城市名称	新型城镇化	新型工业化	农业现代化	信息化	四化同步
武汉市	0.76	0.95	0.26	1.00	2.97
宜昌市	0.65	0.40	0.89	0.32	2.26
鄂州市	0.56	0.51	0.76	0.27	2.09
随州市	0.39	0.71	0.32	0.59	2.02
襄阳市	0.52	0.76	0.45	0.11	1.84
黄冈市	0.21	0.62	0.64	0.06	1.54
咸宁市	0.49	0.42	0.30	0.29	1.49
十堰市	0.60	0.38	0.19	0.26	1.44
荆门市	0.34	0.65	0.19	0.16	1.35
孝感市	0.33	0.41	0.57	0.02	1.33
黄石市	0.24	0.43	0.11	0.33	1.11
荆州市	0.13	0.09	0.51	0.09	0.82

2014年，武汉市新型城镇化程度相对最高，为0.76，其次为宜昌市（0.65）、十堰市（0.60）、鄂州市（0.56）等，而荆州市的新型城镇化程度最低，仅有0.13（图2-6）。

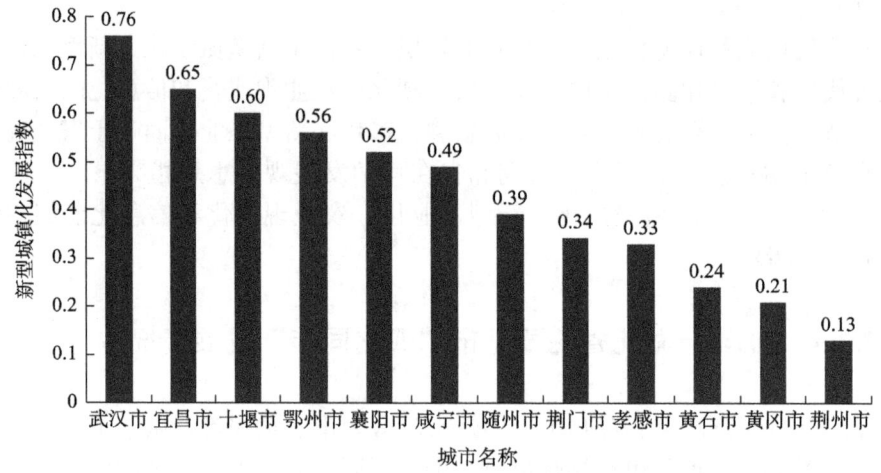

图2-6 湖北省主要城市新型城镇化发展指数

2014年，湖北省主要城市中武汉市的新型工业化发展指数最高，达到0.95，其次为襄阳市（0.76）、随州市（0.71）、荆门市（0.65），荆州市新型工业化程度最低，仅为0.09（图2-7）。

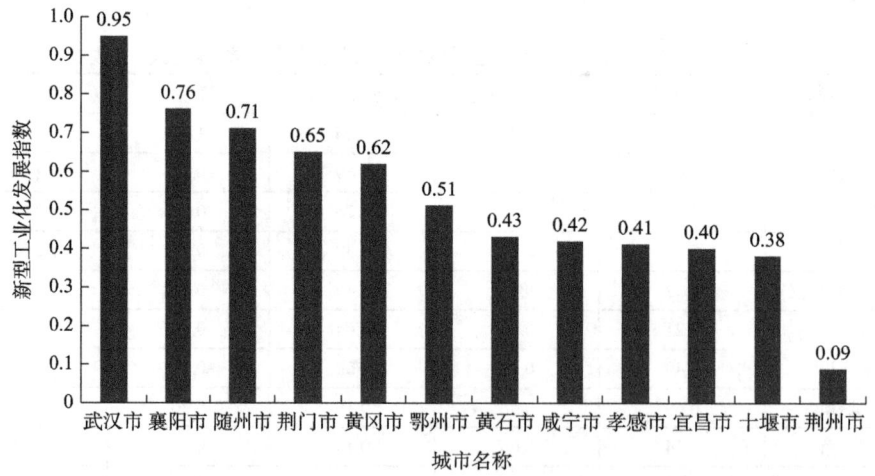

图2-7 湖北省主要城市新型工业化发展指数

2014年，宜昌市农业现代化发展指数位列湖北省各市首位，达到0.89，其次为鄂州市（0.76）和黄冈市（0.64），黄石市（0.11）、荆门市（0.19）和十堰市

（0.19）排在末尾（图 2-8）。

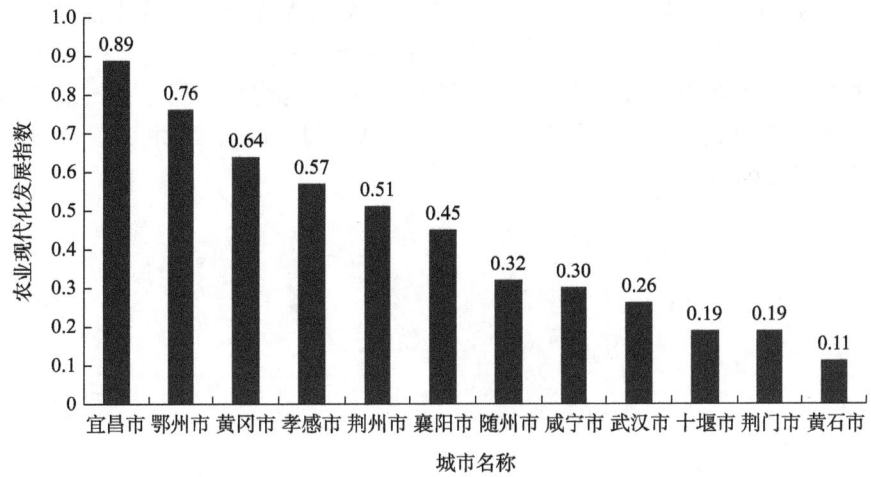

图 2-8　湖北省主要城市农业现代化发展指数

在信息化程度上，武汉市以 1.00 遥遥领先于其他城市，而排在第二位的随州市仅为 0.59，荆州市、黄冈市和孝感市信息化程度都不到 0.1（图 2-9）。

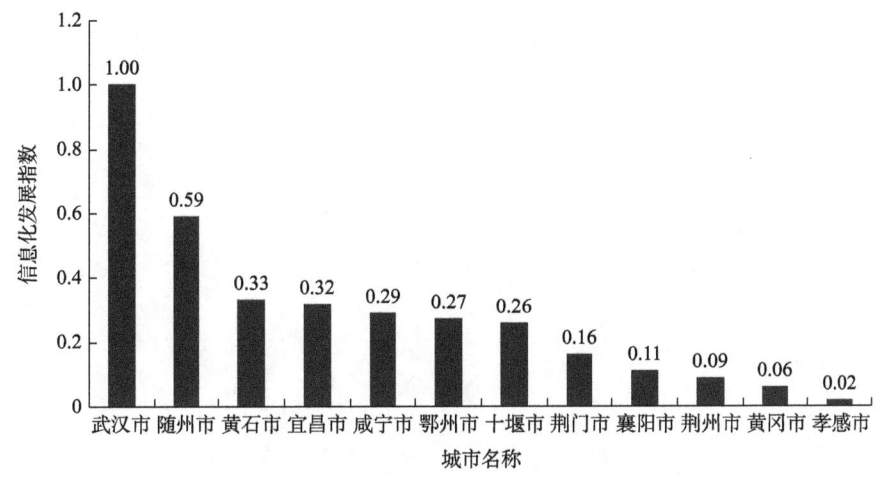

图 2-9　湖北省主要城市信息化发展指数

武汉市作为湖北省省会城市，整体发展处于湖北省各市领先地位，但是整体发展最不均衡，2014 年武汉市新型城镇化、新型工业化和信息化指标都排在首位，但是农业现代化指标仅为 0.26，排在第九位。需要加强武汉市周边农村的农业现代化发展，以及进行适度的农业规模经营，防止周边农用地因期待城镇化扩张而出现抛荒撂荒等现象。

黄冈市新型工业化和农业现代化程度较高，新型城镇化和信息化程度略低；襄阳市新型城镇化、新型工业化和农业现代化都较为均衡，信息化相对落后；荆州市农业现代化程度较高，但新型城镇化和新型工业化程度较低；鄂州市、十堰市、随州市、黄石市和咸宁市"四化同步"发展较为均衡，但是鄂州市和随州市整体发展水平较高，"四化同步"综合指数都超过 2.0，而十堰市、黄石市和咸宁市整体指数略低。

第3章　城乡一体化下国土空间优化实证分析

3.1　新型城镇化与国土空间发展布局——以湖北省为例

本章以湖北省为例，探究新型城镇化与国土空间发展布局的关系。大区域国土空间优化与区域承载力息息相关。其中，与国土空间发展关系最为紧密的是土地资源综合承载力。土地资源综合承载力是指一定时期、一定空间区域和一定的经济、社会、资源、环境等条件下，土地资源所能承载的人类各种活动的规模和强度的限度。承载对象不仅是人口，还包括人类的各种经济、社会活动，如承载的城市建设规模、经济规模、生态环境质量等。因此，本章从土地资源人口承载力、土地资源经济承载力、土地资源生态承载力三个方面入手，通过对土地资源承载力进行评价与分析，掌握湖北省土地资源对于人口增长、经济建设、生态平衡等的支撑程度及土地开发利用潜力，为湖北省建立协调、稳定、持续发展的人地关系提供科学的理论依据，从而实现区域空间优化战略布局。

3.1.1　土地资源人口承载力分析

1. 耕地人口承载力评价

湖北省位于我国中部，地处长江中游、洞庭湖以北，北纬 29°01′53″~33°06′47″，东经108°21′42″~116°07′50″，是我国"中部崛起"战略的支点和中心。截至 2018 年底，全省常住人口 5 917 万人，土地总面积 18.59 万平方千米，辖 12 个省辖市、1 个自治州、39 个市辖区、25 个县级市（其中 3 个省直管市）、36 个县、2 个自治县和 1 个林区。省内地势平坦，土壤肥沃，历来是我国重要的粮棉油生产基地。全省耕地总面积541.94 万公顷，占全国耕地总面积的 3.83%，且耕地主要分为灌溉水田、水浇地和旱地三种，受社会经济和自然地理条件等的限制，各个县（市、区）的耕地分布结构差异较大。就整个湖北省来说，灌溉水田所占比重最大（约 50.8%），其次为旱地（约 39.9%），水浇地的比例最小（9.3%）。

1）耕地人口承载力计算标准

湖北省第二次土地调查数据显示，2009 年湖北省耕地面积为 7 984.5 万亩，人均耕地 1.30 亩，远低于世界人均耕地 2.88 亩的水平；低于全国平均水平 0.22 亩。湖北省耕地首先应保证本省人口的粮食消费需求，这是湖北省耕地保护的底线，在此基础上满足其余部分地区人口粮食需求，其余工业与饲料用粮等可通过市场外调解决。因此，参阅国外研究成果，采用联合国粮食及农业组织（Food and Agriculture Organization of the United Nations，FAO）给出的粮食安全标准，将湖北省人口人均粮食占有标准定为 400 千克，将其作为耕地人口承载力的评价指标之一，这也是我国粮食安全的主要标准之一。根据《中华人民共和国国民经济和社会发展第十三个五年规划纲要》，到 2020 年全面实现小康，因此将小康水平人口人均粮食占有标准 450 千克作为参考标准。

2）耕地人口承载力的变化

2008~2012 年湖北省耕地人口承载力变化如表 3-1 和图 3-1 所示。

表 3-1 2008~2012 年湖北省耕地人口承载力变化

年份	粮食总产量/万吨	总人口/万人	可承载力/万人（按人均 400 千克）	可承载力/万人（按人均 450 千克）
2008	2 227.23	5 711.00	5 568.10	4 949.40
2009	2 309.10	5 720.00	5 772.80	5 131.33
2010	2 315.80	5 723.77	5 789.50	5 146.22
2011	2 388.53	5 758.00	5 971.30	5 307.84
2012	2 441.81	5 779.00	6 104.50	5 426.24

注：数据来源于历年《湖北统计年鉴》

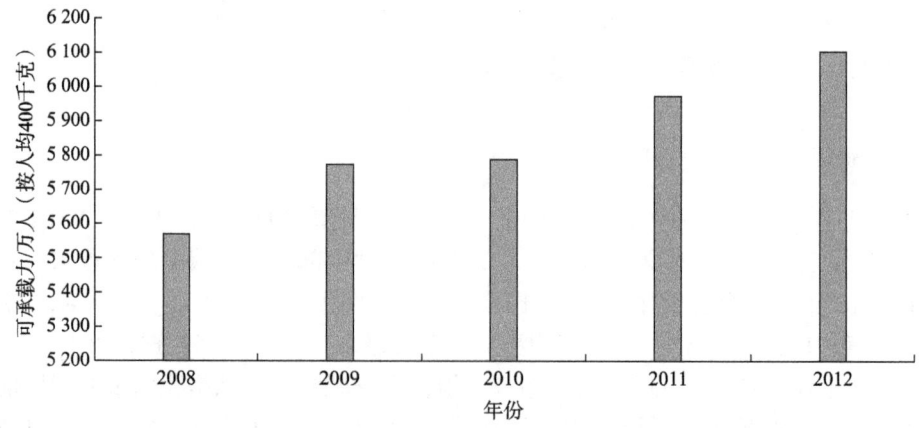

图 3-1 2008~2012 年湖北省耕地人口承载力变化

从表 3-1 可看出，按人均 400 千克粮食测算湖北省可承载人口数量，2008~2012 年一直都是呈上升的趋势，这与湖北省粮食产量逐年上升有很大的关系。到 2012 年底，湖北省粮食总产量为 2 441.81 万吨，耕地可承载的人口为 6 104.50 万人，而湖北省该年的常住人口为 5 779.00 万人，农业生产的粮食完全能够供给该省人口，且有剩余能力承载更多人口。由表 3-1 可知，在湖北省人口人均粮食占有标准为 450 千克的条件下，2008~2012 年，可承载人口均低于实际人口的数量。这说明在湖北省的耕地面积和粮食生产能力前提下，粮食总产能不能满足小康水平下的总人口粮食需求，耕地人口承载力不足。

根据 2020 年湖北省人口发展规划测算，到 2020 年湖北省的常住人口将达 5 910 万人。以人口人均粮食占有标准为 400 千克的条件测算，粮食需求为 2 364 万吨。截至 2012 年底，耕地面积为 7 984.5 万亩，湖北位于 25°以上的坡耕地有 461 万亩，内陆滩涂季节性耕种的望天田有 100 万亩，农民自主开发的间歇性低产田有 200 万亩。这 761 万亩要按照国家政策还林、还草、还湿和休养生息。至 2020 年规划期正常建设需占用耕地 200 万亩。以当前的亩均粮食产能计算，满足 2020 年人口粮食总需求的耕地至少要达 7 730 万亩。因此要想满足未来的总人口对粮食的需求，需要提高单位面积的粮食产量，但同时要注意保护耕地。

3）耕地人口承载力

2012 年湖北省耕地总面积 7 984.5 万亩，农业劳动生产率为 8.43 亩/人，即按照每个农村劳动力可耕作 8.43 亩耕地计算，湖北省耕地资源可承载（吸纳）的农业人口数为 947.15 万人，而目前农林牧渔业从业人员大约为 1 638.90 万人。因此，至少有 691.75 万名从事第一产业的劳动力处于隐性失业状态，这些人口可以向二三产业进行转移（表 3-2）。

表 3-2　按照劳动生产率标准计算的湖北省耕地人口承载力

耕地数量/万亩	农业劳动生产率/（亩/人）	农业从业人口/万人	可承载力/万人	可转移农业人口/万人
7 984.5	8.43	1 638.90	947.15	691.75

2. 城市土地人口承载力评价

1）评价指标

为全面评价湖北省土地资源人口承载力特征，促进湖北省人口与产业的合理流动与分布，以省域城市空间范围的人均用地作为评价要素。湖北省总面积 18.59 万平方千米，占全国总面积的 1.94%。

人均土地面积：2012 年，湖北省土地总面积 18.59 万平方千米，人口密度为 310.87 人/千米^2（按常住人口算），人均土地面积 3 200 多平方米。

人均建设用地面积：2012年，全省城市建设用地面积3 440平方千米，湖北省城镇人口3 091.77万人，人均建设用地面积111.3平方米。

2）评价标准

根据湖北省自然地理条件、省域特征与未来发展目标及有关标准，参考先进省域的做法，确定湖北省不同空间范围的人均用地标准。

湖北省人均用地面积：2012年湖北省人均用地3 216平方米，浙江省人均用地1 859平方米，江苏省人均用地1 296平方米，广东省人均用地1 724平方米。与其他大都市相比，湖北省人均用地远大于其他大都市水平。例如，中国北京人均用地1 099平方米（2004年）、上海478平方米（2001年）、香港159平方米（2003年），以及日本东京170平方米（2003年）、新加坡130.59平方米（2013年）。

湖北省人均城镇建设用地面积：2006年，国土资源部咨询研究中心提出，我国城市人均建设用地已达130平方米，远高于发达国家人均82.4平方米和发展中国家人均83.3平方米的水平。《国家新型城镇化规划（2014-2020）》提出，密度较高、功能混用和公交导向的集约紧凑型开发模式成为主导，人均城市建设用地严格控制在100平方米，建成区人口密度逐步提高。湖北省人均城镇建设用地面积111.3平方米，高于规划的人均用地标准。

3）评价

湖北省城市土地人口承载力：湖北省全省国土总面积18.59万平方千米，截至2012年底，全省城镇建设用地面积为3 440平方千米，占全省国土总面积的1.85%，见表3-3。

表3-3　按照不同标准计算的湖北省城镇土地人口承载力

指标数据	总面积/万平方千米	城镇建设用地面积/平方千米	按我国标准计算的土地承载力（人口：万人）	按国际标准计算的土地承载力（人口：万人）
参考标准	—	—	100平方米	140平方米
湖北省	18.59	3 440	3 440	2 457

3. 基本结论

如果以国际标准计算，整个湖北省的城镇土地承载力是2 457万人，如果以国内标准计算，那么整个湖北省的城镇土地可承载的人口为3 440万人。根据2012年人口3 091.77万人计算（以我国标准来算），湖北省整个区域的土地相对于人口来说都还存在一定的富余。到2020年湖北省人口将达5 910万人，城镇化率为65.05%，城镇人口为3 800多万人。根据《湖北省主体功能区规划》，到2020年湖北省城镇建设用地面积为3 640平方千米，此时湖北省人均建设用地面积为95平方米，符合国家人均城镇建设用地标准，基本满足城镇土地承载力需求。

3.1.2 土地资源经济承载力分析

土地资源经济承载力表达的是，在一定的经济技术条件和城市区位条件下，城市土地的经济价值产出能力，它从土地资源角度反映了城市的经济规模和增值潜力，通常用单位用地经济效益等指标表示，是衡量城市土地利用效益的重要指标。

土地资源经济承载力从土地资源的角度分析研究湖北省土地利用的前景和土地开发的创新能力，通过对城市土地增值潜力的评价，预测湖北省经济规模的潜力，对调整土地利用用途、取得综合开发效益提出建议。

1. 评价要素

二三产业经济总量承载人口数：二三产业的生产总值可以反映城市发展水平。二三产业的总产值越高，提供的在城市有尊严的生活的就业岗位便越多，因此使用二三产业的经济总量承载人口数来反映城市的经济承载力，二三产业的生产总值越高，土地资源的经济承载力越大。

地均生产总值：地均生产总值的统计意义在于体现城市土地在经济发展过程中所表现的一般作用程度，特别是国民经济生产在单位土地资源上的效果，单位土地面积的生产总值越高，土地资源的经济承载力越大。

2. 土地资源经济承载力评价

1）总体评价

湖北省二三产业人均生产产值较高，土地资源的经济承载力还有较大冗余，见表3-4。2012年湖北省二三产业生产总值为19 401.68亿元，全国城市居民较高收入户人均年消费为25 796.9元。将全国人均年消费作为城市有尊严生活最低收入标准，二三产业生产总值作为可承载的经济总量。则2012年湖北省城市可承载的人口为7 500万人，而实际2012年湖北省的城镇人口为3 091.77万人。数据说明，从二三产业承载量来考量，湖北省的土地资源经济承载力还有较大冗余。

表3-4 湖北省土地资源经济人口承载力

地区	湖北省	武汉市	黄石市	十堰市	宜昌市	襄阳市	鄂州市	荆门市
二三产业生产总值/亿元	19 401.68	7 702.61	955.06	834.52	2 203.8	2 144.78	491.16	906.57
可容纳的经济人口/万人	7 500	2 985.87	370.22	323.50	854.29	831.41	190.39	351.43
地区	孝感市	荆州市	黄冈市	咸宁市	随州市	恩施州	省直管单位	
二三产业生产总值/亿元	880.16	903.22	868.4	627.91	475.79	357.28	2 329.38	
可容纳的经济人口/万人	341.19	350.13	336.63	243.41	184.44	138.50	902.97	

湖北省土地资源经济承载力有较大提升空间，城市土地增值潜力很大。2012年，湖北省全年实现地区生产总值 22 250.45 亿元，地均生产总值为 1 196.66 万元/千米²（表3-5）。2012年，湖北省总就业人口为 3 687.0 万人，地均就业人口 198 人/千米²。广东省生产总值为 57 067.92 亿元，地均生产总值为 3 173.97 万元/千米²，地均就业人口 331.81 人/千米²。与广东省相比，湖北省城市土地增值潜力较大。从建设用地的角度分析，2012年全省建设用地面积 2 127 平方千米，二三产业增加值 2 158.67 亿元，建设用地产出率为 1.01 亿元/千米²。

表3-5　湖北省及其各地区的地均生产总值

地区	湖北省	武汉市	黄石市	十堰市	宜昌市	襄阳市	鄂州市	荆门市
生产总值/亿元	22 250.45	8 003.82	1 040.95	955.68	2 509	2 501.96	560.39	1 085.26
土地面积/平方千米	185 937.41	8 569.15	4 564.56	23 666.16	21 230.14	19 727.68	1 596.46	1 233.94
地均生产总值/（万元/千米²）	1 196.66	9 340.28	2 280.51	4 038.17	1 181.81	1 268.25	35.10	879.51
地区	孝感市	荆州市	黄冈市	咸宁市	随州市	恩施州	省直管单位	
生产总值/亿元	1 105.16	1 195.98	1 192.88	773.2	590.07	482.19	1 223.99	
土地面积/平方千米	8 904.41	14 099.22	17 457.20	9 751.50	9 613.87	3 967.30	10 357.40	
地均生产总值/（万元/千米²）	1 241.14	848.26	683.32	792.90	613.77	1 215.41	1 181.75	

2012年湖北省生产总值为 22 250.45 亿元，其中武汉市的生产总值为 8 003.82 亿元，占全省生产总值的 35.97%，而其土地面积仅占全省面积的 4.6%；其余地区的生产总值为 14 246.63 亿元。武汉市的地均生产总值为 9 340.28 万元/千米²；武汉市以外区域面积为 17.44 万平方千米，其地均生产总值为 817.04 万元/千米²。两者相差 11.43 倍多（表 3-5）。

2）原因分析

武汉市是湖北省政治、经济、文化、交通的中心，亦是省市人民政府驻地，是湖北省人口密度最高地区。2012 年，武汉市的生产总值高达 8 003.82 亿元，远高于土地面积比其高好几倍的十堰市、襄阳市、宜昌市。因此在这种情况下，地均生产总值必然要高出其他地区很多。从 2012 年的数据反映出武汉市与其他地区的产出值相差 11.43 倍，可见，湖北省的土地承载力发展的很不平衡，还需提高土地利用率及产出率，使湖北省经济转入全面协调可持续发展轨道。

3. 基本结论

2012 年，湖北省二三产业生产总值为 19 401.68 亿元。将全国人均年消费作为城市有尊严生活最低收入标准，二三产业的生产总值作为可承载的经济总量，则 2012 年湖北省城市可承载的人口为 7 500 万人，而实际 2012 年湖北省的城镇人口为 3 091.77 万人。湖北省地均生产总值为 1 196.66 万元/千米²，低于国内一些经济发达省份水平；地均就业人口 198 人/千米²，综上可见，湖北省土地资源经济承载力潜力较大，有较大的承载提升空间，城市土地增值潜力很大。同时湖北省土地资源经济承载力呈"单一"中心、不均匀分布的格局。建议调整中心城区产业结构，从武汉市迁出部分行政、办公、科研、医疗设施，相应增加商业、服务业和金融保险业的用地比例，有效配置土地资源，提高土地的经济产出能力。改变"单一"中心、不均匀发展的格局，加强乡镇企业的发展。

3.1.3 土地资源生态承载力分析

1. 指标体系

土地资源生态承载力概念尚未定论，本书认为，土地资源生态承载力是在一定的区域环境条件下，保持生态性能稳定和趋于良好所需的生态用地限度。

土地资源生态承载力具体计算步骤如下：

（1）计算生态生产性面积，一般根据相关统计资料或实地测量，得出各类生态生产性面积。

（2）计算生产力系数，生态生产性面积不能直接比较，需先计算出一个参数以转化为全球平均水平。其计算公式为

某区域某类用地生产力系数=该区域单位平均产量/该类用地全球平均产量

在计算土地资源生态承载力时，因不同国家或地区的资源禀赋、自然条件不同，不仅不同类型土地的生物生产能力差异很大，同类型的土地生产力也有很大差异。因此，在不同国家或地区，同类生物生产土地的实际面积是无法直接进行对比的，需通过引进一个产量因子对其进行调整；产量因子指某个国家或地区某类型土地平均生产力与全球同类土地平均生产力的比率。将现有的耕地、草地、林地、建筑用地、水域等物理空间的面积乘以相应的均衡因子和产量因子，就可以得到全球平均意义上的生物生产面积——土地资源生态承载力。本书采用的产量因子分别为耕地 1.66，建筑用地 1.66，森林 0.91，草地 0.19，水域 1.0。

（3）计算均衡因子，也称为等价因子，等价因子就是为使不同类型的生态生产性土地面积转化为在生态生产力上等价的面积，以便于加总求和。其计算公式为

$$某类生态生产性土地的等价因子 = \frac{全球该类用地的平均生态生产力}{全球所有生态生产用地的平均生态生产力}$$

由于平均生态生产力用实物表达不能直接比较，故一般用货币价值体现。

表3-6为2010年世界自然基金会（World Wildlife Fund for Nature or World Wildlife Fund，WWF）采用的等价因子表。

表3-6 不同生态生产性土地类型的等价因子表

土地类型	等价因子
耕地	2.51
草地	0.46
森林	1.26
水域	0.37
建筑用地	2.51
化石能源（森林）	0.31

注：建筑用地假设占用了基本农业土地，因此建筑用地和耕地具有相同的等价因子

（4）计算各类人均土地资源生态承载力，计算公式为

某类用地人均生态承载力=某区域某类用地生产力系数
×某类生态生产性土地的等价因子

（5）加总五类用地人均生态承载力，得出人均土地资源生态承载力，再乘上该区域总人口，就得出总土地资源生态承载力。

2. 土地资源生态承载力的计算

根据2012年湖北省耕地、草地、森林、建筑用地、水域的保有面积，计算出各类生物生产性土地面积的人均拥有量，再乘以相应的均衡因子和产量因子，汇总后得到人均土地资源生态承载力，最后参照世界环境与发展委员会（World Commission on Environment and Development，WCED）的报告——《我们共同的未来》，扣除12%的生物生产性土地面积用于保护生物多样性，得到实际可利用的人均土地资源生态承载力。

1）测算湖北省人均生产性土地面积

根据湖北省的第二次土地调查的初期成果及2011年《湖北统计年鉴》中的人口数据，可以得出湖北省人均生产性土地面积，如表3-7所示。

表3-7 2010年湖北省人均生产性土地面积　　　　　单位：公顷

地区	耕地	林地	草地	建筑用地	水域
湖北省	0.092	0.150	0.005	0.028	0.036

注：数据根据湖北省第二次土地调查数据和2011年《湖北统计年鉴》整理得出

2）测算湖北省各类土地人均生态承载力

根据选取的均衡因子和产量因子，将表3-7中的数据转换后得到湖北省各类

土地人均生态承载力，如表 3-8 所示。

表 3-8　2012 年湖北省各类土地人均生态承载力　　　单位：公顷

地区	耕地	林地	草地	建筑用地	水域
湖北省	0.43	0.15	0.000 43	0.13	0.007 2

3）湖北省人均土地资源生态承载力及总土地资源生态承载力测算

总结各类土地的生态承载力后，得到湖北省人均土地资源生态承载力为 0.715 公顷。

3. 结果分析

从总体来看，2012 年湖北省人均土地资源生态承载力为 0.715 公顷，人均土地资源生态承载力较小，反映出武汉城市圈的人地关系十分紧张，人类社会经济活动对生态系统产生了巨大压力。

综上所述，在 2012 年湖北省耕地面积和粮食生产水平下，按人均 400 千克粮食消费水平测算，湖北省耕地人口承载力还有挖掘空间。若以小康粮食消费水平 450 千克计算，湖北省耕地人口承载力不足。到 2020 年湖北省的常住人口将达 5 910 万人。以人口人均粮食占有标准 400 千克的条件测算，粮食需求为 2 364 万吨。截至 2012 年底，耕地面积为 7 984.5 万亩。以当前的亩均粮食产能计算，满足 2020 年人口粮食总需求的耕地土地至少要达 7 730 万亩。因此要想满足未来的总人口对粮食的需求，一方面需要提高单位面积的粮食产量，另一方面耕地保护压力十分艰巨。2012 年湖北省农业劳动生产率为 8.43 亩/人，即按照每个农村劳动力都可耕作 8.43 亩耕地计算，湖北省耕地资源可承载（吸纳）的农业人口数为 947.15 万人，而当时农林牧渔业从业人员大约为 1 638.90 万人。因此，至少有 691.74 万人从事第一产业的劳动力处于隐性失业状态，可以往二三产业转移。

土地资源经济承载力方面，以国内标准计算，湖北省土地建设用地可承载的人口为 3 440 万人，2012 年人口为 3 091.77 万人。湖北省整个区域的土地相对于人口来说都还存在一定的富余。到 2020 年湖北省人口将达 5 910 万人，城镇化率为 65.05%，城镇人口为 3 800 多万人。根据湖北省《湖北省主体功能区规划》，到 2020 年湖北省城镇建设用地面积为 3 640 平方千米，此时湖北省人均建设用地面积为 95 平方米，符合国家人均城镇建设用地标准，基本满足城镇土地承载力需求。

湖北省二三产业人均生产产值较高，土地资源经济承载力还有较大冗余。2012 年湖北省二三产业生产总值为 19 401.68 亿元，全国城市居民较高收入户人均年消费为 25 796.9 元。将全国人均年消费作为城市有尊严生活的最低收入标准，二三产业的生产总值作为可承载的经济总量，则 2012 年湖北省城市可承载的人口为 7 500 万人，而实际 2012 年湖北省的城镇人口为 3 091.77 万人。数据说明，从二三产业承载量来考量，湖北省的土地资源经济承载力还有较大冗余。2012 年湖北省生产总值为 22 250.45 亿元，其中武汉市的生产总值为 8 003.82 亿元，占全省生产总值的 35.97%，而其土地面积仅占全省面积的 4.6%；其余地区的生产总值为 14 246.63 亿元。土地资源经济承载力呈"单一"中心，不均匀分布的格局。

2012 年湖北省人均土地资源生态承载力为 0.715 公顷，人均土地资源生态承载力较小。湖北省的人均土地资源生态承载力与全国平均水平相符。目前我国正在大力倡导和推进生态文明建设，面临的主要挑战是如何提高国土资源承载力，使发展与生态恶化脱钩。为此，要以生态用地为核心，保证生态用地的数量并多途径地提高土地、水域的生产力，不断扩大与提高国土资源承载力。因此，应继续强化生态系统管理，全面提高国土资源承载力，大力提升生态系统服务水平，创造更加良好的生态承载空间。

3.1.4　湖北省长江经济带战略格局

湖北省位于长江中游，是长江流径最长、岸线资源最丰富、经济关联度最高的省份，工业体系比较齐全，科教文化实力位居全国前列，经济总量位居长江中游地区第一位、在沿江 11 个省市中居第四位。近年来，在长江经济带城镇化建设方面，湖北省已经取得显著成绩。主要表现在以下几个方面：一是小城镇的迅速崛起，一批特色城镇成长为新的区域中心；二是城乡融合，促进了农村经济发展方式的转变；三是城镇的园区建设，吸引了大量农村剩余劳动力；四是城镇面貌有较大改观。随着新型城镇化进程的推进，结合湖北省土地资源承载力分析结果，我们可以发现，目前湖北省长江沿岸地区城市化进程大多处于初级阶段，还存在许多亟须解决的问题。以下在探讨湖北省长江经济带城镇化建设中存在问题的基础上，分析制约该区域城镇化发展的原因，并提出构建湖北省长江经济带战略格局的政策建议。

1. 湖北省长江经济带城镇化建设中存在的问题

1）城镇规模小，经济实力不强

湖北省长江沿岸的大多数地区仍然停留在"小镇区、大农村"的阶段，城镇平均人口偏少，很多建制镇人口不足 1 万人。由于小城镇布局不合理，人口规模小，产业不集中，难以形成支柱产业，经济实力弱，发展后劲不足。

2）行政区划变动频繁，中心城镇带动作用不强

近年来湖北省行政区划变动频繁，导致原有的一些中心城镇偏离了地理或行政中心，新的中心城镇又没有发展成熟，造成中心城镇带动作用明显减弱。例如，荆州市和沙市合并导致地区行政区划出现较大调整，中心城市偏离地理中心，加之交通不便，造成中心城区与东、南部城镇联系较弱，中心城区对城镇辐射带动作用不强。

3）城镇产业层次低，二三产业发展滞后

多数城镇属于传统农业服务型的行政中心，结构单一，没有使资源优势真正转化成商品优势和经济优势，缺乏产业支撑。城镇产业发展基本上还是呈现出以农业尤其是种植业为主体、二三产业比重很小的结构特征，总体产出功能不高，经济效益低下。农产品加工率不足50%，低于全国平均水平。农产品加工值仅相当于江苏的64%、广东的51%、山东的41%。

4）城镇环境设施不全，生态污染严重

随着城镇人口的迅速增加，生产规模的急剧扩大和居民消费水平的提高，城镇废水、废气、固体废弃物不断增加，噪声加剧，严重污染环境，影响居民的健康。在建制镇中，工业废水有专门处理装置的镇只占33.7%，居民生活垃圾及时清运的镇只占49.4%，加上农业废水和生活废水废物总量增加，造成城镇周围的大部分水体质量在三类水以下，大气、土壤、生物等方面的污染也较严重。

2. 湖北省长江经济带城镇化发展的主要制约因素

1）城市规划相对滞后

湖北省长江沿岸地区大多存在总体规划及城市规划战略研究与形势发展要求不相适应的问题。此外，城市规划的统筹性不够强，规划、国土、房产、城管等部门在沟通、协调、政策研究等方面没有形成长效机制，规划工作存在政出多门的情况，没有做到"规划一张图，审批一支笔，管理一盘棋"，各类信息资源的共享及衔接不够，在相同的空间制定了不同的规划，导致规划成果不能有效地指导规划实施，造成空间资源的浪费。

2）城镇建设资金投入不足

建设资金不足是制约湖北省长江沿岸地区城乡基础设施建设的重要瓶颈。同时，城乡基础设施经营类建设项目投资金额很大，收益周期较长，导致很多投资商举棋不定，招商投资也难以达到预期效果。此外，规划工作经费匮乏，每年的规划编制、宣传、新技术应用、城市勘察、城市测量上的资金投入都较少。

3）城镇产业结构不合理

农业在地方经济中比重较大且农业产业化程度偏低，推进城镇化动力不足。工业在地方经济中所占比例较低，工业化水平不高，对城镇发展支撑力度不够。

4）乡镇经济的聚集效应不足

目前，湖北省多数镇级政府财力十分有限，在城镇基础建设上投入普遍较少，加之乡镇融资能力较弱，建设资金短缺，导致建设吸引力不强，集聚效应难以形成。同时，引进企业规模普遍较小，企业市场竞争力不强，在一定程度上制约了小城镇的建设规模，延缓了产业园区的整合优势和规模效应显现。

3. 湖北省长江经济带改革发展的战略重点

1）壮大中心城市、发展中小城市、培育中心镇并引导城镇密集区有序发展

首先，湖北省长江经济带的武汉、黄石、宜昌、荆州等区域性中心城市的发展实力需加强、发展质量需提升。政府应不断完善中心城市的区域功能，增强辐射能力，实现突破性的发展，使其真正发挥集聚、辐射和服务功能。其次，湖北省长江沿岸地区中小城市数量较多，虽规模不大，但分布较广，具有城乡易于融合、城市特色易于塑造、城市建设易于开展、个性化特征易于体现的特点。要进一步发挥这些中小城市的优势，提升中小城市的功能，将其建设成为特色鲜明、环境优美、最适宜人居住的城市。再次，要变"重点发展小城镇"为"发展重点小城镇"，选择现状基础好、区位条件优、发展潜力大的建制镇加快发展，使其规模能达到 3 万~5 万人，以增强对广大农村地区的辐射带动作用。最后，目前湖北省长江沿岸的武汉、宜昌两市的周围城市相对密集，人口和产业比较集中，有的已形成连绵发展之态势。要加以积极引导，实行合理分工、优势互补、互通有无，避免重复建设，促进区域基础设施共建共享，实现城镇的地域空间集聚，做到有序发展，使这些城镇密集地区率先基本实现现代化。

2）控制大城市工业用地指标，放宽地、县（市）指标限制

采取减少大城市工业用地指标的方式，迫使企业必须建在地、县（市）与乡镇，让企业逐步下乡，同时迁出多少企业省政府就降低迁出地的对应税收任务，这样才能鼓励大中城市地方政府放企业下乡，促进企业自主下乡，将大城市逐步发展成为政治、文化、科研开发、金融、商业中心，将制造业逐步从大城市迁移到中小城市与乡镇。

3）以率先建成生态城市带为目标，加快沿江城镇密集带的新型工业化进程

要率先建成生态城市带，须在以下三个方面进行加强：一是率先走新型工业化道路。不仅武汉等特大城市和宜昌、荆州、黄石、鄂州、黄冈、咸宁等大中城市要成为发挥科技和人才的优势、转变经济发展方式的先行地区，中小城市及广大城镇也应摒弃传统工业化的"五小产业"（小钢铁、小水泥、小化工、小造纸、小煤矿）模式，在节能减排、发展循环经济上下功夫，绝不能以牺牲生态和资源环境为代价换取一时经济增长。二是率先制定生态城镇发展的中长期规划。

规划要根据不同城镇特点，制定在节能减排、控制空气污染、水污染等方面的硬性指标，注意对工业污染、生活污染和农业污染进行全面的治理，有效控制部分城镇生态环境恶化的势头。三是率先分类指导，分段实施。湖北省沿江城镇密集带以武汉为中轴点，大体分为三段，两种类型：其一，武汉和沿江带东段，为建设生态城镇的重点也是难点地区，包括武汉、鄂州、黄石等市及所辖城镇。该区域工业化程度较高，治理工业污染和保护生态环境的任务较重，只有加快转变经济发展方式，推进新型工业化，才能建成人与自然和谐，经济与社会协调发展的生态城市。其二，沿江带中段大部和西段。它包括从咸宁到荆州、宜昌及所辖城镇，是工业化程度较低、生态环境保护较好的地区。该区域要以东段污染较突出为前车之鉴，既要推进新型工业化进程，又要切实保护现有的较良好的生态资源环境，创造人水和谐的环境。

4）鼓励中小城市和乡镇的农民定居和民营企业发展

对迁移到中小城市、乡镇就业定居的农民，特别是全家迁移的农户，若已有固定职业的农民，给予适当的住房补贴，参加社会保障，这样既能让他们长期定居，也能实行劳动力真正转移。积极扶持乡镇兴办农产品深加工企业及为大企业加工配套的乡镇企业的发展，就地消化部分农村剩余劳动力，加快农村发展。同时可将资金投资到乡镇建设上，发展乡镇医疗、文化、教育事业，一方面可以解决一部分大学生，特别是来自农村的大学毕业生返乡就业问题，另一方面能改善农村、乡镇的居住环境，逐步将农村、乡镇发展成为人们向往的居住地，缩小地域差别、城乡差别。

通过以上对目前湖北省长江经济带城镇化建设问题及其产生原因的剖析，提出改革发展的战略重点，即湖北省建设长江经济带，将依托湖北省科技、产业、市场和区位优势，发挥在我国经济新支撑带建设中的关键性承上启下作用和"领唱"作用。同时，进一步增强发展实力和活力，贯通长江中游城市群、长江三角洲城市城和成渝城市群，建成经济新支撑带的重要支点。

3.1.5 优化湖北省城镇化空间布局设想

"十二五"以来，全省各地各部门都坚持新型工业化、信息化、新型城镇化、农业现代化同步发展，各项规划指标完成情况整体进展顺利，但也要深刻认识到，湖北省经济发展结构性矛盾突出，产业结构偏重、产业层次偏低、要素制约偏紧、经济发展的内生动力和创新驱动力不强，这些矛盾和问题仍然比较突出。《湖北省城镇化与城镇发展战略规划（2010-2030年）》提出了省域空间结构方案为"一圈两区，两轴两带"。在此基础上，依照十八大五位一体发展战略与《国家新型城镇化规划（2014-2020年）》的指导思想，基于湖北省土地资源承载力分析结果，依托长江经济带战略，提出优化湖北省城镇化空间布局设想——"两圈两带"（武汉城市圈、鄂西生态文化旅游圈、长江经济带、汉江生态经济带）发展战略。

1. 武汉城市圈

武汉城市圈将建设成为全国两型社会建设示范区、全国自主创新先行区、全国重要的先进制造业和高技术产业基地、全国重要的综合交通运输枢纽、中部地区现代服务业中心和促进中部地区崛起的重要增长极；武汉城市圈将重点构建"一核一带三区四轴"区域发展格局和"一环两翼"区域保护格局。

武汉城市圈区位条件优越、产业基础较好、综合实力较强、发展潜力巨大，是湖北省人口、产业、城市和生产要素最密集、最具活力的地区，是湖北省经济发展的核心区域。武汉城市圈以占全省 1/3 的土地面积和一半的人口，贡献了全省约 2/3 的生产总值。虽然历经谋划、分工、定型、起步和发展，武汉城市圈经济迅速成长，综合实力明显提升，但与全国其他城市圈相比，武汉城市圈无论在城市群规模、中心城市规模、城镇体系、城际联系、产业发展、吸引力及可持续性等方面都存在一定差距。根据我国城市最新竞争力排名，在全国 15 个城市群中武汉城市圈位居中游，远不如东部城市群；在中部城市群中，落后于中原城市群，强于长株潭城市群和合肥城市群。显然，武汉城市圈还处在襁褓阶段，成长发展空间巨大。

《武汉城市圈区域发展规划（2013-2020 年）》已获国家发展和改革委员会（简称国家发改委）批复，武汉城市圈一体化建设有了行动指南。国家发改委要求湖北省率先在优化结构、节能减排、自主创新等重要领域和关键环节的改革上实现新突破。按照《武汉城市圈区域发展规划（2013-2020 年）》，武汉城市圈将建设成为全国两型社会建设示范区、全国自主创新先行区、全国重要的先进制造业和高技术产业基地、全国重要的综合交通运输枢纽、中部地区现代服务业中心和促进中部地区崛起的重要增长极。

按照《武汉城市圈区域发展规划（2013-2020 年）》，武汉城市圈将重点构建"一核一带三区四轴"区域发展格局和"一环两翼"区域保护格局。一核：武汉都市发展区；一带：鄂州黄石黄冈组团；三区：仙桃、潜江、天门、孝感、应城、安陆，以及咸宁、赤壁、嘉鱼三个城镇密集发展区；四轴：四条区域发展轴；一环两翼：武汉主城区周边 50 千米左右的环状生态区域，以大别山、幕阜山脉为主体的两大生态区域。在构建两型产业体系、统筹城乡发展、推进绿色低碳发展、强化基础设施支撑、推动基本公共服务均等化、创新体制机制等方面，《武汉城市圈区域发展规划（2013-2020 年）》均提出了明确任务，一大批重点项目将陆续推进，九地居民将陆续收获一体化红利。到 2020 年，第三产业增加值、高技术产业增加值、研发经费占地区生产总值比重,将分别达到49.0%、20%和3.1%。

2. 鄂西生态文化旅游圈

重点支持以三峡旅游为中心的世界旅游名城配套建设用地,保障长江三峡、宜昌省域副中心城市配套建设用地和神农架生态旅游资源配套开发用地。引导农业结构调整向增加耕地方向进行,改善生产条件,建设生态农业。

鄂西生态文化旅游圈以宜昌、襄阳等城市为中心,以长江三峡、武当山、神农架等旅游景区为核心,包括宜昌、神农架、荆州、恩施、襄阳、十堰、荆门、随州8个市(州、林区),人口总量、版图面积分别占全省的50%和70%。这里是湖北省生态和文化旅游资源既丰富又集中的地区,在全省占有重要地位。共有世界级生态和文化旅游资源3处(神农架为国际"人与生物圈"保护区网成员,武当山古建筑群和明显陵为世界文化遗产,全省仅此3处),有国家级生态旅游资源32处(全省46处),有国家级文化旅游资源97处(全省144处),共有旅游景区291处(全省443处),其中AAAA以上景区22处(全省37处)。鄂西地区自然景观丰富多彩,生态环境优美,由于其地域面积接近湖北省近1/3,根据湖北省地域,可将其划分为鄂中南、鄂西南与鄂西北三个区域来进行城镇化空间布局中土地政策调整方向分析。

1)鄂中南城镇化空间布局的土地政策调整方向

该区域包括荆州市、荆门市、当阳市、枝江市,面积299.74万公顷,占全省国土总面积的16.12%,含鄂中工农业协调发展区和鄂中南农业发展区。该区域是国家商品粮、商品棉的重要产区之一。土地利用特点如下:人均耕地多、产出水平高;土地利用较为粗放;绿化用地面积少;洪涝灾害较多。

在新型城镇化推进的过程中,下一阶段鄂中南地区的战略重点和土地政策调整方向如下:第一,保障该区域内石化、轻工、农副产品加工和基础设施建设等用地。稳步推进农村居民点整理,鼓励通过挂钩,适度增加城镇建设用地规模,促进中小城市和小城镇发展。鄂中南平原区重点实施迁村腾地工程,加强新农村建设试验区的土地利用政策指导。第二,严格保护基本农田,控制各种非农建设占用耕地,除国家重大建设项目外,严格控制建设占用耕地;加强高产农田基本建设,大力改造中低产田,完善农田水利等农业配套设施,改善农业发展基础条件,注重提高单产和农业生产效率,形成高产稳产的粮食生产基地;通过土地整理、农业综合开发整治等项目,加大耕地和基本农田保护的力度;加强江汉平原湿地保护和退田还湖,禁止围湖造田。

2)鄂西南城镇化空间布局的土地政策调整方向

鄂西南区域包括宜昌市(所辖的当阳市、枝江市除外)、恩施州和神农架林区，面积 450.78 万公顷，占全省国土总面积的 24.25%，含鄂西生态旅游区和鄂西南生态农业区。该区域土地利用特点如下：水土流失较为严重；城镇工矿用地比重较低；基础设施建设滞后。

在新型城镇化推进的过程中，下一阶段鄂西南地区的战略重点和土地政策调整方向如下：第一，适当增加该区域城镇建设用地，保障交通、水电、旅游、磷化工、三峡输变电和名优特新农产品加工业等建设用地。合理安排地质灾害防治及避让搬迁用地，支持生态移民搬迁用地。鄂西南生态农业区重点支持山地旅游、绿色产业、生态农业、特色农副产品加工业和交通发展用地。鄂西生态旅游区重点支持以三峡旅游为中心的世界旅游名城配套建设用地，保障长江三峡、宜昌省域副中心城市配套建设用地和神农架生态旅游资源配套开发用地。第二，引导农业结构调整向增加耕地方向进行，改善生产条件，建设生态农业；适度扩大三峡库区优质果园和茶园规模。实施坡改梯和三峡库区移土培肥工程，提高土地农业综合生产能力，切实保护基本农田。开展水土流失和石漠化综合治理，加强林草植被的保护和建设，大力发展草食畜牧业，保护和合理开发利用水土资源，加快农村能源建设，加大科技支撑体系建设力度。

3）鄂西北城镇化空间布局的土地政策调整方向

该区域包括襄阳市、十堰市和随州市，面积 530.14 万公顷，占全省国土总面积的 28.52%，含鄂西北生态屏障区和鄂北工农业协调发展区。该区域土地利用特点如下：土地石漠化较严重；土地利用较为粗放；耕地后备潜力较大；农田水利设施薄弱。

在新型城镇化推进的过程中，下一阶段鄂西北地区的战略重点和土地政策调整方向如下：第一，适度增加该区域城镇工矿用地，适当提高人均城镇工矿用地水平。重点保障襄阳省域副中心建设用地和十堰、随州汽车产业基地建设用地，以及南水北调中线工程配套建设用地。鼓励开展山地建设用地整理，拓展建设用地空间。第二，实施迁村腾地和高产农田建设工程，支持粮棉油生产基地建设。加大低丘岗地开发和丹江口库区移土培肥力度，保障农田水利工程建设用地。开展水土流失和土地石漠化综合治理，支持天然林及水源涵养林保护、退耕还林、全国防沙治沙综合示范建设、防护林营造、湿地保护与恢复等工程，限制生态用地改变用途，保障生态移民搬迁用地，恢复生态系统，维护生态平衡。保障丹江口市、郧阳区等地的节能减排及水电站项目用地，确保南水北调水源地水质安全。

3. 长江经济带

湖北省长江经济带是全省优质粮棉油和水产品的主产区，是汽车、冶金、化工、装备制造等优势产业的聚集区，是全省大中城市连绵带，具有联系"两圈"

的"链条功能",是推动全省经济社会协调发展的空间主轴。

4. 汉江生态经济带

汉江是长江最大的支流,在湖北省内长871千米,流域面积6.3万平方千米,占全省国土总面积的33.89%,包括十堰市、神农架、襄阳市、荆门市、随州市、潜江市、天门市、仙桃市、孝感市、武汉市10个市(林区)的39个县(市、区)。目前,汉江流域已成为湖北省重要汽车工业走廊,装备制造业、纺织服装生产基地和主要商品粮基地,粮食总产量占全省50%以上。汉江流域是湖北省重要的产业集聚区,有国家级开发区7家,占全省的一半以上;是湖北省城市新区建设先行区,湖北省政府批准的3个城市新区中有2个在流域内。在新型城镇化建设方面,沿江人口密集,在未来的发展当中,汉江中下游定会形成密集的城市带。

2013年10月,湖北省委决定将加快汉江流域开放开发、建设生态经济带作为全省重大发展战略,汉江生态经济带成为流域内各地市竞相争取的新舞台。为加快实施"两圈两带"发展战略,推动湖北省长江经济带与汉江生态经济带协同发展,完善长江—江汉运河—汉江高等级航道圈的通航设施,需要引导产业向沿江城市、项目向沿江园区、生产要素向优势产业集中,努力把湖北省长江经济带、汉江生态经济带打造成高科技产业走廊、先进制造业产业带、新型城镇带、现代农业示范带。

汉江生态经济带作为湖北省"两圈两带"战略的一个重要组成部分,其内部各县(市、区)应该在主体功能区划的统筹下充分发挥各自的优势作用,各施其责并相互依赖和扶持。接下来,汉江生态经济带应积极探索建设绿色的产业转型和空间优化,进一步完善和深化生态补偿制度,探索转型发展和生态文明建设新路径。汉江生态经济带当前的重点任务,一是推进重大基础设施建设,加快形成"水铁并进"的格局;"水"就是沿汉江"水经济走廊"基础设施项目,"铁"就是贯穿汉江经济带的铁路,建设武西(武汉至西安)高铁。二是推进重大生态环保项目建设;重点开展城镇和农村污水、垃圾处理设施建设,实施污水处理补偿项目,加大沿岸排污截污工作、农村面源污染治理力度,推进水生态修复项目建设。三是推进重要节点城镇建设;发挥襄阳城市辐射带动作用,重点推进"襄十随"城市群建设,大力发展县域经济,加快推进有条件的城镇形成城镇组群。另外,湖北省汉江生态经济带建设需加强与陕西、河南两省在生态保护、产业发展、重大基础设施建设等方面的沟通与协调,推动汉江生态经济带上升为国家战略。

3.2 示范乡镇"四化同步"国土空间优化
——以襄阳市双沟镇为例

3.2.1 示范乡镇"四化同步"试点背景

乡镇是连接城市和农村的紧密纽带，是实现农民就近就地就业的有效平台，是构建"四化同步"发展的重要载体。

2013年7月湖北省委、省政府决定，在全省选择21个乡镇（街道）开展"四化同步"示范试点，为全省"四化同步"发展探索路径。省委、省政府开展"四化同步"示范乡镇试点建设，以国土资源管理制度改革创新为核心，以优化城乡土地布局和结构为抓手，以城乡统筹、五位一体为重点，以建设新型城镇化、城乡一体化为目标，综合运用市场经济规律和国家宏观调控手段，合理确定示范乡镇土地利用目标，调整和优化土地利用结构与布局，转变土地利用方式，创新土地利用机制，推动产业向优势区域集中，人口向社区集中，土地向规模经营集中，为全省"四化同步"发展探索路径。

1. "四化同步"示范乡镇试点建设内容

一是明确提出了试点乡镇发展目标。到2017年，示范乡镇新型农村社区建设稳步推进，主导产业特色鲜明，经济实力大幅度提升，生态环境保护良好，确保耕地面积不减少、质量不降低，城镇化率高于本县（市、区）5个百分点，农业现代化水平位居本县（市、区）前列，农民人均纯收入高于本县（市、区）平均水平10%，成为全省新型城镇化的引领区、城乡发展一体化的先行区、镇域"四化同步"发展的示范区。

二是明确了试点乡镇"四化同步"重点建设任务。其一是强化规划的引领作用。坚持规划先行，全域规划。其二是大力推进主导产业发展。充分发挥自身优势，科学确定主导产业发展方向，宜工则工、宜商则商、宜农则农、宜旅游则旅游。其三是因地制宜建设新型农村社区。把新型农村社区纳入城镇化建设体系，做到中心镇和若干个新型农村社区相衔接，合理确定新型农村社区规模，5年内，每个示范乡镇都至少建成1个规模达到1 000户、3 000~5 000人的新型农村社区。新建农村社区要参照城市社区建设标准，结合农民生产生活特点，促进农民生产、生活方式转变。其四是大力提高现代农业发展水平。加强以农田水利设施为重点的农业基础设施建设，加快农业科技推广应用，增强农业综合生产能力。培育新型农业经营主体,构建新型农业经营体系。规范农村土地流转,发展适度规模经营。加快农业结构调整,建设优势、特色农产品基地和农产品产地市场,形成"一乡一业、一村一品"的特色经济发展格局。其五是加强生态环境建设。认真贯彻节约资源和保护环境的基本国策,坚持开发与保护并重,维护生态平衡,保障生态安全。其六是充分保障农民合法权益。尊重农民意愿,充分保障农民的知情权、参与权、表达权和监督权。

三是出台了四条扶持政策。首先是调增建设用地指标和土地整理项目。省国土资源部门优先安排示范性乡镇挂钩指标。根据每个示范乡镇需要及其土地资源禀赋和潜力,每年都安排一定面积的低丘岗地改造或基本农田土地整理项目。其次,整合建设项目资金。将示范乡镇符合条件的建设项目纳入省级重点项目管理。省直属相关部门积极争取国家资金支持,省预算内投资向示范乡镇倾斜,每年都安排专项计划,重点支持示范乡镇的农业、林业、水利、电力、道路等基础设施和产业发展及农业综合开发等建设项目。再次,财政资金支持。省财政厅2013 年安排 1 亿元示范乡镇规划编制专项补助资金。从 2014 年起 3 年内,省财政厅每年安排 10 亿元调度资金,专项用于示范乡镇新型农村社区建设承建主体的周转。最后,减免各类收费。对示范乡镇新型农村社区建设项目,各级政府和有关部门要开辟行政审批绿色通道,简化审批流程,免除审批过程中政府职权范围内行政事业性收费,服务性收费不高于最低标准的 30%。

2. "四化同步"试点中的国土资源管理制度创新

在"四化同步"乡镇试点工作中,省国土部门坚持把国土资源各项工作深度融入服务城乡统筹发展、新型城镇化建设、全省"四化同步"建设之中。主要做法如下:

其一,坚持规划先导,发挥科学统筹引领作用。坚持全域规划的理念,按照多规划协同的原则,科学编制 21 个示范乡镇(街道)土地利用总体规划,逐步实现土地利用规划、城乡建设规划、产业规划和生态规划的"四规合一",充分体现现代农业、工业、服务业三大产业复合,体现经济、生态、宜居三大功能共生,体现信息化、新型工业化、新型城镇化和农业现代化协调,体现城乡一体化发展。高标准编制规划,体现"四化同步"建设的要求,突出节约集约主题,因地制宜,保护特色。同时,严格执行规划,严禁在没有规划的地方建房子和建设没有经过设计的房子,切实维护规划的严肃性和权威性。

其二,突出效率优先,打造服务绿色通道。在 21 个示范乡镇(街道)中省委、省政府相关部门综合考虑选择 5 个乡镇为直接联系点,充分利用其较好的"四化同步"建设基础,及时解决国土资源工作创新试点中的难题。目前,已在黄梅县小池镇开展省、市、县、乡(镇)"四级联创"工作,扎实有效推进建设用地审批提速增效。

其三，突出政策创新，打造服务保障平台。一是抓住挂钩、低丘缓坡地开发利用试点这两个重要政策工具。以"四化同步"示范乡镇建设为平台先行先试，着力解决示范乡镇"人到哪里去、地从哪里出、钱从哪里来"的问题，创新挂钩结余土地利用机制，对迁村腾地结余的指标进行调剂或拍卖，指标交易收益主要用于新农村社区基础建设和公共服务设施建设。二是推进农村宅基地管理改革。引导和鼓励村民到新型农村社区建房或购房，坚持"一户一基、建新拆旧"的原则，自愿入住新社区的农户，事先签订合同，入住后交回原有宅基地，达到既改善农民居住条件又节约用地的目的。

其四，突出职能特色，大力开展土地整治。结合试点乡镇建设，在农村土地整治、高标准农田建设项目安排上予以倾斜，把土地综合整治与现代农业发展有机结合起来，以高标准农田建设为依托，推动农村土地承包经营权流转，使耕地向种粮大户、产业基地、规模化经营集中，推动农业产业化和规模化经营。开展土地整治项目明标明投、公开公平遴选从业队伍和农业龙头企业用地与整治土地紧密结合，直接参与项目设计、施工及农民自建、以奖代补等试点工作，一方面，提高群众参与建设、参与监督的积极性，保障工程建设质量；另一方面，拓宽群众就业、增收致富的渠道。

其五，突出主动协调，增强工作合力。主要表现如下：一是主动协调建设部门，坚持全域规划理念，做好土地利用总体规划与村、镇总体规划的衔接；二是主动协调财政部门，做好国土整治工程项目资金安排、农民自建以奖代补的试点及增减挂钩指标交易资金分配使用；三是主动协调农业部门，培育新型农业经营主体，创建农业现代化示范基地，构建"一乡一业，一村一品"的特色经济发展格局；四是主动协调林业部门，加强试点乡镇生态环境保护，大力推进美丽乡村建设。

3.2.2 双沟镇国土资源空间分布

双沟镇作为其中一个试点示范乡镇，因地制宜、合理调节土地利用结构与布局，推动优势产业发展，提高土地集约节约利用水平，推进双沟镇"四化同步"协调发展。

1. 区位及社会经济条件

双沟镇位于襄州区东部，地处东经 112°20'~112°25'，北纬 32°04'~32°12'，东与枣阳市七方镇交界，西与本区张湾镇、古驿镇毗邻，南与本区张家集镇、东津镇接壤，北与本区朱集镇、程河镇相连，唐河、白河及 316 国道、汉十公路穿境而过，镇中心距襄阳市区 35.0 千米，距刘集机场 10.0 千米，镇域东西长 12.5 千米，南北长 15.0 千米，版图面积 14 335.55 公顷，是湖北省综合经济实力十强镇、综合改革试点镇、小城镇建设先进镇，是鄂西北重要的农副产品加工贸易中心，是襄阳市小城镇建设的重点镇，是襄州区东部地区最大的中心城镇和主要的物资集散地，镇内有襄樊万宝、襄阳希望、双北粮油集团等多家农业产业化企业，工业优势明显，素有"小襄阳"之称。

1）自然条件

双沟镇属于亚热带季风气候，四季分明，年均气温 15.8℃，年均降水量 881 毫米，常年为北风和西北风，无霜期一般从 3 月 20 日至 11 月 12 日，约 237 天，主要灾害性天气有春季的低温阴雨，夏季的雷雨大风或干旱、涝渍，冬季的寒潮天气等。

2）地形地貌

双沟镇地势分两个阶梯，东高西低，有岗地河地之分，东北部为岗地，地势较高，西北部和西南部为河地，地势平坦，土地肥沃。

3）社会经济

双沟镇下辖 43 个行政村、3 个居民委员会，247 个村民小组。《襄州区统计年鉴》（2013 年）显示，双沟镇 2012 年末总人口为 9.91 万人，其中：城镇人口为 3.47 万人，农村人口为 6.44 万人，城镇化率为 35%；2012 年，全镇共实现国民生产总值（gross national product，GNP）42 亿元，完成固定资产总投资 15 亿元，实现一般预算收入 2 500 多万元，人均纯收入达到 9 819 元，先后获得"湖北百佳名镇""综合改革试点镇""省重点中心镇""环境与经济协调发展示范镇"等荣誉称号。

2. 土地利用状况

根据 2012 年土地利用变更调查资料，规划基期双沟镇土地总面积 14 335.55 公顷，其中农用地 11 705.67 公顷，约占土地总面积的 81.65%，建设用地 1 934.08 公顷，约占土地总面积的 13.49%，未利用地 695.80 公顷，约占土地总面积的 4.85%。

1）土地开发利用程度

根据数据分析，农业用地所占土地总面积比例为 81.66%，即农地利用率为 81.66%，耕地面积占土地总面积 73.44%，即土地垦殖率为 73.44%，未利用地所占比例为 4.85%，即土地利用率为 95.15%，建设用地所占比例为 13.49%，即建设用地利用率为 13.49%。农村人均居民点面积为 219.13 平方米。可见，双沟镇土地利用程度较高，达到 95.15%，土地利用以农地为主，达到 81.66%。土地垦殖率、土地利用率及土地建设利用率高于襄阳市平均水平，而土地农业利用率略低于全市平均水准。农村人均居民点面积高于《中华人民共和国国家标准镇规划标准》（GB 50188—2007）中规定的标准，但相对全市而言农村人均居民点面积较小。总体来说，双沟镇土地开发利用已具备一定规模，但土地建设利用尚存在一定的开发空间。2012年双沟镇土地开发程度见表3-9。

表 3-9　2012 年双沟镇土地开发程度

地区	双沟镇	襄阳市
土地垦殖率	73.44%	36.22%
土地利用率	95.15%	95.05%
土地农业利用率	81.66%	83.77%
土地建设利用率	13.49%	11.28%
农村人均居民点面积/平方米	219.13	365.23

注：数据根据 2013 年《襄阳市农村统计年鉴》和双沟镇 2012 年土地利用变更数据所得

2）土地集约经营程度

根据数据分析，2012 年双沟镇耕地灌溉率为 52.31%，耕地复种指数为 151.78%，均低于全市的平均水平。单位播种面积产量为 484 千克/亩，高于全市 443 千克/亩的平均水平。单位土地的资金集约度为 10.46 万元/公顷，单位土地产出率为 29.29 万元/公顷，两项指标均高于全市平均水平。双沟镇 2012 年城镇化水平为 35%，远低于 53.68% 的全市平均水平。总体而言，双沟镇的土地集约经营有较大的提升空间，城镇化率较低，亟待提升。2012 年双沟镇土地集约经营程度见表3-10。

表 3-10　2012 年双沟镇土地集约经营程度

地区	双沟镇	襄阳市
耕地灌溉率	52.31%	59.23%
耕地复种指数	151.78%	167.51%
单位播种面积产量/（千克/亩）	484	443
单位土地资金集约度/（万元/公顷）	10.46	8.16
单位土地产出率/（万/公顷）	29.29	11.97
城镇化水平	35%	53.68%

3）土地利用存在的主要问题

一是城乡建设用地缺乏统筹，农村土地浪费现象突出。城镇化进程加快，城镇建设用地增长的同时，农村居民点用地不降反增。双沟镇农村居民点面积为

1411.22公顷，占建设用地总面积的72.97%，全镇人均农村居民点用地高达219.13平方米，超过《中华人民共和国国家标准镇规划标准》（GB 50188—2007）规定的农村居民点人均建设用地最高为140平方米的标准，且村庄建设比较散乱，多数自然村存在大量的空闲地，还有一户多宅、多宅多用的现象，这些都造成了土地资源的严重浪费。

二是人地关系日益紧张，土地后备资源缺乏。一方面，人均耕地面积逐年减少，根据双沟镇土地利用总体规划中的耕地面积，以及规划期末总人口达12.5万，人均耕地占有量逐年下降。另一方面，建设用地供给压力增大，双沟镇"四化同步"将进入重要发展阶段。区域基础设施建设力度的加大，新社区建设的推进，各项事业的发展，都需要占用大量土地。而上级规划中，双沟镇建设用地总规模为2071公顷，现有建设用地规模1934.08公顷，新增建设用地空间十分有限，建设用地供给压力增大。全镇其他土地面积较小，主要为水域用地，且分布零散，可开垦为耕地的荒地资源潜力较小。

三是土地利用效益偏低，建设用地空间布局有待调整。双沟镇土地类型以农用地为主，中低产田比重较大，低产林、园比重也较大，再加上农地经营管理粗放，农业生产结构及种植业结构不合理等问题，导致农业用地经济效益差，整体生产力水平不高。建设用地空间布局散乱，集聚规模效应不明显。城镇工矿用地较少，区位条件差，难以形成规模集聚效应，单位土地资金集约度和产出率不高。

3.2.3 指标的选取与测度

双沟镇"四化同步"指标及权重如表3-11所示。

表3-11 双沟镇"四化同步"指标及权重

项目	指标	公式解释	权重
农业现代化	A_1 亩均化肥投入量	总化肥投入量/播种面积	0.19
	A_2 亩均农药投入量	总农药投入量/播种面积	0.19
	A_3 人均耕地面积	总耕地面积/总人口数量	0.20
	A_4 人均粮食产量	粮食总产量/总人口数量	0.21
	A_5 粮食单产	粮食总产量/粮食播种面积	0.20
新型城镇化	B_1 人口密度	总人口数量/总土地面积	0.20
	B_2 土地城镇化率	城镇、村镇面积/总土地面积	0.21
	B_3 土地人口承载溢出率	土地人口承载力/总人口数量	0.20

续表

项目	指标	公式解释	权重
新型城镇化	B_4 本地非农劳动率	本地非农从业人员/总从业人员	0.19
	B_5 外出劳动率	外出劳动力/总从业劳动力	0.19
信息化	C_1 是否有文化馆、图书室	是=1，否=0	0.25
	C_2 是否有学校	是=1，否=0	0.25
	C_3 网络是否覆盖	是=1，否=0	0.25
	C_4 通信是否覆盖	是=1，否=0	0.25
新型工业化	D_1 工业占地比	工业用地面积/总土地面积	1

农业现代化中采用亩均化肥投入量、亩均农药投入量、人均耕地面积、人均粮食产量和粮食单产来测度村的农业现代化程度。适度投入农药化肥是农业现代化的体现，但是过度使用农药化肥说明村里对于农业科学知识和可持续发展观念认识不足；人均粮食产量和粮食单产用于测度村的农业生产水平。

新型城镇化中采取人口密度、土地城镇化率、土地人口承载溢出率、本地非农劳动率和外出劳动率来测度村的新型城镇化程度。人口密度越大，说明该村人口越集中，一般情况下，人口总是向基础设施更健全、城镇化水平更高的地方集中；土地人口承载溢出率是由土地人口承载力/总人口数量所得，土地人口承载力（村的农用地所产的粮食可养活的人）与总人口数相比，若土地人口承载溢出率为1，说明该村的土地刚好能养活该村的人口；若土地人口承载溢出率大于1，则说明可以有盈余粮食养活更多的人；反之则说明该村需要向外购买粮食才能养活本村的人口。一般情况下，城镇化水平越高的地方，土地人口承载溢出率越小。

信息化中采用村里是否有文化馆、图书室；是否建有学校；网络是否覆盖；通信是否覆盖四项指标来测度，都采用0~1变量。村里若建有文化馆、图书馆等能更好地起到信息传播的作用；若学校所在地在该村，则该村的信息传递水平会相对增加；通信与网络的覆盖使得村民更加享受信息化所带来的好处。

新型工业化中采取工业占地比，即村里的工业用地面积占总土地面积比来测度各村工业化程度。

数据主要来源于《双沟镇农业统计年报》等。

3.2.4 双沟镇各村指标概况

双沟镇全镇亩均化肥投入量为 51.83 千克，其中投入量最低的下河湾村为 31.48 千克，其次为杜岗村 31.74 千克和杜沟村 37.24 千克；亩均化肥投入量最高的两个村分别为吴河村 126.76 千克和赵湾村 85.63 千克，远高于湖北省提出的"一控两减三基本"目标，到 2020 年，将亩均化肥投入量控制在 26 千克。双沟镇各村亩均化肥、农药投入量见图 3-2。

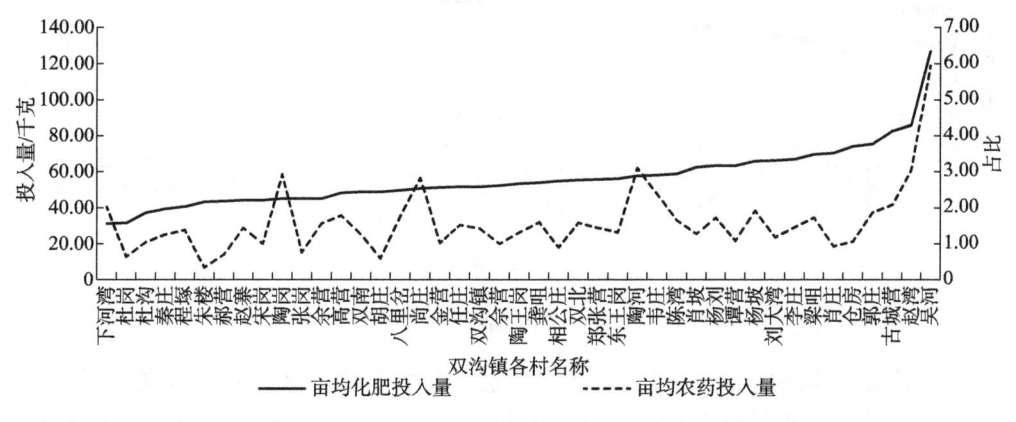

图 3-2 双沟镇各村亩均化肥、农药投入量

双沟镇人均耕地面积为 1.83 亩，人均耕地面积最少的为双北村，仅为 0.12 亩，双南村 0.41 亩，郭庄村 0.79 亩，赵湾村 1.08 亩；人均耕地面积最多的是秦庄村，达到 4.41 亩，高营村、东万岗村的人均耕地面积也都超过了 4 亩。双沟镇各村人均耕地面积见图 3-3。

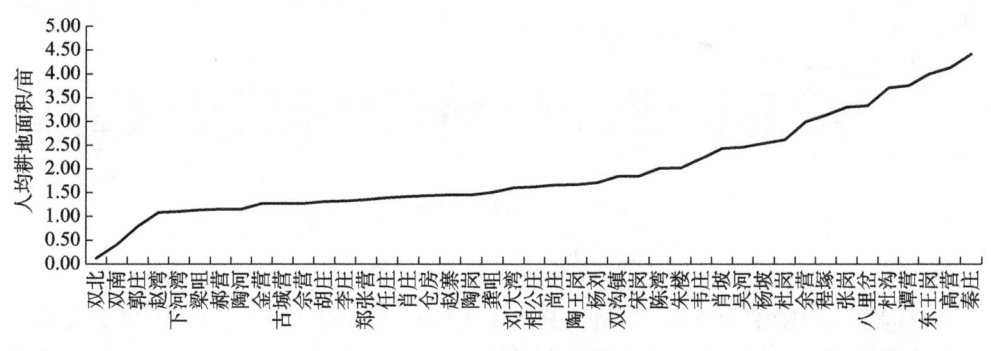

图 3-3 双沟镇各村人均耕地面积

双沟镇全镇粮食单产为484千克/亩,其中胡庄村、郑张营村、郭庄村和梁咀村的粮食单产低于双沟镇整体产量,双北村、吴河村、双南村的粮食单产分别达到563.14千克/亩、557.73千克/亩、539.40千克/亩,高居前三。双沟镇各村粮食单产见图3-4。

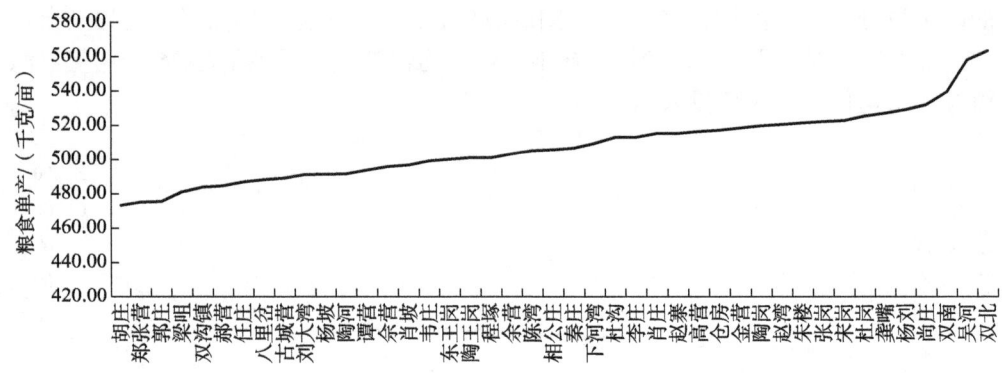

图3-4 双沟镇各村粮食单产

双沟镇人均粮食产量1 374.75千克,其中谭营村3 543.11千克、秦庄村3 403.27千克和高营村3 381.25千克位列前三;人均粮食产量最少的双北村仅有203.66千克。从图3-5中可见,双沟镇大多数村的人均粮食产量在1 500千克以下。

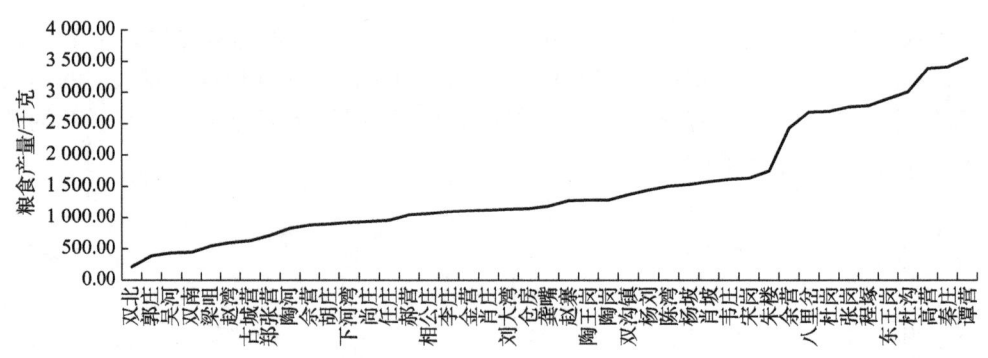

图3-5 双沟镇各村人均粮食产量

双沟镇人口密度为4.44人/亩,其中东王岗村人口密度最小,仅为2.05人/亩,其次为谭营村2.11人/亩,其中双北村人口密度最大,为10.06人/亩,其次为双南村9.05人/亩和赵湾村8.77人/亩。双沟镇各村人口密度见图3-6。

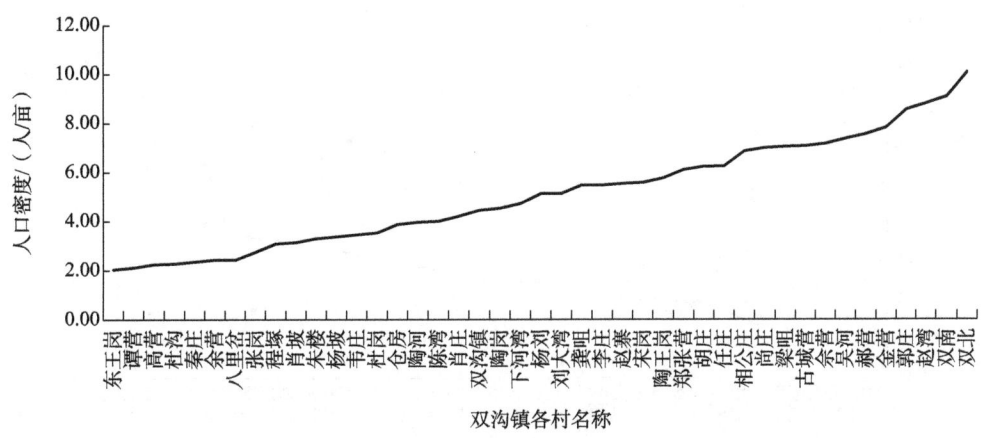

图 3-6 双沟镇各村人口密度

双沟镇平均土地城镇化率仅为 13.67%，龚咀村、赵湾村、吴河村、杨刘村、双南村、双北村土地城镇化率都超过了 55%，其中双南村和双北村的土地城镇化率分别为 92.28%和 94.47%。杜沟村、秦庄村、余营村和宋岗村的土地城镇化率较低 0.00%。双沟镇各村土地城镇化率见图 3-7。

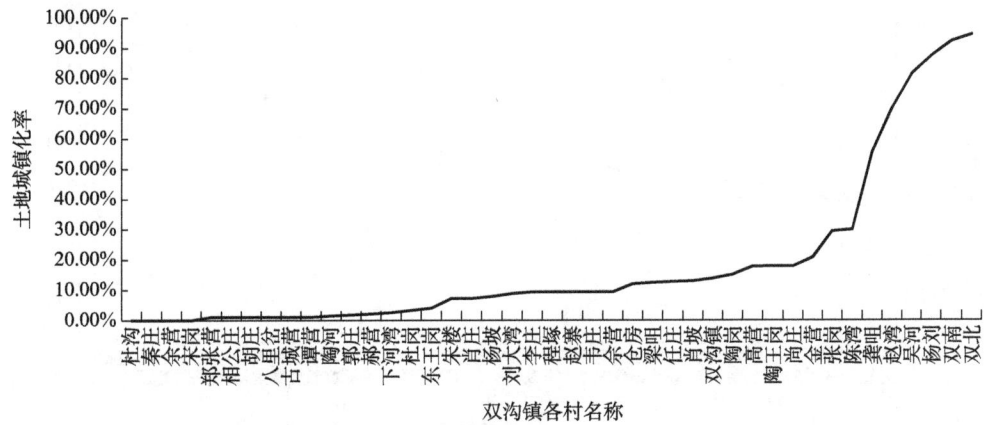

图 3-7 双沟镇各村土地城镇化率

双沟镇土地人口承载溢出率为 3.05，从理论上，在当前农业技术条件下，双沟镇还能养活其自身 2.05 倍的人口，约为 19.43 万人。其中谭营村（7.87），秦庄村（7.56），高营村（7.51）位列前三，双北村（0.45）、郭庄村（0.87）、吴河村（0.96）和双南村（0.98）的土地人口承载溢出率均不足 1，这四个村在粮食上无法满足自给自足，尤其是双北村。双沟镇各村土地人口承载溢出率见图 3-8。

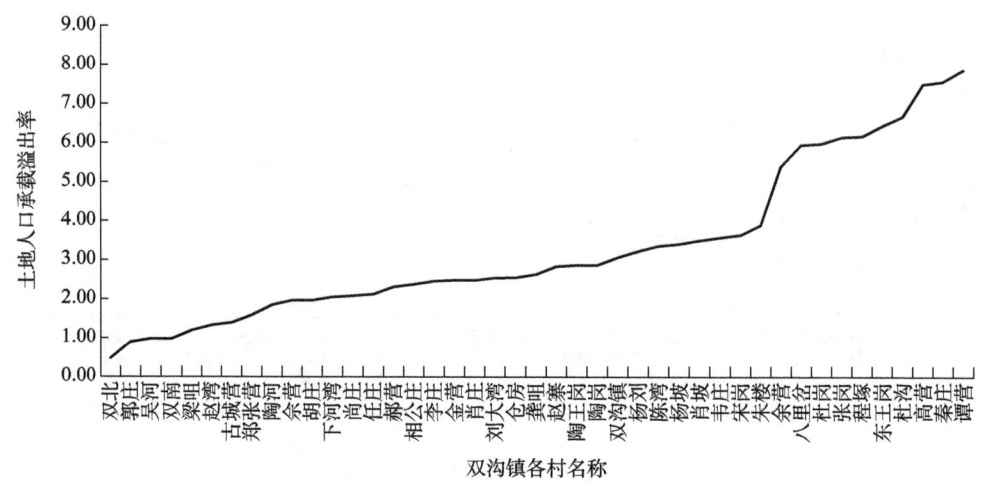

图 3-8 双沟镇各村土地人口承载溢出率

双沟镇各村外出劳动率都在 35%~38%，差异不是很大；本地非农劳动率基本维持在 12%~17%。双沟镇各村外出劳动率、本地非农劳动率见图 3-9。

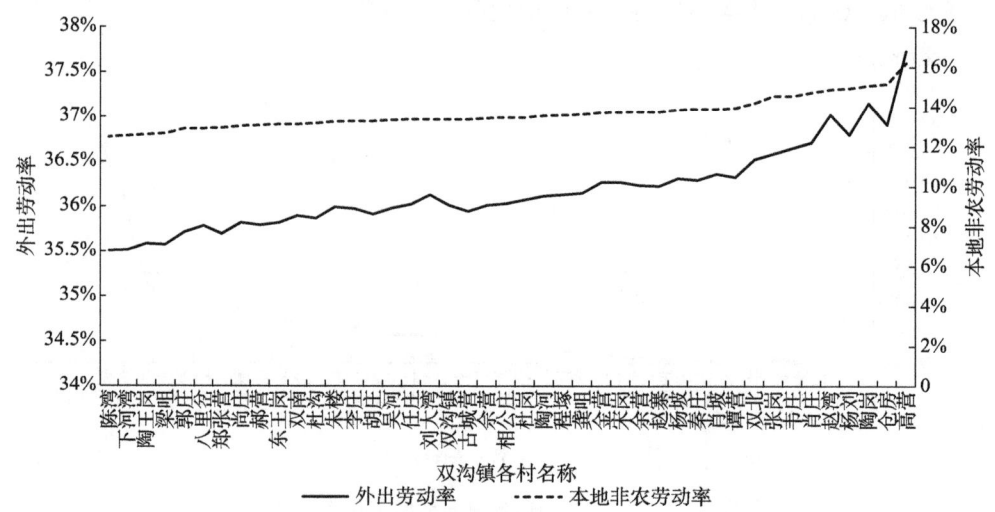

图 3-9 双沟镇各村外出劳动率、本地非农劳动率

3.2.5 双沟镇国土空间优化模式

根据双沟镇国土空间优化指标体系，用 Ward-method 离差平方和法对 43 个村进行聚类分析，得出聚类树状图如图 3-10 所示。

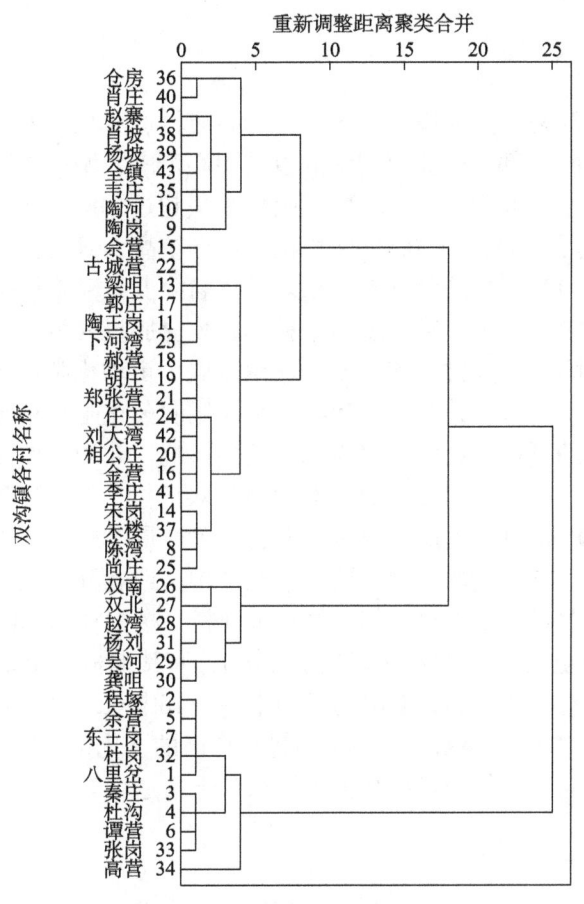

图 3-10 双沟镇各村聚类分析图

根据聚类分析图，结合双沟镇实际情况和空间聚集原则，对双沟镇各村进行空间优化分区，将 43 个行政村按其发展方向具体划分为城镇发展区、城镇发展缓冲区、生态农业发展区、综合发展区四大优化区域，具体分类如表 3-12 所示。

表 3-12 双沟镇各村国土空间优化表

优化类别	所属村庄
城镇发展区	双北村、双南村、赵湾村、杨刘村、吴河村、龚咀村
城镇发展缓冲区	肖庄村、杨坡村、肖坡村、仓房村、韦庄村、陶河村、陶岗村、赵寨村、全镇村
生态农业发展区	杜沟村、东王岗村、八里岔村、程塚村、余营村、高营村、杜岗村、秦庄村、张岗村、谭营村
综合发展区	下河湾村、古城营村、余营村、郭庄村、梁咀村、任庄村、尚庄村、刘大湾村、李庄村、郑张营村、相公庄村、胡庄村、金营村、郝营村、宋岗村、陶王岗村、朱楼村、陈湾村

1. 城镇发展区

将双北村、双南村、赵湾村、杨刘村、吴河村、龚咀村划为城镇发展区。城镇发展区的 6 个村全部集中在双沟镇的镇域中心范围，城镇化发展区域内综合指数较高，信息化水平超过 0.8，新型工业化水平超过 0.6，新型城镇化水平超过 0.5，农业现代化水平也接近 0.5。平均粮食单产较高，双北村、吴河村、双南村的粮食单产位列 43 个村的前三甲，杨刘村排名第五，龚咀村排名第六，最少的赵湾村也有520.59千克/亩。但是这6个村的亩均化肥投入量和亩均农药投入量都远高于其他村，除了双南村，其他 5 个城镇发展区亩均化肥投入量、亩均农药投入量都高于全镇平均水平，其中吴河村大量使用农药化肥，是所有村使用量排名首位，对于土地的可持续利用有着极大的负面影响。人均耕地面积较少，双北村和双南村人均耕地面积不到 0.5 亩，双北村、双南村、吴河村和赵湾村的人均粮食产量都不足 600 千克，远低于双沟镇人均粮食产量 1 374.75 千克的平均水平。对于一个镇来说，其工业的发展主要集中在镇中心或者开发区，双沟镇的工业发展主要集中在双北村、双南村、赵湾村、吴河村、杨刘村和龚咀村 6 个城镇发展型村。6 个村的土地城镇化率都超过了 50%，而其他村的土地城镇化率不超过 30%；6 个村的人口密度都高于镇的平均水平，其中双北村、双南村和赵湾村的人口密度位列全镇前三。双沟镇 79%的村有自己的文化馆、图书室等，36%的村是小学、中学所在地，每个村都覆盖了网络和电话通信。

2. 生态农业发展区

将杜沟村、东王岗村、八里岔村、程塚村、余营村、高营村、杜岗村、秦庄村、张岗村、谭营村划为生态农业发展区。这 10 个村主要集中在双沟镇的东部，土地肥沃，基本农田集中连片，农业资源禀赋较好，农业现代化水平最高，接近 0.8，信息化水平也超过 0.6，新型城镇化水平较低，未超过 0.4，新型工业化水平几乎没有。生态农业发展区的 10 个村的土地人口承载溢出率都大于 5.0，以现在的生产技术水平它们至少可以养活本村 5 倍以上的人口，人均耕地面积均大于 2.5 亩，其中秦庄村、高营村和东王岗村的人均耕地面积大于 4 亩，有利于农地规模经营，是双沟镇粮食产量的保障。同时，这 10 个村的粮食单产量并不是很高，需要加强农业现代化建设，提高耕地产出效率与效益。

3. 综合发展区

综合发展区的 18 个村，位于双沟镇的西北部和西南部，各项发展水平都介于城镇发展区和生态农业发展区之间。综合发展区整体四化综合指数较低，其中农业现代化水平和新型城镇化水平都略低，新型工业化几乎没有，综合发展区的村落处于城镇发展和农业现代化发展之间，在适当的时候可以逐步过渡到生态农业发展区，扩大生态农业发展区。同时，综合发展区可以开展生态农庄、农家乐及生态马场等第三产业的发展，既可以不破坏生态农业发展区的生态环境，又可以有足够的区位面积来承载旅游等第三产业在镇的发展。

4. 城镇发展缓冲区

城镇发展缓冲区所在的村位于城镇发展区附近，有机会逐步发展成为城镇发展区，随着镇的整体发展，可以适当将工业园区等建立在城镇发展缓冲区内，使之又不会被破坏。同时，城镇发展缓冲区可以逐步向城镇化靠拢，是城镇发展区的后备力量。整体来看，城镇发展缓冲区内新型工业化和新型城镇化水平都较低，信息化水平最高，为 0.80，农业现代化水平也超过 0.4。

将研究区不同国土空间优化模式的"四化同步"指数汇总如表 3-13 所示。

表 3-13 国土空间优化分区"四化同步"指数

地区	农业现代化	新型城镇化	新型工业化	信息化	四化综合
城镇发展区	0.46	0.51	0.61	0.83	2.41
生态农业发展区	0.73	0.33	0.00	0.68	1.74
综合发展区	0.46	0.24	0.00	0.83	1.53
城镇发展缓冲区	0.50	0.30	0.02	0.80	1.61
双沟镇	0.48	0.25	0.06	0.79	1.58

5. 小结

根据"四化同步"进行国土空间优化，以镇为最小整体优化单元，以村为基本单元，通过各村新型城镇化、新型工业化、信息化、农业现代化的发展程度和资源禀赋的差异，发挥各村的优势，将其分为"城镇发展区"、"生态农业发展区"、"城镇发展缓冲区"和"综合发展区"，全镇的整体达到效率最优，"四化同步"协调发展。

新型城镇化是新型工业化的载体，新型工业化是新型城镇化的基础，在镇域范围内科学、合理地安排工业园区，加强土地的集约节约利用，防止滥用指标、无序扩张。对镇而言，城镇化的发展应是相对的，不应过多苛求全镇的城镇化水平，迫使农民上楼；可以在农业发展型村落改造"农业型社区"等，使分散的农户集中居住，提供完备的基础设施，又不迫使农民上楼。

生态农业发展型并不意味着落后，应利用生态农业发展型村所占有的土地资源禀赋优势，大力开展农业现代化发展，通过科学技术不断提高农业生产中的效率,进行合理合法的土地流转,土地规模经营,使全镇的农业发展达到最优化状态。

"综合发展区"和"城镇发展缓冲区"是介于城镇型和生态农业发展型之间的两种缓冲区域,随着当地"四化同步"的不断协调发展,结合区位优势和全镇的动态平衡,可适当地将个别综合发展区村过渡到生态农业发展型村,城镇发展缓冲区村过渡到城镇发展区村。

从镇域而言,信息化的发展应是全面的。信息化是促进新型城镇化、新型工业化和农业现代化的重要技术手段,不能在各村的发展中有偏向性,要让全镇享受到信息化带来的生活、生产便利。

3.2.6 示范乡镇国土空间优化方向

1. 依据"四化同步"协调程度及资源禀赋差异,因地制宜构建国土空间优化模式

建立有效的"四化同步"综合评价体系,根据各村的"四化同步"协调程度及资源禀赋差异,以镇为最小优化单元,进行国土空间优化。根据各村的发展情况,因地制宜设置"城镇发展区"、"生态农业发展区"、"综合发展区"和"城镇发展缓冲区"。大力开展以人为本的新型城镇化建设,加强城镇的基础设施和信息化配套建设,使村村享有新型城镇化发展的成果。保护耕地,严守生态红线,基本农田长期不变,适度规模经营,提高农业现代化水平。

1)城镇发展区

城镇发展区主要由现有镇中心区辐射范围的村庄组成,该区域的主要特点如下:城镇化整体发展水平较高,现有的工业化主要集中区,生态农业相对落后,较早的强调城镇化发展使得农业资源禀赋较差。

一方面,打造具有地方特色的城镇化中心。城镇发展区是全镇未来政治、经济、文化、商业中心。适度建立商业街、文化街等。另一方面,适度将工业化中心迁移到城镇发展缓冲区。城镇发展区的发展趋势必定导致人口向其集中,与此同时原有的工业产业需向其边缘的城镇发展缓冲区迁移集中,使其重点开展新型城镇化建设。

2)生态农业发展区

生态农业发展区主要由生态环境优良、农业资源禀赋较好的村落组成,该区域的主要特点是新型城镇化发展相对较为落后,新型工业化水平较差或者基本没有,农业现代化发展水平较高。

一是保护生态环境,坚持可持续发展道路。生态农业发展区要起到涵养水

源、保持水土、调蓄洪水、防风固沙、保持生物多样性等生态功能。严格控制生态农业发展区的农药化肥等使用量，科学管理，坚持走农业可持续发展道路。

二是发挥自身资源禀赋优势。大力发展农业现代化，土地适度规模经营，提高农业生产效率。建立生态补偿机制，使区域发展更加平衡、稳定。

三是划定永久性基本农田。在生态农业发展区中选择优质农用地划定永久性基本农田，保持粮食产量，保护生态红线。

四是杜绝工业污染。将现有的工业产业迁移到城镇发展区或者城镇发展缓冲区，严格把控生态农业发展区的功能定位，杜绝工业污染。

五是提高农民基础生活水平。生态农业发展区并不意味着不发展城镇化基础，要因地制宜、积极开展新农村建设，根据农民意愿建设具有地方特色的乡村，完善生态农业发展区的基础设施和公共设施，使该区域村民享受城镇化带来的便利。

3）城镇发展缓冲区

城镇发展缓冲区由城镇发展区周围的村落组成，新型城镇化、新型工业化和农业现代化发展水平介于生态农业发展区和城镇发展区之间。该区域是城镇发展区的缓冲区域，是未来工业化发展的集中区域。

一是工业园区的建设。由于城镇发展区的发展势必会不断扩张该区域，城镇发展缓冲区一般围绕城镇发展区而设立，作为城镇发展区的缓冲地带，适当时候可以在城镇发展缓冲区设立工业园区，将工业集中于工业园区。

二是适时转变为城镇发展区。城镇发展缓冲区是城镇发展区的缓冲地带，当城镇发展区的规模已经不足以承载新型城镇化发展时，可以适当向城镇发展缓冲区进行扩展。

4）综合发展区

综合发展区整体新型城镇化、新型工业化和农业现代化的发展水平较弱，区域资源禀赋也没有像生态农业发展区一样高，区位优势相对较弱。该区域从长期战略上来看具有重要作用，未来发展应整体提升区域的新型城镇化、新型工业化、农业现代化和信息化水平。根据实际情况，因地制宜，寻找适合该区域的发展方向。

一是土地改良，增加良田储备。适度提升综合发展区的农业现代化水平，是未来发展的粮食备用战场。

二是兼顾生态和城镇化的第三产业。随着城镇发展区、生态农业发展区和城镇发展缓冲区的功能定位逐步完善，兼顾城镇化发展和生态农业发展的新兴产业，如生态农家乐、生态马场等第三产业的发展，离不开综合发展区。

2. 加强"四化同步"整体协调发展，全面完善基础设施建设

1）优化乡镇居民点

针对当前乡镇的主要问题，乡镇居民点优化必然是建立在土地集约化基础上的。一方面要适度扩大乡镇的集聚规模，充分体现有利农业生产、方便农民生活、集约节约使用土地资源的原则，有效控制乡镇人均建设用地；另一方面村庄的选址要因地制宜、合理布局，有利于保护历史文化和乡村景观及改善生产生活条件。同时，乡镇居民点内部空间需要优化。按照节约土地、设施配套、节能环保、突出特色的原则，做好乡镇建设规划，引导农民合理建设住宅，保护有特色的乡镇建筑风貌。乡镇建筑要大力倡导建设低层联排式和多层公寓式住宅，节约乡镇建设用地，充分考虑建筑的节能与节材；建筑形式要具有地方特色，整个乡镇建筑既具有个性又统一和谐；乡镇环境优美整洁，乡镇无暴露垃圾、露天粪坑、乱搭乱建、乱堆乱放、乱拉乱接、污水横流，道路畅通、河道清洁、注重绿化。

2）优化乡村产业空间

乡村产业空间以发展农业现代化为主，原则上乡村不得布局工业，乡村现有工业已经形成规模并且具有较大发展潜力的应结合镇级以上工业集中区统一考虑，以利于污染的集中治理。工业集聚过程中应优先考虑同行业集聚和产业链的形成。

乡村空间优化的重要目标是提供发展农业现代化的空间载体，提高农业的集中度。乡村空间优化要有利于农业机械化、规模经营、农业基础设施配套、治理农业面源污染，与村庄布局、规模相协调，方便农民生产生活。

3）完善乡镇基础配套设施

加快建设乡镇基础设施，对于改善农业的生产条件和农民的生活条件具有非常重要的作用。首先着力加强农民最急需的生产生活设施建设；加快实施乡镇饮水安全工程；加强乡镇公路建设，健全乡镇公路管理维护体系；积极发展乡镇水电、沼气、太阳能、风能等可再生资源，完善乡镇电网；加强乡镇信息网络建设，发展乡镇邮政和电邮，实现村村通电话、乡乡能上网。

增加乡镇地区基础设施建设的投入，针对农村居民点面临的突出问题，乡镇建设及整治优先项目如下：集中供水、修路、改厕、垃圾收集处理、畅通排水沟渠、建活动场所，根据乡镇具体条件确定污水处理方式和建设污水处理设施，改善乡镇交通、市政公用服务设施条件，优化现代化基础设施网络的结构，节省建设投资，提高建设效益。着力整治乡镇环境，创造良好的人居环境，使乡镇真正实现道路硬化绿化、路灯亮化、环境净化和整体美化。

4)加快乡镇公共设施配套

加快乡镇公共设施配套,建设医疗卫生、商贸服务、文化娱乐等公共设施,提高居民生活水平。着重加强以乡镇卫生院为重点的乡镇卫生基础设施建设,健全乡镇卫生服务和医疗救治体系。提高公共财政和社会资金支持的集中度及公共设施共建共享的服务范围,以公共设施的合理配套,引导优化乡镇居民点空间布局。

5)重视乡镇文化保护

乡镇空间优化过程中要加强对乡镇文化的保护,弘扬优秀乡镇文化。乡镇地区承载着数千年来农村文明的发展,虽然时代变迁使得乡村居住形态经历了一次又一次的巨变,但一脉相承的家族亲缘、邻里关系和传统习俗使得它们成为文化的重要载体。加快"四化同步"示范乡镇的建设不应重蹈改革开放后城市建设大拆大建的覆辙,不能让乡镇文化随着乡村的集聚而消失,尤其要十分重视保护古村落、古居民点、具有地域文化特征的建筑,保护优秀的乡风民俗。

6)改善劳动力、土地要素流动和空间分布

乡镇空间优化应引导生产力要素合理流动,促进新型城镇化健康发展。乡镇作为以从事第一产业为主的农户聚居点,应积极鼓励和引导长期稳定从事二三产业的农户向镇区、城区集中,促使城镇化由隐性向显性转换,合理有序地减少村庄和农民,优化乡镇空间结构。乡镇空间优化的关键是促进集聚发展、集约经营。首先应该引导农民集中居住、保护耕地、节约用地。其次结合农村建设用地的合理归并,对宅基地、废弃地及时进行复垦,以利于农业的规模经营和农业基础设施建设,确保基本农田的数量和质量。

7)加强与城市共享要素的统筹

乡镇建设规划还需要体现与区域经济、城镇体系协调发展的要求。由于农村是城镇体系的基础层次,乡镇的发展水平、发展状况一方面受周边城乡、所在区域经济社会发展影响,另一方面牵制和影响整个区域及城市化的发展。乡镇规划要综合考虑乡镇在区域范围内的地位和作用,选准发展方向,选择发展重点,确定科学的发展空间和合理的发展规模、服务职能,安排好乡镇布局、人口流向、居住转移、交通运输、公共设施和基础设施等。乡镇空间优化在注重城乡空间分开的同时,要增强城乡之间的交通、文化联系,保护好城乡空间格局。

统筹城乡二元的市场体系。一方面要加快建立要素市场,促进其发育,形成城乡统筹的公平竞争的要素市场环境;另一方面必须加快建立政府对农业的投入和扶持机制。

统筹城乡基础设施建设。积极实施对供水、燃气、治污等城乡基础设施的区域共建共享和有效利用,推进城市基础设施和公用事业向农村拓展和延伸,缩小城乡差距。统筹城乡教育、卫生、文化、体育等设施,促进公共设施的区域共建共享。

  统筹保护区域水资源、土地资源，防止城市污染向乡村扩散和城市对耕地资源的无序侵占。保护基本农田，使得基本农田成为城镇与乡村之间永久性的生态隔离带，促进乡镇发展和自然生态相协调。

第4章　城乡一体化土地增值与收益分配理论分析框架

4.1　相关理论基础

4.1.1　地租地价理论

1. 地租理论概述

地租理论最早是由英国古典经济学家威廉·配第提出的，其在代表作《税赋论》里详细界定了地租的内涵，认为地租的本质是生产的剩余收入，于是基于这一理念，得到一般化的地租公式：地租=市场价格-生产成本（陈燕，2012）。配第（Petty，1679）的贡献不仅在于首次提出地租概念，还在于其区分了两种不同形态的级差地租：地块距离市场的远近程度和土地肥沃程度不同，其地租不同；生产要素投入比例不同，生产技术水平不同的地块其地租也不尽相同。随后，李嘉图在配第的基础上进一步完善了级差地租。1871年，李嘉图在《政治经济学及税赋原理》一书中解释道，土地产品的价值由劣等地的生产条件决定，级差地租Ⅰ是由条件更佳的土地生产出的产品价格扣除成本和社会一般利润后所得到的超额利润；而当产品需求增加时，土地有限性迫使生产者追加投入劳动力等其他要素到原劣等地上，以获得更多产品产出。然而"土地报酬递减规律"的存在，迫使市场价格由追加投入劣等地的产品决定，这时劣等地产生级差地租Ⅱ。此外，斯密（1972）同样把地租作为剩余劳动产品的价值形态，但不同的是，他认为地租来源于工人的无偿劳动，是土地使用者因使用土地而付给地主的代价，归根结底是一种"垄断价格"，该固有价格是土地所有权单纯作用的结果和价值体现，与工人在土地上投入多少无关。尽管斯密已经认识到绝对地租的存在，但没有提炼出来。

马克思在批判和继承西方经济学的基础上，提出了马克思地租理论，该理论最大的贡献在于创造性地提出了绝对地租的同时，深化了级差地租。马克思（1995）指出，地租是土地所有权的实现，而土地所有权的垄断，使一部分超额利润不参与社会平均利润率的形成，而是转化为绝对地租，为土地所有者所有；级差地租是超额利润转化而形成的，决定级差地租Ⅰ的是土地的位置和土地肥力的变化，而决定级差地租Ⅱ的是对土地追加的投资。

马克思的地租理论对我国土地相关主体——国家、集体和个人之间的土地收益分配关系的梳理具有重要指导作用。由于我国实行城乡二元双轨并行的所有权制度，城市土地绝对地租归土地所有者——国家，而农村土地绝对地租归集体土地所有者——农民和集体。而关于级差地租，一般认为，集体土地的级差地租Ⅰ归其土地所有者——集体经济组织，追加投资形成的级差地租Ⅱ归土地经营者，土地所有权、使用权和经营权的三权分离进一步明确级差收益归属；国有建设用地的级差地租Ⅰ归全民代表的国家，而级差地租Ⅱ，在使用年限内应归土地使用者（毕宝德，2010）。

2. 地价理论概述

与地租理论紧密相关的是地价理论，二者有联系也有区别。在西方经济学中，土地收益理论和土地供求理论构成地价理论的主流理论，前者认为，土地价格取决于土地纯收益（地租），而后者认为，土地价格取决于供给和需求关系（毕宝德，2010）。土地收益理论的代表人物有奥地利经济学家弗·冯·维塞尔和土地经济学家创始人伊利，伊利认为土地价格是土地预期年收益在一定时间序列内的资本化总和（Ely and Wehrwein，1940），则一定年限内的土地价格一般表达式为

$$P = \frac{R}{r}\left[1 - \frac{1}{(1+r)^n}\right] \qquad (4-1)$$

其中，R 为地块的现时地租；r 为利息率；n 为年限。

土地供求理论的代表人物有马歇尔和萨缪尔森，不管是基于"土地报酬递减规律"和边际效用价格理论的马歇尔，还是基于市场均衡理论的萨缪尔森，都认为土地是自然存在的，供给固定不变，无供给价格，由于土地供给无弹性，因而土地需求决定土地价格，见图4-1。供给曲线S和需求曲线相交于均衡点E，也在E点决定市场均衡价格P_e，从图4-1中可以看出，在完全竞争下，由于土地供给数量一定，故价格取决于土地需求者之间竞争的激烈程度。

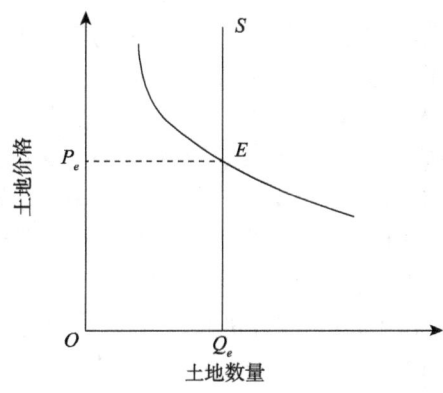

图 4-1　土地价格的决定

马克思（1995）认为，价格是凝结在商品中劳动价值的货币表现，土地本身没有价值，但土地具有特殊的使用价值，在一定的土地关系下即产生地租，由此产生了对应的购买价格，但这个购买价格实际上不是土地的价格，而是土地所提供的地租的购买价格。由此可见，土地所有者垄断土地随即垄断土地纯收益，从时间上看，这种纯收益是恒久的收益流，而收益流的总和则表现为土地价格，因此，地价是地租的资本化价值（毕宝德，2010）。

地租、地价构成的研究属基础理论研究，学术界存在多种观点，西方经济学和马克思的地价理论，主要关注土地经济收益，而土地作为自然资源，其经济价格不能体现土地利用的外部性。受我国土地产权复杂构成和市场化发育程度影响，在我国社会实践中，土地价格有着更丰富的内涵。例如，诸培新和曲福田（2003）认为土地作为自然资源，其具有使用价值和非使用价值，使用价值包括直接使用、间接使用和选择价值，非使用价值包括存在价值和遗赠价值，因而在农地征收时不能仅仅考虑其直接使用投入生产部分。整体来看，周诚（2003）结合我国情况，对土地价格理论进一步挖掘，提出二元构成理论，认为土地价格由土地物质价格和资本价格两部分组成，土地本身的资本价格又由土地资本价格和外部辐射价格组成，该理论对于我国土地价格形成机制有较高的指导借鉴价值。

4.1.2　土地收益分配理论

1. 收入分配理论——初次分配依据

分配是关乎社会进步的重大命题。根据统计对象的不同，收入分配被划分为功能性分配和个人分配。功能性分配是指收入被划分为来自劳动的收入（工资、管理收入等）和来自财产的收入（租金、利息和红利等）（Bronfenbrenner，2006）。收入分配理论按分配切入点不同，分为以市场为基础的收入分配理论和以宏观调控为基础的收入分配理论。以市场为基础的收入分配理论认为，任何生产活动都离不开劳动力、资本、土地和技术等生产要素。最早和最著名的分配思想来源于大卫·李嘉图，他早在 1819 年的《政治经济学原理》中就指出，劳动、机器和资本的组合投入才能带来土地的产出，因此土地产出也将分别对应劳作的劳动者、生产资本的所有者和土地所有者进行分配。马歇尔（Marshall，1980）在均衡价格的基础上利用边际产出理论构建了市场收入分配理论，认为生产由劳动、资本、土地和组织（企业家才能）构成，收入形式分别对应工资、利息、地租和利润，那么分配的依据便是由四个要素的均衡条件决定，即要素贡献决定要素分配。在马歇尔的基础上，费雪引入利息理论，将时间变量考虑到分配模型中，此后，人与人之间的收入分配与财富分配可以画上等号，进一步完善了以市场为基础的初次收入分配理论。初次收入分配理论的意义在于界定了要素贡献和社会职能不同主体在社会生产的分配依据，不考虑交易成本，在市场经济条件下，初次分配收入源于要素提供者获得生产要素所支付的报酬，以边际报酬递减规律为依据最终决定不同生产要素的拥有者摊分收入的具体份额（张五常，2010）。

不同于以市场为基础的分配理论注重要素贡献，以宏观调控为基础的收入分配理论注重生产要素的生产效率，更加关注社会公平。最早提出宏观调控参与收入分配的是凯恩斯，他认为，经济增长取决于国民收入的分配，完全依靠市场来进行收入分配长期来看存在收入分配效应，对基于劳动、利息和地租收入的主体，在通货膨胀中会遭受损害，主张要以国家干预的方式，配合一些政策措施，进行社会再次分配（凯恩斯，2010）。而以庇古（Pigou，1920）为代表的福利经济学家则认为，促进社会经济福利才是收入分配的根本，其主要手段是调整不同个体收入以实现货币边际效用最大化，而个体收入与货币边际效用呈反比关系，因而需利用分配手段进行收入转移，从而增加社会经济效用。市场收益分配和宏观收益分配理论最大的分歧可以通过图 4-2 表现，若假定收入 YY' 是一定的，需要在要素所有者 i 和 j 中进行最大化的分配，i 和 j 的收入边际效用在图表中由曲线 II' 和 JJ' 给定，II' 在左边而 JJ' 在右边，按照两条曲线所示，i 比 j 对收入有更强的敏感性，市场分配者认为当 i 和 j 对应要素边际效用相等时，i 和 j 分配达到最大化，由于投入效率不同，i 得到 YY' 中较大的一份。而坚持以宏观调控为基础的收入分配理论的学者认为，"收入均等化"是分配合理的必要条件，只要偏离了平均分配（A 点），就不可能给 i 比给 j 更多的增量，即 AB 或 AC，$AB=AC$，如果增量 AB 事实上给予了 i，与 A 点处平均分配相比，社会总效用的增加将是阴影部分 G。相反，若将相等增量 AC 给了 j，社会效用的减少就是阴影部分 L。

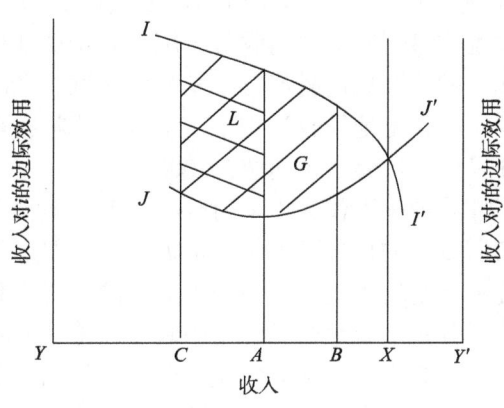

图 4-2　收入分配理论分歧

2. 价值捕获理论——再次分配依据

价值捕获理论最早是美国政治经济学家亨利·乔治提出的。亨利·乔治在《进步与贫困》一书中明确指出，生产的积聚和生产需求的增加将会带来土地增值，土地价值实际上是垄断的交换价值。乔治认为社会的贫困源于社会贡献的土地增值被地主无偿占有了，应利用税收等手段将这部分拿回来，因此，价值捕获是指土地增值收益是全社会作用的结果，一般源于公共部门的行为，如特定用途、容积开发许可、基础设施投资等，政府应将这部分增值收益从土地所有者手里"捕获"回来。而价值捕获的方式，包括财政方式和管理手段，其中乔治提出对土地的剩余征税，取消其他税赋的"单一税"方案。乔治的价值捕获理论改善了区划管制带来的刚性不足，也为美国政府向土地所有权者征收土地相关税费提供了依据，使得政府分享到土地增值收益，从而追求社会经济、环境、政治等多重社会目标，对于社会福利改善，特别是美国这样的私有制国家，具有重大实践意义。

在大洋彼岸，受价值捕获理论的影响，孙中山提出了"平均地权"的概念，核心思想为"涨价归公"，这一思想为"土地开发权国有论"提供了理论基础（严栋，2008）。实际上，在当前土地开发利用中，我国以土地税收、土地征收等形式进行的价值捕获盛行，而在多年实践中，土地开发利用带来的城乡差距、马太效应（Matthew effect）和福利分配不均等问题，已经引发与之相对的广大"涨价归私"论拥护者的诟病。周其仁（2004）认为，"涨价归公"理论谬误之处在于认为成本决定土地的价值，土地增值源于区位条件，区位决定通达成本，故其所有者对此没有贡献。而周天勇（2003）认为，农地用途转变后，土地周边由政府开发带来基础配套设施改善而增值的部分应归其权利主体——农民和集体，国家可通过相关税收参与宏观增值收益分配。介于"涨价归公"和"涨价归私"论之间的"公私兼顾论"也甚是流行，其是由周诚（2003）提出的：土地增值收益应归全社会所有。在土地征收过程中，土地增值收益全部归农民和全部归政府都将带来土地开发权"过界"（周诚，2006）。

笔者认为，价值捕获理论不仅为土地财政相关的土地税费征收提供了依据，也为政府参与土地增值收入的再分配提供了依据，其重要性毋庸置疑，但价值捕获理论针对的是西方私有制的土地开发环境而提出的，对于我国土地公有制是否适用，特别是城乡二元分割下土地开发利用中政府以土地所有者和社会监督者的双重身份参与土地开发，其会不会侵害农民等弱势群体的权益，应该予以考虑。笔者倾向于支持周诚老师的观点，但如何厘清政府和所有权人对土地增值贡献的作用边界仍需要进一步考察。

3. 贡献分配理论

贡献分配就是依据居民对现代社会正常运行的贡献分配收入所得，换句话说，是依据对现代社会正常运行贡献额和贡献程度来衡量、取得居民收入劳动报酬的一种分配。贡献分配是建立在现代社会正常运行价值论基础上的，是以现代社会正常运行价值论为理论指导的国民收入分配。现代社会正常运行价值论是经济学意义上的价值理论，简单地说，就是关于现代社会正常运行价值的形成、评价、交换、分配等的理论。

价值就是现代社会正常运行而形成、具有的价值，或要素、行为、事物等对现代社会正常运行的作用贡献。现代社会正常运行包括密不可分的两部分内容：一是参与社会活动的要素、行为、事物等发挥了作用、做出了贡献。作用贡献是构成价值的基本内容，是人们主观努力的结果和形成价值的前提条件。二是要素、行为、事物等的作用贡献保障、促进了现代社会正常运行。从定量上说，现代社会正常运行价值大小（价值量），取决于有关要素、行为、事物等对现代社会正常运行作用贡献的大小。从要素、行为、事物等角度说，价值量是由这些要素、行为、事物等对现代社会正常运行作用贡献的大小、多少等来决定和计量的：对现代社会正常运行作用大者、贡献多者，其价值就大；反之，对现代社会正常运行作用小者、贡献少者，其价值就小。在价格与价值关系上，价值是价格形成的前提条件和基础因素，价格常常偏离价值但始终反映价值。价格高低是实际价值大小与人们主观评定相互结合、共同作用的结果。

贡献分配的具体含义要从两个方面看：一是只要对现代社会正常运行做出贡

献的都应该参与到价值分配的过程中，分享收益成果，得到收入报酬；二是符合、满足现代社会正常运行需要程度越高，对现代社会正常运行作用越大贡献越多者，按贡献分配收入所得就越多（汤英牛，2007）。

在土地发展空间置换中，自然增值和人工增值是引起土地增值的原因，但是无论是自然增值还是人工增值，都是由人类在项目实践参与过程中的各种行为活动直接或者间接引起的，是各种不同要素、行为、事物贡献的综合体，并且各个参与主体对土地增值的贡献大小不一。因此，在土地发展空间置换中，谁做出贡献且引起土地增值收益，谁就能参与土地增值收益的分配（王小映，2003）。在客观定性分析土地发展空间置换中各个参与主体所提供的要素、行为或者事物在整体增值收益中贡献大小的基础上，按照贡献分配理论，依据参与主体贡献额的大小确定分配比例的多少，从而均衡分配土地发展空间置换中的土地增值收益，保证各个参与方的合法权益。

4.1.3 交易成本理论

1. 交易费用

市场体制下的西方经济学分析有一个重要前提是假设经纪人都是理性经济人，然而现实中个人认知能力是有限的，因而经济人实际上是有限理性人，为了获取足够多的信息来理性分析，有限理性人需要耗费时间和资源，故将会产生交易费用（transaction costs）。最早发现交易费用的是科斯（Coase，1937），他认为市场上进行交易是有费用的，一般而言，企业将不断扩大规模直到企业内组织额外一笔交易的费用等同于将这笔费用拿到公开市场或在另一个企业内部进行交易的费用，此时企业内部组织成本和市场成本达到均衡状态，见图4-3。图4-3中 $Y_c = F(Y_p)$ 为交易函数，假设 Y_c 是交易企业出售给消费者的价格，Y_p 是交易企业从生产者购买的价格，交易费用为正时交易曲线必然在45°线以下，利润最大化时等利润曲线 SS' 和交易曲线相切于 Q，均衡时 $P_p/P_c <1$。Arrow 和 Fisher（1974）则将交易费用定义为经济制度运行的费用。而2009年诺贝尔经济学奖得主威廉姆森（Williamson，1985）作为"科斯定理"的重新发现者，从"转移"的角度重新加深了对交易费用的认识，认为交易费用发生是某种物品或服务从一种技术边界向另一种技术边界的转移。由于这种转移可能发生在企业内部，也会发生在市场，因此根据分工可以分为内部交易和外部交易，而转移也被认为是物质交换和虽不带来有形产品但能进行与生产有关的信息交换（Miller and Vollmann，1985）。根据定义，交易费用又被分为市场型交易费用、管理型交易费用和政治型交易费用（弗鲁博顿和芮切特，2014）。而交易的不确定性、交易

发生的频率和资产的专用性是用来刻画交易费用的最关键的三个特征（Williamson，1979）。

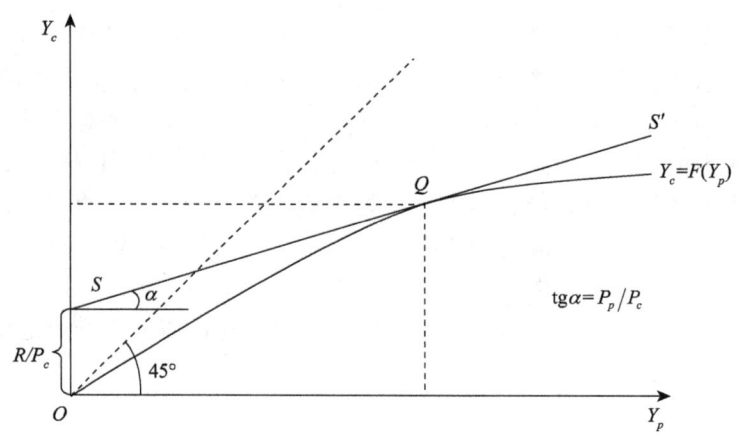

图 4-3 交易费用下的最优利润

2. 横向一体化 VS 纵向一体化

威廉姆森（Williamson，1971）认为，企业或组织扩张的动力来源于一体化，尽管古典经济学认为规模扩张是技术进步的结果，但威廉姆森从技术是否垄断、是否可割等驳斥了这种观点，从比较静态的角度解释了一体化问题。一体化分为横向一体化和纵向一体化，二者有联系也有区别。由于初级合作社中，尤其是发达国家，合作社与横向其他企业发生产品加工和销售等过程均采用的是纵向合作的方式，因而横向一体化常常是和纵向一体化相结合的（蔡荣等，2007）。关于一体化，科斯（Coase，1937）早有描述，其认为横向一体化是指原来由两个或多个企业家组织的交易被一个企业家组织，又叫"联合"，通过调整产品价格实现；而纵向一体化是不同企业家之间在市场上进行的交易被一个企业家组织，通过企业家才能实现。同时，科斯认为市场存在的不确定性，会使纵向一体化最终替代横向一体化，这一点可以用 Knight 的不确定模型推断。威廉姆森从考察市场失灵的角度，提出市场失灵的原因有专用性资产、契约的不完备性、战略误传风险、信息处理效应和制度适应。在市场失灵的情况下，具有交易成本优势的组织会代替市场，当生产成本和治理成本最小化时产生的组织边界是最合理的，因而纵向一体化程度决定了企业和市场的边界（Williamson，1971，1979）。

由于企业只是一种治理结构，故威廉姆森（Williamson，1985）交易费用可以运用到各个契约关系中,资产的专用性和交易频率水平,可以区分出四种类型的治理结构——市场治理、双边治理、三边治理和统一治理。威廉姆森的一体化理论对当下我国集体经济组织运作有着较大的借鉴意义。我国集体经济组织由于历史发展原因,既有家庭承包制下的农地个体户存在,也有以农户股份合作制为基础的合作社存在。而威廉姆森(Williamson,1985)参照所有权类型将工作组织分为三大类:①个体户,个体户又分为家庭承包制和松散联合模式;②集体所有制,集体所有制又分为单干和"同年帮"两种类型;③资本主义模式,这一模式又包括内部合同制和权威关系两种类型,正好囊括集体组织形式。同时,威廉姆森认为等级的强弱与产权性质无关,而与决策模式有关,因此这给分析我国集体经济组织运作,尤其是在集体建设用地入市后如何处理农户和集体经济组织之间的一体化关系,提供了实践应用的理论基础。

4.1.4 外部性理论

1. 外部性概述

外部性又叫外部影响或者溢出效应,外部性是某一主体在不需为自己行为后果付出代价时,做出的行为决策使自己获益的同时可能使另一主体受损或受益的情况。外部性最初起源于"外部经济",其最早出现在马歇尔的《经济学原理》中,认为企业扩大生产规模的原因分为两类:一类是企业所在行业普遍发展的"外部经济";另一类是单个企业自身资源组织管理效率提高带来的"内部经济"。庇古的《福利经济学》首次利用边际分析,从社会资源最优配置出发,构建了基于私人和社会边际产值的外部性理论。而科斯在 1960 年的《社会成本问题》中提出了外部性的相互性,可以通过市场方式解决外部性,进一步完善外部性理论。科斯认为当产权明晰时,则外部性不存在,市场交易即使在出现社会成本(外部性)的场合也有效。马歇尔、庇古和科斯的贡献对构成完整的外部性理论重要性不言而喻,被奉为外部性理论发展史上的三座里程碑。

根据外部性含义,即外部效应就是某经济主体的福利函数中不仅包括其所采取的系列活动中给自己带来的福利效果,还包括另一主体经济行为对该主体带来的福利影响,用一个通用的函数式表达,则如式(4-2)所示:

$$F_j = F_j(X_{1j}, X_{2j}, \cdots, X_{nj}, X_{mk}), \quad j \neq k \tag{4-2}$$

其中,j 和 k 表示不同的经济主体;F_j 表示经济主体 j 的福利函数;$X_i (i=1,2,3,\cdots,n,m)$ 表示一系列经济活动。当另一经济主体 k 进行经济活动 X_m 时,还能影响经济主体 j,即经济主体 j 的福利水平为自身参与经济活动

$X_i(i=1,2,3,\cdots,n)$ 和经济主体 k 参加经济活动 X_m 时对 j 的影响的总和。

一般而言，根据影响效果，外部性分为正外部性和负外部性。正外部性是指当某经济个体的经济活动能让其他个体或社会福利增加时，该经济个体不曾向受益方获取任何报酬；而负外部性是指某经济个体的经济活动会使其他个体或社会福利受损，此时该经济个体不向受损方支付任何补偿。由此可见，外部性的存在会抑制最优生产状态的出现，使得全社会资源配置效率低下。正外部性增加了社会福利，但因得不到相应补偿而动力不足；负外部性损害了社会福利，但因不需要付出任何代价而阻力不够。上述两种外部性均导致最终产量脱离社会最优生产水平，造成市场失灵，正负外部性作用机制如图 4-4 所示。

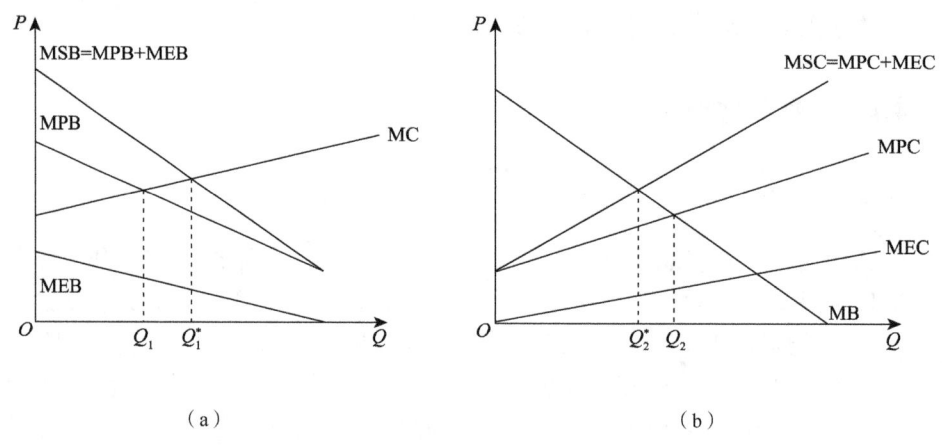

图 4-4　正外部性和负外部性作用机制

假设产量为 Q，价格为 P，边际成本为 MC，个人生产的边际收益为 MPB，MEB 表示私人生产带来的正外部性，个人因得不到相应补偿而动力不足，个人生产呈递减趋势，生产者个人根据利润最大化原则，将选择最优产量水平 Q_1，此时边际私人收益=边际成本（MPB=MC）。由于社会的边际收益是个人生产经济收益和外部性之和，即边际社会收益 MSB=MPB+MEB。依据社会利润最大化原则可得，边际社会收益=边际成本（MSB=MC），该条件下生产者的最优产量为 Q_1^*，$Q_1 < Q_1^*$ [图 4-4（a）]，说明由于正外部性的存在，社会实际产量小于社会最优生产水平，具有正外部性的生产动力不足。而当个人生产具有负外部性 MEC 时，生产越多，社会承担的外部性后果越大，需要治理的成本越多，因而是上扬的曲线，此时社会的生产成本为个人生产成本 MPC 和企业外部性成本 MEC 之和（MSC=MPC+MEC），生产者个人根据利润最大化原则，将选择最优产量水平为 Q_2，此时个人边际收益等于边际成本（MB=MPC），而社会的利润

最大化边际收益等于边际社会成本（MB=MSC），该条件下生产者的最优产量为 Q_2^*，$Q_2^* < Q_2$ [图 4-4（b）]，说明由于负外部性的存在，个人实际产量大于社会最优生产水平，具有负外部性的生产阻力不够。

2. 土地开发外部性内部化

土地作为准公共产品，其稀缺性、不可分割性、位置固定性等特点，使得无论是土地扩张、用途转变和承载力等都受到一定限制，故土地利用过程必然会涉及利用的外部性（张志宏等，2013；文兰娇和张晶晶，2015）。以土地开发为例，一般来说，外部效益来自土地发展受限地区。该地区土地产权、土地开发强度和土地发展权受到抑制，不能按照地块最佳用途进行开发，因而无法充分实现土地的市场价值，其价值人为地降低（Gardner，1977），但是其非市场价值部分或者完全保留下来，不仅使本区受益，而且惠及其他需要开发的地区，如以重庆地票为代表的建设用地指标转移（Wen et al.，2017）。外部成本来自土地可开发区，在用途管制下，随着开发区土地开发强度的增加，土地实现了从低收益利用方式向高收益利用方式的用途转变，使得土地权利主体收入增加（Gardner，1977），如农地非农化过程中，政府将农地生产价值作为征收价格从农民集体中获得农用地包括发展权在内的所有权，并改变土地用途为价值更高的城镇建设用地，形成相对于农地数百倍或千倍的价格差异。

如何实现土地开发的外部性内部化呢？科斯（Coase，1937）给我们提供了很好的思路：如果交易成本为零，那么当事各方在不论产权的情况下通过自愿谈判的交易都能使资源配置达到最优（科斯定理 1）；如果交易成本不为零，则初始的权利界定会对资源配置效率产生影响（科斯定理 2）。总结两条定理，则可以发现，科斯的观念是界定产权后，通过市场机制实现外部性内部化。国际上内化土地开发区和非开发区土地利用外部性的成功市场机制包括可转移发展权制度和市场化发展权制度（Barrows and Prenguber，1975；Chau and Zhang，2011），其思想是分离土地开发权，并开发定价进行市场交易。而国内也有"重庆地票""浙江模式"等集体土地发展权制度的探索，但发展权归属模糊，导致"涨价归公"和"涨价归私"的争论络绎不绝，也没有系统的农地价格评估体系，故尚未形成成熟的发展权交易。而要实现集体土地开发外部性内部化的第一步，便是将发展权同土地所有权分离，在农地征收、集体建设用地复垦等集体土地流转中，明晰土地开发权，公开土地开发机会成本，以此确定土地开发权价值，最终实现土地开发外部性内部化。

4.2 存量建设用地市场价值机理及收益分配模型

通过描述相关理论基础，笔者认为，可以结合地租地价理论、土地收益分配理论、交易成本理论和外部性理论，根据首次分配基于要素贡献，即生产关系，再次分配基于政府参与原则分配土地收益。地租地价理论可以用来解释土地价值构成和增值机理，土地收益分配理论为集体土地所有者提供以土地要素参与收益分配的依据，因此土地所有者应该获得绝对地租和级差地租Ⅰ，土地使用者通过追加投资，应该获得级差地租Ⅱ，而政府因公共投入带来土地增值，也应该捕获部分增值收益。而集体和农户以组织规模一体化边界和土地外部性内部化来确定个人和社会边界又为土地流转过程具体环节参与人收益分配提供依据。在不同流转/交易环节，各理论发挥的效用不同，因而接下来笔者将按照交易的不同阶段和市场交易类型，构建城乡一体化下集体建设用地收益分配理论模型。

在城乡一体化下，原有的城市建设用地市场和农村集体建设用地分割市场将整合为统一的城乡建设用地市场，城乡建设用地市场将分为直接交易市场和虚拟指标交易市场（发展权市场），直接交易主要有直接出让、出租、入股和出让与出租混合交易几种情况，虚拟指标交易主要是宅基地复垦引发的农村集体建设用地空间置换过程。

4.2.1 存量集体建设用地出让收益分配两阶段模型

当城乡统一后，存量集体建设用地可以直接入市，此时政府仅作为监督者监管土地交易过程，交易双方为集体经济组织和用地企业。假设参与人都是经济理性人，且不细分地方和中央，将地方和中央统一看作政府，农户和集体也看作一个整体，因而在集体建设用地出让中有农户和集体、政府、用地企业三个参与主体。

存量集体建设用地出让过程分为交易前和交易后两个阶段，分别对应交易和保有两大环节，交易前农户和集体享有对土地的所有权和使用权，因此拥有绝对地租L和级差地租Ⅰ，而政府在交易前提供了户籍管理（S_1）、基础设施固定投资（S_2）、价格监管（S_3）等公共服务，通过确权登记和定价后确定了集体建设用地出让的基准地价（P_0）。从原始集体建设用地到集体建设用地出让，政府在交易过程提供交易平台确保交易安全（S_4），交易双方支付相关交易服务费，实现了第一次增值，形成土地增值收益Ⅰ，该增值收益也是土地本身实现的级差收益Ⅰ和政府公共投入实现的部分投资回报带来的级差收益Ⅱ，由土地所有权人和政府共享。企业获得土地后，在土地上投入资本生产，在生产经营过程中，政府提供基础设施等公共服务，这时土地通过追加资本实现第二次增值，最终土地增值收益Ⅱ为土地要素贡献价值扣除公共投入成本 2 和开发成本（C）形成的级差收益Ⅱ。政府在交易阶段和保有阶段均通过收取集体建设用地相关税收实现公共投入收支平衡。因此，可以从交易产生土地增值收益的过程，总结土地价值的增值链，见图4-5。

根据图4-5，可以得到存量集体建设用地在交易前和交易后两个阶段的过程中产生的土地增值收益及增值收益构成：

土地增值收益Ⅰ=因区位条件和市场竞争带来的级差地租Ⅰ+公共设施投资带来的级差地租Ⅱ。

土地增值收益Ⅱ=因生产者追加投入资本产生的级差地租Ⅱ。

根据增值收益构成和参与人投入情况，可以发现农户和集体与政府共同分享土地增值收益Ⅰ，而用地企业和政府共同分享土地增值收益Ⅱ，得到不同参与人应分配得到的收益：

农户和集体收益=土地所有权价值+部分土地增值收益Ⅰ。

政府收益=部分土地增值收益Ⅰ+部分土地增值收益Ⅱ。

企业收益=部分土地增值收益Ⅱ。

假设农户和集体的收益是关于交易数量 x 的函数，记作 $R_n(x)$，政府收益记作 $R_g(x)$，企业收益记作 $R_c(x)$，基准价格记作 P_0，出让交易价格记作 P_1，追加投资后的集体建设用地价格为 P_2。公共投入成本 $T(x)$ 是关于 x 的函数，第一阶段政府投入成本为 $T_1(x)$，农户和集体占土地增值收益Ⅰ的比例为 $(P_0-T_1)/P_0$，则政府分享的份额为 T_1/P_0，企业关于集体建设用地的生产成本函数为 $C(x)$，政府在第二阶段投入成本为 T_2，根据成本贡献，企业占土地增值收益Ⅱ的比例为 $C(x)/[C(x)+T_2]$，则政府分享增值收益Ⅱ的份额为 $T_2/[C(x)+T_2]$。由此得到三个参与主体的集体建设用地出让收益分配两阶段模型：

$$R_n(x) = (P_0-T_1)x + \frac{(p_0-T_1)}{p_0}(P_1-P_0)x = (P_0-T_1)\frac{P_1}{P_0}x \quad (4-3)$$

$$R_g(x) = \frac{T_1}{P_0}(P_1-P_0)x + \frac{T_2}{C(x)+T_2}(p_2-p_1)x \quad (4-4)$$

$$R_c(x) = \frac{C(x)}{C(x)+T_2}(P_2-P_1)x \quad (4-5)$$

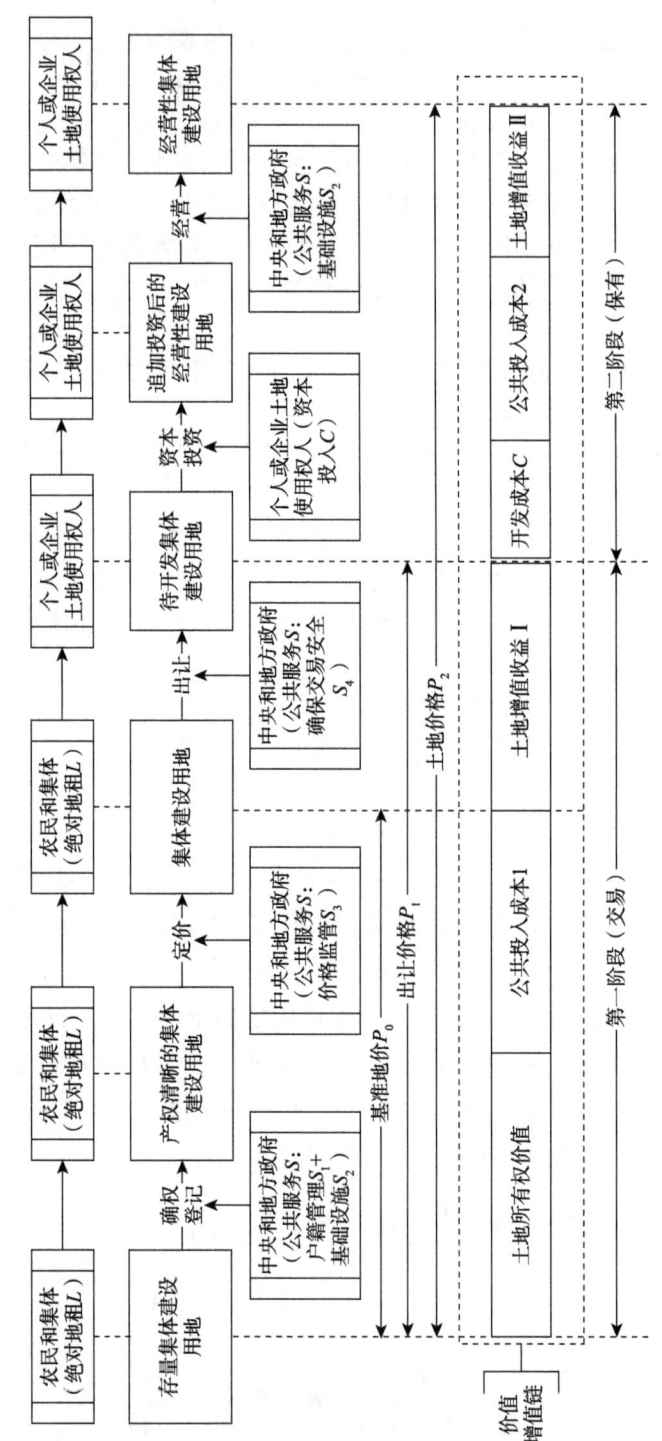

图4-5 集体建设用地出让两阶段价值增值链

理论上政府只能通过税收的方式参与集体建设用地出让收益分配，企业通过从集体经济组织购买集体建设用地使用权投入产品生产以获得利润。在实际集体建设用地交易过程中，政府的收益通过事后税收实现，公共投入成本不易测算，交易价格取决于市场，而企业生产追加投资后土地价值 P_2 凝结在产品中不易被观察，需从生产函数中剔除。因此，假设集体建设用地市场是完全竞争市场，企业关于集体建设用地的生产函数为 $y=f(x)$，企业关于集体建设用地的收益函数为 $I_E(y)=\alpha p(y)\times y-c(x)$，$\alpha$ 为土地要素的贡献，$c(x)$ 是关于土地要素的成本函数，拿地成本为企业支付的土地价值和在保有阶段使用集体建设用地相关税费，假设税率为 t_2，交易价格为 P_1，那么 $c(x)=(P_1+t_2)x$。而集体建设用地的供给量 x 来源于集体经济组织关于集体建设用地供给的生产函数 $\psi(q)$，$x=\psi(q)$，对应集体经济组织关于经营性建设用地的成本函数为 $b(q)$，由此可以得到集体经济组织的收益函数为 $I_N(x)=(1-t_1)P_1\psi(q)-b(q)$，政府在两阶段对应的收益函数为 $I_G(x)=t_1P_1x+t_2x-T(x)$。三者收益函数如下：

$$I_E(y)=\alpha p(y)\times y-(P_1+t_2)x \quad (4\text{-}6)$$

$$I_N(x)=(1-t_1)P_1\psi(q)-b(q) \quad (4\text{-}7)$$

$$I_G(x)=t_1P_1x+t_2x-T(x) \quad (4\text{-}8)$$

因此，对于企业来说，实现利润最大化时，约束条件为 $y=f(x)$，即

$$\begin{aligned}&\text{Max } I_E(y)=\alpha p(y)\times y-(P_1+t_2)x\\ &\text{s.t. } y=f(x)\end{aligned} \quad (4\text{-}9)$$

将约束条件代入原方程，当利润最大化时，边际成本等于边际收益，有 $\frac{\partial I_E}{\partial y}\cdot\frac{\partial y}{\partial x}=\alpha p(y)-\frac{\partial p(y)}{\partial p(x)}\cdot f'(x)-(P_1+t_2)=0$，令 $Y=p(y)\times y$，则当 $\alpha\frac{\partial Y}{\partial x}=(P_1+t_2)$ 时，企业实现利润最大化。而对于集体经济组织，企业的需求量将决定集体建设用地的市场供应量，故实现利润最大化时，约束条件为生产函数 $x=\psi(q)$，即

$$\begin{aligned}&\text{Max } I_N(x)=(1-t_1)P_1\psi(q)-b(q)\\ &\text{s.t. } x=\psi(q)\end{aligned} \quad (4\text{-}10)$$

将约束条件代入原方程，当利润最大化时，边际成本等于边际收益，有 $(1-t_1)P_1=\frac{\partial b}{\partial x}\cdot\psi'(q)$，将交易价格 P_1 代入集体经济组织利润函数，集体经济组织也实现了集体建设用地市场均衡。

市场均衡时，$P_1 = \dfrac{\partial b}{\partial x} \cdot \psi'(q) \cdot \dfrac{1}{(1-t_1)} = \alpha \dfrac{\partial Y}{\partial x} - t_2$，税率可以用交易价格表示，则可以得到此时政府的收益为

$$I_G(x) = P_1 x \left(1 - \dfrac{\partial b}{\partial x} \cdot \dfrac{\psi'(q)}{q}\right) + \left(\alpha \dfrac{\partial Y}{\partial x} - p_1\right) x \qquad (4\text{-}11)$$

4.2.2　存量集体建设用地出租收益分配两阶段模型

由于集体建设用地单纯出租土地的情况与直接出让的增值机理趋于一致，所不同的是土地租金会随时间变化而增加，而出让时一次性交清出让年限内的地租，因而这里主要讨论集体经济组织在土地上追加资本投入 C、建造工业房等，其他情况与出让情况一致，这里集体经济组织既是集体资产所有权人，又是土地投资开发的权利人。而对于用地企业，企业通过租赁，从集体经济组织手里获得厂房使用权，再投入生产成本后，实现集体建设用地第二次增值，具体见图 4-6。

根据图 4-6，可以得到集体建设用地在交易前和交易后两个阶段的过程中产生的土地增值收益及增值收益构成：

土地增值收益Ⅰ=因区位条件和市场竞争带来的级差地租Ⅰ+公共设施投资和追加资本投入带来的级差地租Ⅱ。

土地增值收益Ⅱ=因生产者追加投入资本产生的级差地租Ⅱ。

根据增值收益构成和参与人投入情况，可以发现农户和集体与政府共同分享土地增值收益Ⅰ，企业和政府共同分享土地增值收益Ⅱ，增值收益分配情况与出让市场相似，不同参与人应分配得到的收益如下：

农户和集体收益=土地所有权价值+部分土地增值收益Ⅰ。

政府收益=部分土地增值收益Ⅰ+部分土地增值收益Ⅱ。

企业收益=部分土地增值收益Ⅱ。

出租情况的收益函数与出让市场的收益函数相似，所不同的是企业的投入成本相较于出让市场减少了建造成本，而这部分建造成本由集体经济组织承担，因此租赁市场的交易价格实质为集体资产租赁价格，而集体经济组织的生产函数也随生产投入不同。令企业关于集体建设用地的生产函数为 $Y_2 = p(y_2) \times y_2$，则当 $\alpha \dfrac{\partial Y_2}{\partial x_2} = (P_1 + t_2)$ 时，企业实现利润最大化；令集体建设用地供给的生产函数 $\psi_2(q_2)$，$x_2 = \psi_2(q_2)$，对应集体经济组织关于经营性建设用地的成本函数为

第4章 城乡一体化土地增值与收益分配理论分析框架

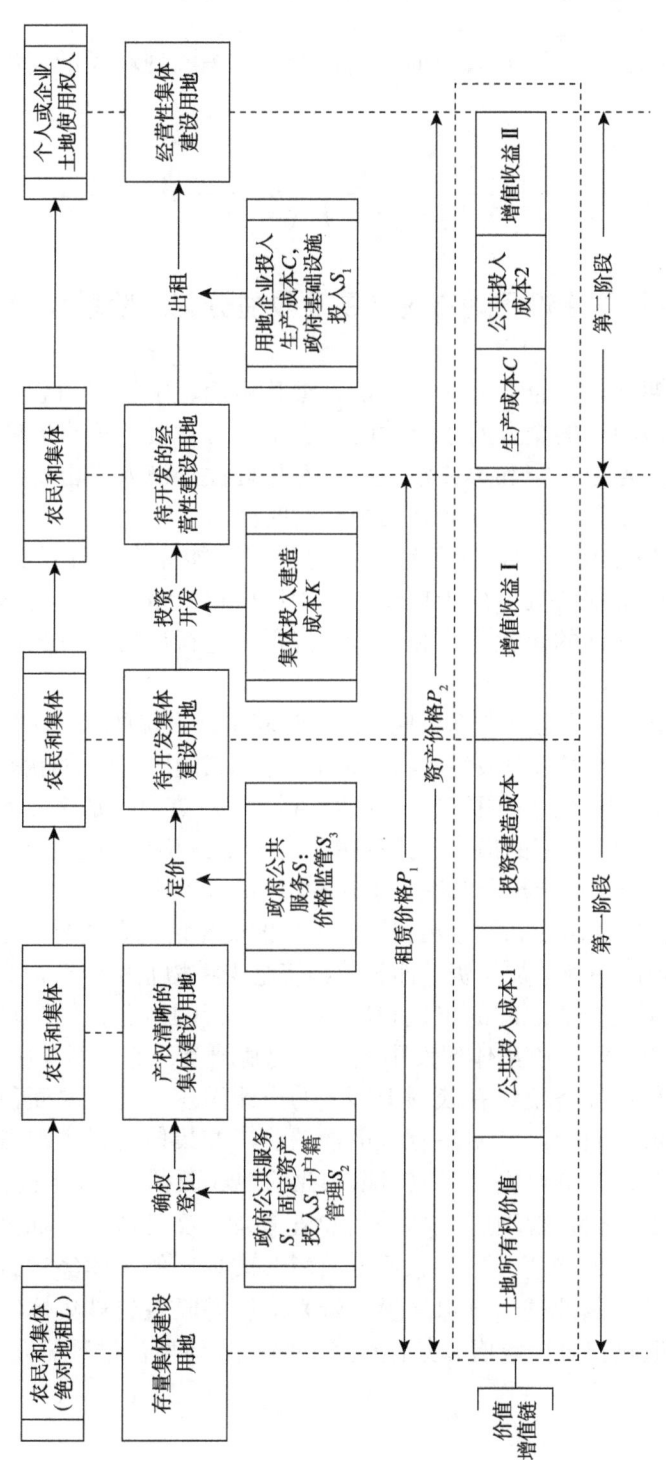

图4-6 集体建设用地出租两阶段价值增值链

$b_2(q_2)$，则当 $(1-t_1)P_1 = \dfrac{\partial b_2}{\partial x_2} \cdot \psi'(q_2)$ 时，集体经济组织实现利润最大化，此时对应政府收益为

$$I_G(x) = P_1 x_2 \left(1 - \dfrac{\partial b_2}{\partial x_2} \cdot \dfrac{\psi'(q_2)}{q_2}\right) + \left(\alpha \dfrac{\partial Y_2}{\partial x_2} - p_1\right) x_2 。$$

4.2.3 存量集体建设用地市场交易及收益分配三阶段模型

根据企业周期理论，企业分为婴儿期、青壮年期、中年期和老年期四个时期，处于不同生命周期的企业对于土地的需求不同，对资本价格的敏感程度也不尽相同。那么，若企业家和集体经济组织都是理性经济人，由于集体建设用地出租的价格高于出让的价格，而且出租合约时间短，不利于企业资本回收，出让时间长且价格稳定，因此，若针对一定面积不能完全出让的集体建设用地，当企业家获得土地的成本低于集体建设用地出租价格又高于集体建设用地出让价格时，那么理性的企业家会和集体经济组织进行谈判，以获得部分集体建设用地出让。

假设企业家最优的状态是全部土地通过出让获得，次优的状态是部分土地通过出让获得，而集体经济组织最优的状态是全部物业出租，次优的状态是部分物业出租，当企业家和集体经济组织二者都达不到最优状态时，那么二者会倾向于次优选择。在某一点企业家的最高出让意愿和集体经济组织的最低出让条件达到均衡时，那么一种介于完全出租和完全出让的交易机制将应运而生，即会出现同一集体建设用地上地块出让和物业出租同时出现的交易情况，这时企业家让利一部分收益做集体建设用地追加投资，而集体经济组织将物业租赁给企业家。针对集体经济组织和用地企业之间的出让和出租同时进行的情况，集体建设用地市场三阶段交易是指在两阶段集体建设用地交易的基础上，追加第二次交易。

假设企业和集体经济组织在谈判中形成的出让面积占总地块面积的比例为 η，那么物业出租的面积比例为 $1-\eta$，前面两阶段和集体建设用地出让类似，而在第三阶段，个人和企业将在对应出租物业的地块面积上投入建造成本 C_1，而集体经济组织也将投入管理成本 C_2 进行物业管理，在地块上追加资本投资，此时将产生第二次土地增值，尽管企业投入建造成本，但集体经济组织为该地块及物业的使用者，因此这部分追加投资带来的级差收益将被集体经济组织占有，此时土地增值收益Ⅲ由政府和集体经济共享，具体增值过程见图 4-7。

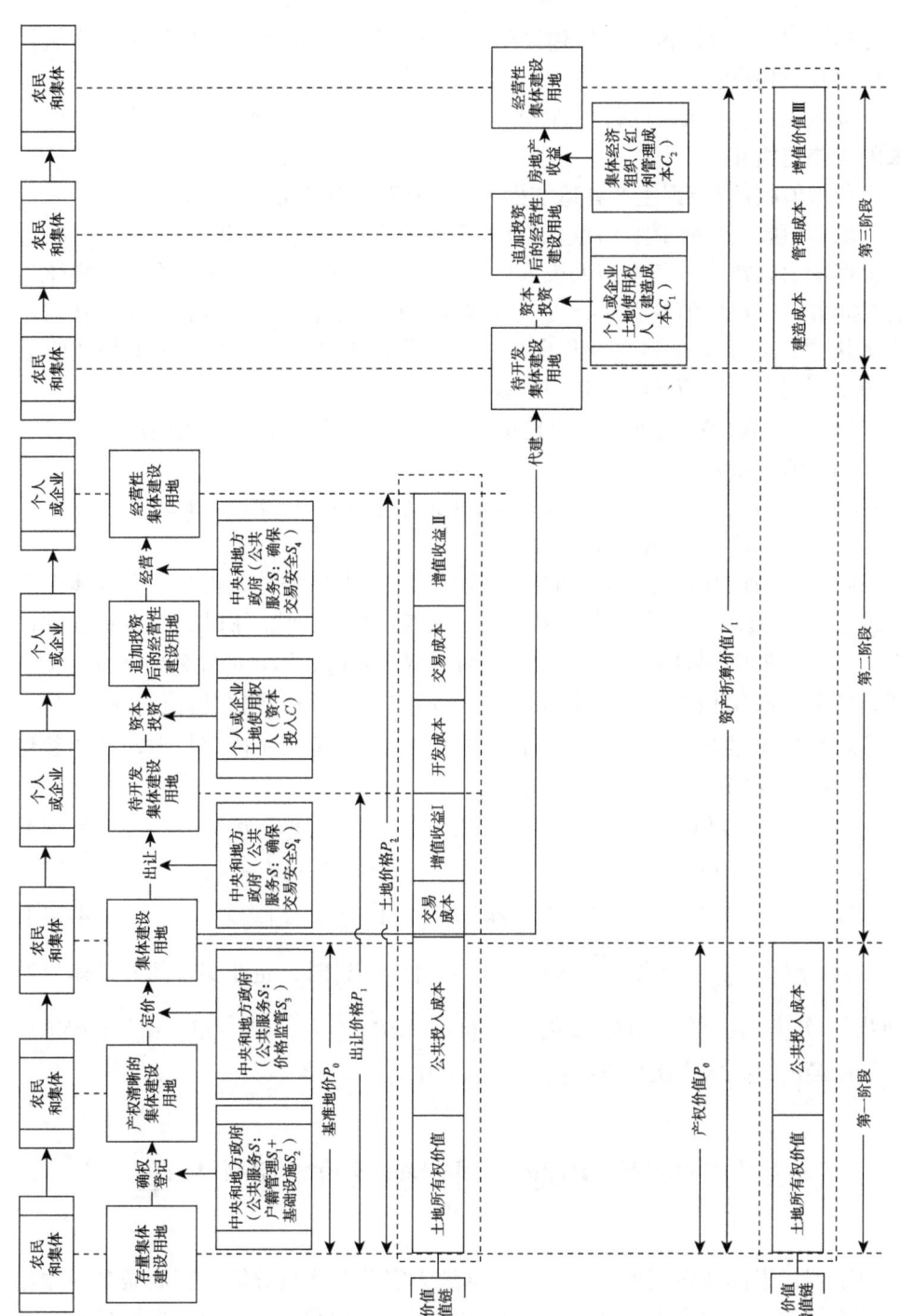

图4-7 集体建设用地三阶段交易价值增值链

根据图 4-7，可以得到集体建设用地在交易的三个阶段中产生的土地增值收益及增值收益构成：

土地增值收益Ⅰ=因区位条件和市场竞争带来的级差地租Ⅰ+公共设施投资带来的级差地租Ⅱ。

土地增值收益Ⅱ=因生产者追加投入资本产生的级差地租Ⅱ。

土地增值收益Ⅲ=因生产者追加投入资本产生的级差地租Ⅱ。

根据增值收益构成和参与人投入情况，可以发现在出让地块中农户和集体与政府共同分享土地增值收益Ⅰ，而企业和政府共同分享土地增值收益Ⅱ，在物业出租地块中，除了集体和政府共享土地增值收益Ⅰ外，还要共享土地增值收益Ⅲ，得到不同参与人应分配得到的收益：

农户和集体收益=土地所有权价值+部分土地增值收益Ⅰ+土地增值收益Ⅱ+部分土地增值收益Ⅲ。

政府收益=部分土地增值收益Ⅰ+部分土地增值收益Ⅱ+部分土地增值收益Ⅲ。

企业收益=部分土地增值收益Ⅱ。

三阶段交易是针对具体地块的次优选择结果，其收益分配也是针对具体交易地块进行的，假设交易地块整体面积为 x，交易地块中出让面积占总交易面积的比例为 η，物业管理中集体经济组织每单位管理成本为 c_2，出让部分交易价格为 P，而建造物业后将出租给企业或个人的租金进行折算，得到物业价值 $V_1 (V_1 > P)$，其他变量跟集体建设用地出让时一样，由此得到在一笔三阶段交易中，三个参与主体的集体建设用地收益分配函数：

$$I_E(y) = \alpha p(y) \times y - \eta x (P_1 + t_2) - (V_1 + t_2)(1-\eta)x \quad (4-12)$$

$$I_N(x) = \eta x (P_1 - t_1 P_1) - b(\eta x) + (1-\eta)(V_1 - t_1 V_1 - c_2)x \quad (4-13)$$

$$I_G(x) = (P_1 + V_1 + 2t_1)\eta x + t_2(1-\eta)x - T(x) \quad (4-14)$$

令 $Y = p(y) \times y$，则当 $\alpha \dfrac{\partial Y}{\partial x} = (V_1 + t_2) - \eta(V_1 - P_1)$ 时，企业实现部分集体建设用地出让次优选择的利润最大化；当 $(1-t_1)\eta P_1 + (1-\eta)(V_1 - t_1 V_1 - c_2) = \eta b'(x)$ 时，集体经济组织实现次优选择的利润最大化。

4.3 集体建设用地空间置换及收益分配模型

由于农村集体建设用地，尤其是宅基地大多分布比较分散，因而城乡一体化下，随着建设用地的需求越来越大，对建设用地集约利用的要求越来越高，不可避免地会出现集体建设用地空间置换以实现集体建设用地合并的情况，置换后的指标可进行土地发展权转移和市场交易，形成虚拟的集体建设用地市场交易形式。假设复垦过程仍由政府参与，对闲置地块投入复垦成本（S_0）后，当地农户将复垦地块的土地发展权转移到拟开发区，需役地在获得建设用地指标时，也实现了土地发展权，因而这两个发展权价值是一一对应的，价格都为P，此时该地块实现了第一次价值增值。实现土地增值后的地块，获得集体或者开发商追加投入，以及政府基础设施等公共服务的投入，由生地变熟地，在市场中进行建设用地使用权出让，实现第二次价值增值，见图4-8。

根据图4-8，若不考虑交易后企业生产带来的土地价值增值，那么可以得到集体建设用地空间置换中产生的土地增值收益Ⅰ和增值收益Ⅱ的构成：

土地增值收益Ⅰ=发展权实现导致用途变更带来的级差地租Ⅰ。

土地增值收益Ⅱ=因市场竞争等实现带来的级差地租Ⅰ+公共设施投资带来的级差地租Ⅱ+前期开发追加投资带来的级差地租Ⅱ。

假设按照农村集体建设用地价值和土地发展权价值悉数给了复垦区农户和集体，那么空间置换中农户和集体收益分配集中在转移后。根据增值收益构成和参与人投入情况，可以发现在出让地块中农户和集体获得全部土地增值收益Ⅰ，以及与政府共享土地增值收益Ⅱ，如下：

农户和集体收益=农地价值+实现的发展权价值+土地增值收益Ⅰ+部分土地增值收益Ⅱ。

政府收益=部分土地增值收益Ⅱ。

假设农户和集体的收益是关于建设用地指标交易数量x的函数，记作$I_N(x)$，政府收益记作$I_G(x)$，最终出让的建设用地面积是关于指标数量的函数$Q=\delta(x)$，改变用途后价格记作P_0，出让交易价格记作P_1，建设用地发展权交易价格为P，单位土地补偿为M，单位面积复垦成本为S_0，因此公共投入成本为交易过程投入成本和补偿成本，其他变量设置与上文相同，由此得到两个参与主体的集体建设用地空间置换的收益分配函数：

$$I_N(x) = (P_1 - t_1 P_1)\delta(x) - b(x) \tag{4-15}$$

$$I_G(x) = P_1 t_1 \delta(x) + t_2 \delta(x) - Mx - T(x) - S_0 x \tag{4-16}$$

根据利润最大化原则，分别对农户和集体、政府的收益分配函数x求导，令$\dfrac{\partial I_N(x)}{\partial x} = 0$，$\dfrac{\partial I_G(x)}{\partial x} = 0$，则可以得到当$t_1 = \dfrac{P_1 - b'(x)}{P_1}$时，农户和集体的收益最大化，而当$(P_1 t_1 + t_2)\delta'(x) = M + S_0 - T'(x)$时，政府的收益实现最大化。

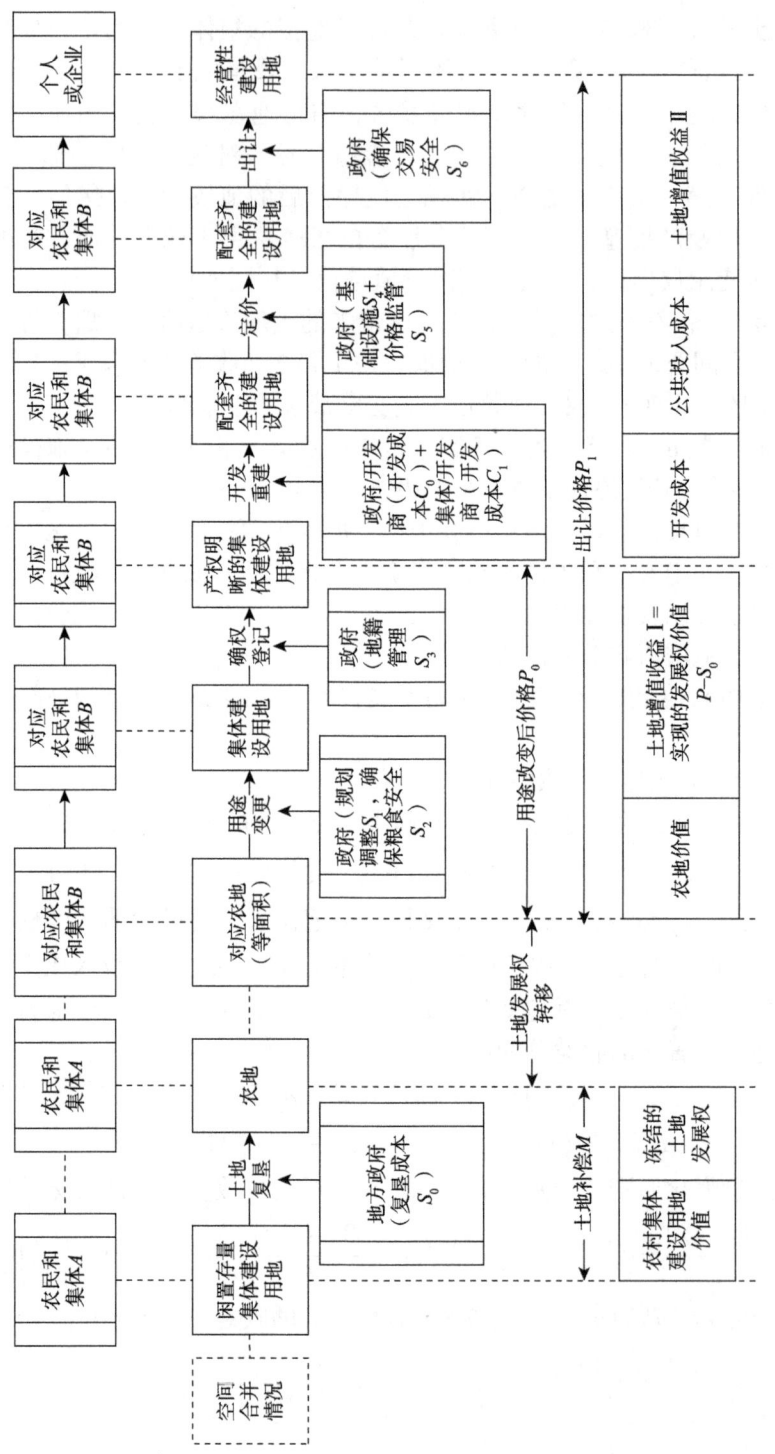

图4-8 集体建设用地空间置换价值增值链

4.4 小　　结

本章是本书的理论框架，先从理论基础展开描述，重点介绍地租地价理论、土地收益分配理论、交易成本理论、外部性理论，其中，土地收益分配理论阐述了按生产关系进行收益分配的收入分配理论和政府从土地中捕获增值收益的价值捕获理论，而交易成本理论主要介绍科斯和威廉姆森的交易成本经济学，其一体化的内容有助于下文集体经济组织内部的一体化边界分析，而外部性理论中又探讨了与土地利用有关的外部性，提倡用市场的方法实现外部效应内部化，为后面章节将土地发展权介入集体建设用地空间置换过程以调整土地增值收益分配提供了理论基础。在此基础上，提出了农村集体建设用地在城乡一体化中进行市场交易的增值机理，并按照直接市场交易和虚拟指标交易分别构建了收益分配理论模型，而集体建设用地直接市场交易的收益分配模型又按照出让、出租两阶段模型和市场交易三阶段模型分别进行构建，为下文的分析奠定了思想基础和提供了理论分析框架。

第 5 章　城乡一体化下权利主体收益分配关系和福利效应

5.1　城乡一体化下集体建设用地交易与空间关系识别

目前，我国农村集体建设用地与城市国有建设用地存在较大的存量差异，前者的面积约为后者的 2.4 倍，但其利用效率普遍低下。首先，随着城镇化与工业化进程的推进，进城务工农民数量不断增长，在二元户籍制度决定的福利体系之下，农民工在城市与农村之间季节性"两栖"，农民房屋分布闲散、空置情况普遍，造成宅基地低效利用问题。其次，20 世纪 90 年代大量兴起的乡镇企业，大部分在市场经济体制改革背景下逐渐衰落，由于权能受到限制，集体经营性建设用地使用权除非企业破产合并等个别情况，不允许转让，更不允许用于商业、旅游等设施开发，因此其土地资产也处于闲置和低效利用状态。以上两方面问题如图 5-1（a）所示，无论是在城乡接合部的农村地区（用Ⅰ表示）还是在远离城市的偏远农村地区（用Ⅱ表示），都分布着大量的农村集体建设用地。如何唤醒这些沉睡的集体土地资产？如何将农村集体土地资源资产化、土地资产资本化，并最终将其转化为农民的财富？这些问题一直是探索建立农村集体建设用地市场及农村土地制度改革的重要议题。

相较于建立较早、交易规则和法律规范较为完善、市场相对公开和透明的国有建设用地市场，农村建设用地市场还处于探索阶段，自发、隐形状态较多，交易体系尚未成熟。基于笔者对成渝全国统筹城乡综合配套改革试验区的走访调研，结合各地试点改革所形成的可借鉴模式来分析，目前农村建设用地的交易可总结为四种主要模式，它们对于建立城乡统一的建设用地市场虽然具有积极作用，但同时存在运行中的障碍。

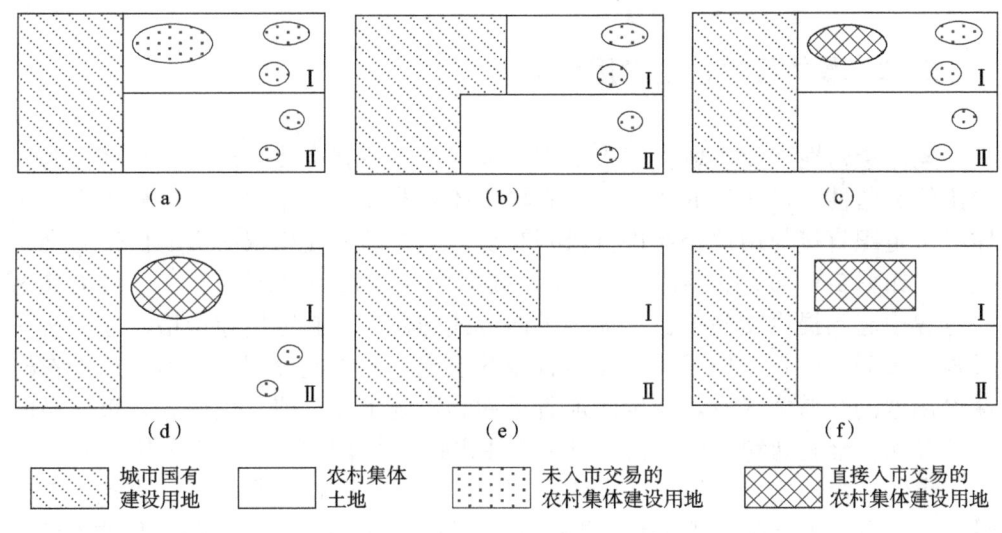

图 5-1 农村建设用地市场交易和空间关系示意图

5.1.1 所有权市场

农村集体建设用地所有权市场，如图 5-1（b）所示，一般认为，是国家出于公共利益，对农村的土地进行征收，将其所有权由农民集体所有变为国有，从而发展公共事业。但是，在此过程中，农地非农化可带来巨大的土地增值收益，有利于盘活农村土地资产，改善农村基础设施建设，促进农村非农产业发展。

然而，在现阶段的农村集体建设用地市场化建设过程中，这种交易模式存在两个方面的问题。第一，它属于政府垄断的交易，征地补偿标准由政府决定，而非按照市场化的运作程序，由供给和需求决定最终的征地价格和数量。为弥补财政收入不足，进行城镇化、工业化发展原始资本的累积，地方政府过度依赖土地财政，且未给予失地农民合理的补偿。农民在土地征收过程中，并未充分享受到农地非农化所带来的土地增值收益，反而其自身福利存在损失。第二，公益性界定的模糊性为政府寻租留下了空间。根据《中华人民共和国土地管理法》等法律规定，征地的前提必须是出于公共利益目的，一些地方政府受到农地非农化的巨大利益驱动，出于非公益性目的对城乡接合部的集体土地进行征收，尤其在目前农村土地产权并未完全确权登记、农村土地资产具有模糊性的条件下，这种交易模式具有损害所有权人、使用权人利益的风险。

5.1.2　集体经营性建设用地市场

集体经营性建设用地直接入市交易大多发生在城乡接合部，交易客体为农村集体经营性建设用地的使用权，农村集体经营性建设用地的所有权不变，集体经济组织直接与用地企业进行谈判交易，最终确定使用权的交易价格与交易数量（如图 5-1（c）个 5-1（f）所示，其中，5-1（f）为调整入市）。政府在这一过程中起到提供交易平台、提供供地方式的建议、制定指导价格、监督交易过程等服务和监管的作用，不参与直接的土地增值收益分配。目前，这种农村建设用地的交易模式有着明确的前置条件和限制条件，前置条件式入市交易的土地必须符合规划和用途管制，限制条件式必须为集体经营性建设用地。

集体经营性建设用地与国有建设用地"同地、同权、同价"，直接入市交易，遵循市场化规则，可以认为是真实的市场，是目前中央倡导的一种构建城乡统一建设用地市场的制度变迁方向。首先，集体经营性建设用地直接入市可盘活数量巨大的闲置或低效利用的集体建设用地，在满足工商业用地需要的同时不采用征地手段；其次，集体经营性建设用地直接入市使农民成为土地交易的主体，避免了地方政府征地对农民土地财产收益的剥夺，有利于农民财产性收入增加，使其充分享受城镇化、工业化所带来的福利；最后，集体经营性建设用地直接入市为政府公益性征地提供安置补偿价格参考，且缩小政府的征地范围。总体来说，集体经营性建设用地直接入市这一交易模式的资产专用性较高，交易过程中的不确定性较低。

通过对成渝全国统筹城乡综合配套改革试验区的走访调研，可发现集体经营性建设用地直接入市交易还存在一些有待解决的问题。第一，集体建设用地直接入市只在城乡接合部等对土地需求旺盛的城市规划区内部有意义。偏远的农村地区，村集体经济薄弱，自我发展能力不足，很难将零散的农村集体建设用地进行资源整合，并且缺少与用地企业展开交易谈判的机会，短期内难以通过集体建设用地直接入市这一方式盘活集体建设用地资产和创造经济收益。第二，集体经营性建设用地直接入市交易频率较低。目前制度供给滞后，配套法律及规则还不完善，进入市场的需求方数量有限，同时符合交易前置和限制条件的农村集体经营性建设用地规模有限，供给与需求双不足，使市场"薄化"，尤其是我国中西部地区，农村集体经营性建设用地在集体建设用地中所占比重较小，且分散、不集中连片，不利于工商业的发展，其中产权清晰且符合规划的更加有限，难以建立地方的市场并通过农村集体经营性建设用地直接入市达到显化农村土地资产、增加农民收益的目标。第三，集体经营性建设用地直接入市存在破坏耕地的风险。农民和集体都可能利用集体经营性建设用地边界不清的特征任意扩大其范围，甚至存在借办乡镇企业之名，先将耕地变为集体经营性建设用地，再将其用于工商业建设的破坏耕地的机会主义行为。第四，政府缺乏推行和改进集体经营性建设用地入市工作的动力机制。目前还没有收取集体经营性建设用地入市的土地增值税的法律依据，在这一交易模式中，政府只起到服务和监管工作的作用，属于公益性服务，如成渝地区政府审核和提供交易平台只是收取少量的服务费（流转价款的 0.5%），因此，政府缺乏推进和改善集体经营性建设用地入市的动力。

5.1.3 使用权空间"漂移"集中交易

无论是向农村进行投资的工商企业还是农村集体自办的非农产业，如旅游业、工业等，一般选择在非农发展潜力较大的城乡接合部，产业发展要求项目区的土地集中连片、面积须达到一定的规模，从而实现规模经营。然而，与城市建设用地相比，农村的宅基地和经营性建设用地大部分相对分散。为实现非农产业的发展要求，许多地方政府在遵循《城乡建设用地增减挂钩管理办法》的前提下，通过调整土地利用规划，使集体建设用地分散地区服从集中区，将本集体内分散的建设用地进行复垦，作为建设用地指标，调整到相对集中的区域进行土地开发利用，从而实现分散的集体建设用地使用权空间"漂移"集中交易[图 5-1（d）]。

这种集体建设用地使用权空间"漂移"集中交易是介于地票与经营性建设用地直接入市之间的一种交易模式，是一种指标交易。首先，它解决了农村建设用地分布的零散性、供给的分散性与经济的聚集效应、产业升级需求规模集中性的矛盾。通过复垦产生的指标与城镇建设规划相配合，可有效地优化集体建设用地布局，促进土地节约集约地利用。其次，集体建设用地使用权空间"漂移"使增减挂钩项目资金集中投入农村的公共基础设施和安置工程建设当中，使得农村的公共投入达到规模最大化和效益最优化，从而改善农村环境，让农民享受更为优质的公共服务。

但"漂移"边界的模糊性可能会带来基本农田保护潜在风险和土地增值收益的纠纷等问题。第一，一些区域以整治为名，违法调整土地利用规划，扩大集体建设用地规模，造成耕地数量减少，且分散区复垦的耕地质量远未达到集中区占用耕地的质量，即占补耕地间质量不平衡，降低了农作物产量，构成了对基本农田安全的威胁。第二，农民合法利益可能会遭受损害。需要拆旧复垦地区的农民可能面临着承包地被强迫流转、宅基地被强拆等问题，且集体建设用地使用权指标"漂移"集中交易后所得的土地增值收益可能并未合理分配给农民，即农民未能得到合理的补偿和安置，其合法权利得不到保障。第三，集中交易区位置选定的不合理，可能会导致农村集体建设用地对企业的吸引力较低，从而难以引入优质的投资项目，存在交易缺乏需求方或者交易后工商企业项目落地困难等风险。

5.1.4 地票交易

地票是在增量建设用地指标稀缺诱致下产生的，即超出中央刚性管制下的新增建设用地指标。2008年成渝全国统筹城乡综合配套改革试验区获得国务院批准后，重庆和成都率先探索地票交易，让地票成为开发商以土地需求者身份进入国有建设用地一级市场参与交易的"入场券"。地票交易是以《城乡建设用地增减挂钩管理办法》为实施方案，将地票运行区域分为地票产生区（一般为偏远农村地区）与地票落地区（一般为城乡接合部的农村地区），对地票产生区闲置、低效的建设用地进行复垦，形成新增建设用地指标，然后通过交易平台（重庆为农村土地交易所，成都为农村产权交易所）在市场上进行跨区交易[图5-1（e）]。

地票交易是一种创新的土地交易机制，改善了传统的土地利用收益分配方式。第一，改进土地占补利用方式。地票交易模式保证了在城镇建设用地规模扩大的前提下使耕地总量不减少同时城乡建设用地总量不增加，改善目前城乡建设用地"双增加"的情况，可实现"先补后占、占少补多"的目标。第二，优化土地资源配置。地票激活了固化的农村土地资源的经济和社会效益，为农村土地资产显化提供了通道，也为农村建设用地退出找到了市场运作方式，有利于市场机制在土地资源优化配置中发挥基础性作用（段力志和傅鸿源，2011）。第三，保障农民权益，拓宽农民增收渠道。地票实现了农村建设用地使用权的直接入市交易，满足了农民、农村对土地收益初次分配注重公平的追求，有利于不同区域尤其是偏远农村地区的土地价值通过"空间转移"交易释放出更多的土地级差收益，农民能够获得新型城镇化、新型工业化带来的福利。

分析目前地票交易运行状况可发现，地票产生区农民卖出的是其承包地的非农产业发展权；用地企业购买地票，实为购买符合耕地"占一补一"的指标，从而获得后续购买国有建设用地的权利；地票落地区农村建设用地的交易实际上与地票关系不大，依然是政府对农村集体建设用地进行征收，将集体建设用地转变为国有，再到国有土地市场上进行交易。这种农村建设用地交易模式还面临不少有待解决的理论及实践问题。首先，地票制度运行缺少理论和法律依据，交易存在较大不确定性和风险。地票交易涉及的各项权益，如地票产生区农民的非农产业发展权、用地企业购买地票所获得的建设用地地块选择权利及政府与企业最终交易的国有建设用地使用权等，其产权主体、交易的收益分配等问题并未在法律上形成完善体系，权益主体及交易双方在此过程中可能遭受权益损害。其次，地票产生区农村建设用地资源过度流失。在地票交易利益的驱动下，扩大复垦的建设用地规模，甚至可能占用学校、卫生所等公共服务机构用地，造成农村建设用地这一要素的过度流失，以至于进一步拉大区域经济发展的差距，使得城镇对农村的"涓流效应"（trickle-down effect）受抑制，城乡之间"马太效应"被放大（张安录，2000）。再次，地票交易出现市场供需失衡。获得地票的主体持有地票具有风险，因为地票仅代表持有人拥有建设用地地块选择权利，如果在国有建设用地一级市场购地失败，则所购地票不能落地，将承担这一过程的机会成本和交易成本，因此地票交易中市场需求一定；而在地票产生区，由于受到利益驱动，农村集体土地整理热情高昂，供给过度。最后，市场供过于求，农村建设用地使用权价值不能以真实的市场价格得以反映。

5.1.5 小结

从图 5-1 可以看出，城乡一体化下，区位和规划对于集体建设用地的盘活模式起着重要作用。一般情况下，区位条件较好的农地（包括集体建设用地和农用地）在规划允许范围内，传统做法是通过土地征收、流转集体土地权属、改变土地用途，也可通过指标交易，将偏远农村地区土地发展权转移到郊区农地，从而实现城市国有建设用地的空间扩张。城乡一体化下，区位条件较好，且在规划区内的集体经营性建设用地可以尝试直接进入市场进行交易，此时空间上无较大改变；也可以将入市地块附近集体建设用地拆除、复垦，通过发展权空间置换（可通过指标交易和传统增减挂钩等手段）和原地块合并，形成较大规模集体经营性建设用地进入市场，此时将涉及附近地块空间置换和空间优化。

5.2 集体建设用地空间置换收益分配模式

集体建设用地空间置换必然会涉及集体建设用地用途和权属变更，以实现空间优化，而空间优化的实现依托于建设用地指标的产生和落地。黄珂和张安录（2016）认为，在城乡建设用地市场化整合探索过程中，建设用地空间置换包括使用权空间"漂移"集中交易和地票交易两种模式，前者是通过实施挂钩，复垦本集体内分散的建设用地，并将由此产生的建设用地指标补充到用地需求更加集聚的区域；而后者是复垦偏远地区（主要的地票产生区）闲置建设用地，形成耕地占补平衡指标和新增建设用地指标，并用市场手段在相应交易平台上进行跨区交易。而曹亚鹏（2014）认为，地票交易制度将农村土地资源用一种虚拟化的方式引入市场，通过地票交易平台，将结余的建设用地指标"漂移"到城市利用的过程。

结合二者观点，通过课题组 2015 年到各地实地调查并进行资料的收集和整理，笔者认为，凡建设用地指标产生区永久失去建设用地的，都应归属到"建设用地指标让渡"范畴，而指标产生区产生指标后能自己全部拥有指标并投入建设的应归属到"建设用地指标优化利用"范畴。二者在空间置换产生的建设用地指标使用范围和是否保有对建设用地开发使用权方面有着本质区别。一般而言，"建设用地指标让渡"是将集体建设用地进行复垦变成耕地，"消灭"集体建设用地并将集体建设用地永远退化到农地后，将产生的建设用地指标让渡给其他需要建设用地指标的发达地区使用，以助发达地区实现"占补平衡"，进而开发、征收就近农地。"建设用地指标优化利用"是将区域范围内集体建设用地进行集中、腾挪，利用产生的建设用地指标再次开发建设。从复垦地块用途变化方式看，"指标让渡"后，复垦地块从宅基地永久变成集体建设用地，"指标利用"后，复垦地块从宅基地可能变成集体经营性建设用地，变成更有价值的集体资产。因此，根据指标转移距离的长短和指标使用方式，笔者将城乡一体化中集体建设用地空间置换分为跨区建设用地指标"漂移"模式和集体建设用地"腾挪"模式（图5-2）。

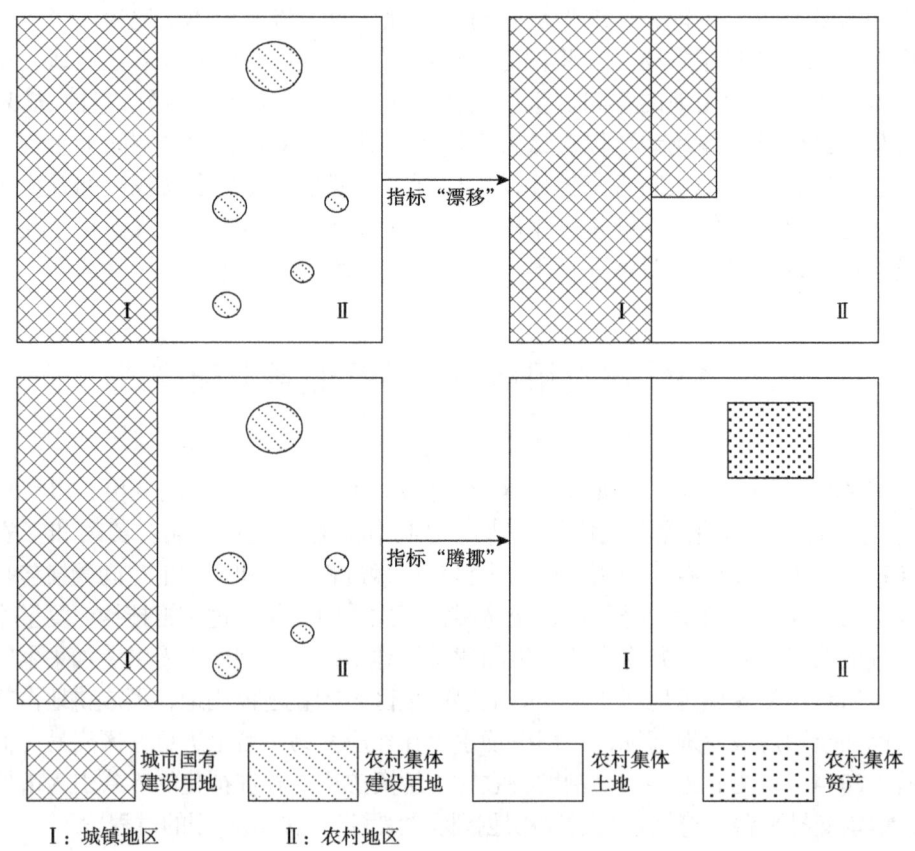

图 5-2　集体建设用地空间置换的指标"漂移"和指标"腾挪"

从图 5-2 中可以看出，指标从农村地区"漂移"到城镇地区，成为城镇建设用地扩张中新增建设用地的重要来源，往往伴随着城镇地区向周边农村地区开展征地，即通过农村地区集体建设用地的冻结或退化来实现城镇近郊土地发展成国有建设用地；而指标"腾挪"后，新建的建设用地仍在农村地区，农村集体仍然享有对其开发的权利，只是集体建设用地更加集中以实现规模效应，部分土地从原来的宅基地变为经营性建设用地，其开发程度扩大，进一步实现了发展权。

因此，本节从集体建设用地空间置换的两种模式——跨区建设用地指标"漂移"模式和集中建设用地指标"腾挪"模式入手，分析建设用地变化过程的价值链和土地增值机理。

5.2.1 跨区建设用地指标"漂移"模式

1. 重庆地票公开交易模式

自 2004 年国务院出台挂钩政策，为统筹城乡建设用地、促进城乡一体化发展做出了制度创新后（顾汉龙等，2018），2005 年国土资源部针对增减挂钩政策下发了《关于规范城镇建设用地增加与农村建设用地减少相挂钩试点工作的意见》来指导城乡增减挂钩工作，缓解城市建设用地供给不足、农村建设用地闲置现象（Liu et al., 2014）。截至2010年，挂钩政策已经在全国27个试点区域内广泛实施。重庆市在 2008 年成为试点城市后，同年设立了农村土地交易所，在增减挂钩的基础上创造性地建立了地票交易制度。

1）运行模式

重庆地票公开交易模式，主要包括四大环节——土地复垦、复垦验收、地票交易和地票使用。首先，在确权发证的基础上，具有其他合法稳定住所的农民有权自愿申请宅基地复垦，复垦过程由相关政府部门主导，农村土地交易所受理申请后将集体建设用地的收益权集押入资到银行获得复垦贷款，以预付款形式先发给农民，然后农民交房，相关部门进行土地复垦。其次，复垦土地达到验收要求后，复垦指标形成地票。此后，进入地票交易环节。农村土地交易所收集、分配地票份额，对外公开交易信息，在农村土地交易所进行地票交易。交易过程中，农村土地交易所具有较大的市场主控权，如根据市场行情，决定每场交易形式。若市场需求大于地票供给，则以公开拍卖的形式交易，若供给大于需求，则以挂牌的形式交易。同时，农村土地交易所会根据交易主体的地票需求，确定每张地票的额度。企业、个人及相关用地单位通过申请到农村土地交易所购买地票，所得交易费用在扣除前期复垦成本和预付款后，交易金全部返还到农村集体，其中，85%归还给农民，15%归集体。最后，地票持有者以地票撬动土地征收，通过使用地票，购得地票的单位或个人在城市规划区内选定待开发的土地，由区县人民政府办理征收转用手续并完成补偿安置后，按招拍挂有关规定取得与地票面额相当的国有建设用地使用权，指标落地时可冲抵新增建设用地有偿使用费和耕地开垦费。重庆地票交易过程见图 5-3。

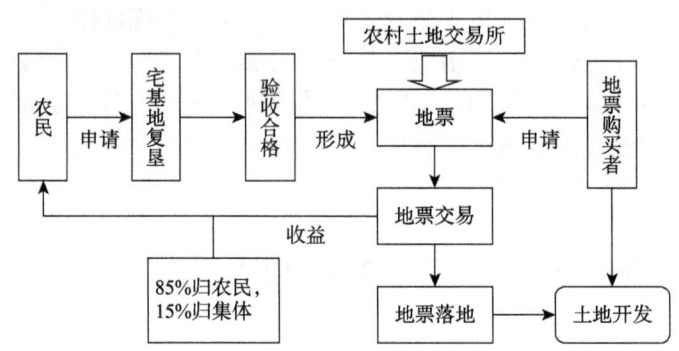

图 5-3 重庆地票交易过程

2）定价机制

重庆地票在进入市场进行拍卖、挂牌之前制定了统一的基准底价（2011年以后最低交易保护价调整为17.8万元/亩，约267元/米²）。重庆市国土资源和房屋管理局于 2010 年印发的《关于规范地票价款使用促进农村集体建设用地复垦的指导意见（试行）》明确规定，地票价款使用方向包括：农户补偿费[包括房屋和地上构（附）着物补偿费、土地使用权补偿费、农户购房补助，三项总计平均费用不低于 144 万元/公顷]、农村集体经济组织补偿费（参照复垦项目所在乡镇国有建设用地使用权出让金标准的一定比例对农村集体经济组织给予补偿，原则上按 25.5 万元/公顷核算）、复垦项目工程成本、复垦项目融资成本、退地工作经费等。根据该条款，可以从理论上推断地票价格主要是由土地复垦成本和集体补偿金两部分组成，因而重庆地票的价格形成机制实质应该是一种补偿机制。再根据重庆地票价款直拨的结果公示查看相关权利主体及其账目明细，地票成交后，成交价由四个相关主体分割：农民（补偿费）、村集体（补偿费）、地方国土房管所（土地复垦成本，55.5 元/米²）和市国土整治中心管理成本（成交价1%），可以用成本法进一步推导当前地票的价值构成：

$$P = P_1 + P_2 + P_3 + R \tag{5-1}$$

其中，P 为地票价格；P_1 为农民和集体补偿费；P_2 为复垦成本；P_3 为管理运作成本；R 为利润。因此地票生产成本=$P_1 + P_2 + P_3$，R 为成交后溢价部分所得。2011年，重庆农村土地交易所为保护农民和集体权益，上调地票最低保护价。根据《关于调整地票价款分配及拨付标准的通知》（渝国土房管发〔2011〕170 号）

规定，要保障农户的地票收益不低于每亩 12 万元，集体的收益不低于每亩 2.1 万元，即可推算 P_1=14.1 万元/亩，约 211.5 元/米²。加上复垦成本 55.5 元/米²，正好等于地票底价（211.5+55.5=267 元/米²），而管理费用是成交价的 1%，则暗含了管理成本和部分利润。把集体和农民所得看作土地投入，复垦成本看作资本投入，管理运作看作人力投入，则该模型完全符合经济学生产要素投入产出原理。

3）市场交易情况

根据市场交易情况，截至 2015 年，一共交易 15.36 万亩地票，均价为 20.15 万元/亩（302.23 元/米²），共使用了 10.17 万亩。从时间序列上看，地票交易量呈现出先增加后减少的趋势，在 2011 年达到交易量的顶峰，约 5.29 万亩，而对应其价格变化，数量变化更为波动。地票均价先从 2008 年的 8.16 万元/亩增加到 2011 年的 24.42 万元/亩，2012 年减少到 20.88 万元/亩，后又在 2013 年增加到 22.07 万元/亩，2014 年后有所降低，截至 2015 年，地票价格均价在 18.70 万元/亩。而地票的落地情况相对滞后，仅约为地票交易量的 2/3。2008~2015 年地票交易情况见表 5-1。

表 5-1　2008~2015 年地票交易情况

年份	交易量/万亩	交易额/万元	均价/（万元/亩）	地票落地/万亩
2008	0.11	0.90	8.16	0.00
2009	1.24	11.99	9.67	0.09
2010	2.22	33.30	14.99	0.59
2011	5.29	129.18	24.42	2.85
2012	2.23	46.65	20.88	2.84
2013	2.05	45.24	22.07	2.05
2014	2.05	39.17	19.13	1.62
2015	0.17	3.26	18.70	0.13
合计	15.36	309.69	20.15	10.17

注：数据来源于重庆农村土地交易所

2. 成都圈层"持证准入"模式

2002 年，党的十六大报告指出要"统筹城乡经济社会发展"[①]，随后，成都市委、市政府在 2004 年发布了《关于统筹城乡经济社会发展推进城乡一体化的意见》，将"城乡统筹"纳入成都市社会经济发展总体战略中。2007 年，国

---

① 江泽民. 全面建设小康社会，开创中国特色社会主义事业新局面——在中国共产党第十六次全国代表大会上的报告[R]. http://jiuban.moa.gov.cn/zwllm/zwdt/200211/t20021118_26200.htm，2002-11-18.

家发改委下发《国家发展改革委关于批准重庆市和成都市设立全国统筹城乡综合配套改革试验区的通知》，正式将成都市作为城乡统筹改革试点，拉开了成都城乡统筹发展的序幕。此后，成都市大量开展土地整治项目，通过"拆院"和"并院"，将村内废弃集体建设用地整理、复垦为耕地，在形成的建设用地指标中除去集体预留发展部分和新建农民居住区部分，结余的建设用地指标投入城镇发展，以此打开征地通道。在此背景下，成都市于2008年10月在全国率先挂牌成立农村产权交易所，建立包括建设用地指标交易在内的农村产权交易平台。

同时，将成都市划分为三个圈层：五城区及高新区为中心城，构成第一圈层；周边六个县市（包括新都、郫县、温江、双流、龙泉、青白江）为近郊区，与余下中心城区构成第二圈层；远郊区的九个区（市）县（包括都江堰、彭州、金堂、新津、崇州、大邑、邛崃、蒲江、简阳）构成第三圈层。在此基础上，成都市建立了二、三圈层"持证准入"制度，将结余的建设用地指标进行公开交易后，颁发建设用地指标证书，并明确规定，除工业用地外，首次出让国有建设用地时，成都市中心城区和第二圈层内具体区县竞得人需持对应面积的建设用地指标证书，方能签订国有建设用地出让合同；第三圈层竞得人还需按当年最低保护价缴纳相应指标价款后，方可签订国有建设用地出让合同。自成都农村产权交易所成为建设用地指标交易平台以来，截至2015年，已累计交易917例建设用地指标，总金额达140亿元。

1）交易模式

成都"持证准入"建设用地指标交易主要整治项目申报、项目实施、项目验收、建设用地指标登记和建设用地指标交易五大环节。其具体交易流程见图5-4。

据图5-4，具体流程如下：首先，集体经济组织或其代理人向农村产权交易所提出交易农村土地综合整治项目的申请，集体经济组织可以以村为单位申请，也可以多村联合申请，还可委托他人或其他集体经济组织申报；其次，由市国土资源局审核批准立项后，确定投资者，实施集体建设用地整治项目，整治项目主要包括土地复垦整治和安置房建设两大项目；再次，项目实施单位在完成项目后，委托有资质的中介机构编制验收材料，向当地县级国土资源局申请验收，县级国土资源局审查合格后向成都市国土资源局转报验收；接着，验收合格的结余指标，由市国土资源管理部门登记，载明面积、产地等相关数据后，发放《建设用地指标证书》。最后，在成都农村产权交易所以挂牌、拍卖等多种公开交易方式进行建设用地指标交易，竞得人持《建设用地指标交易成交确认书》申请建设用地指标变更登记，建设用地指标自交易、登记生效之日起两年内有效。

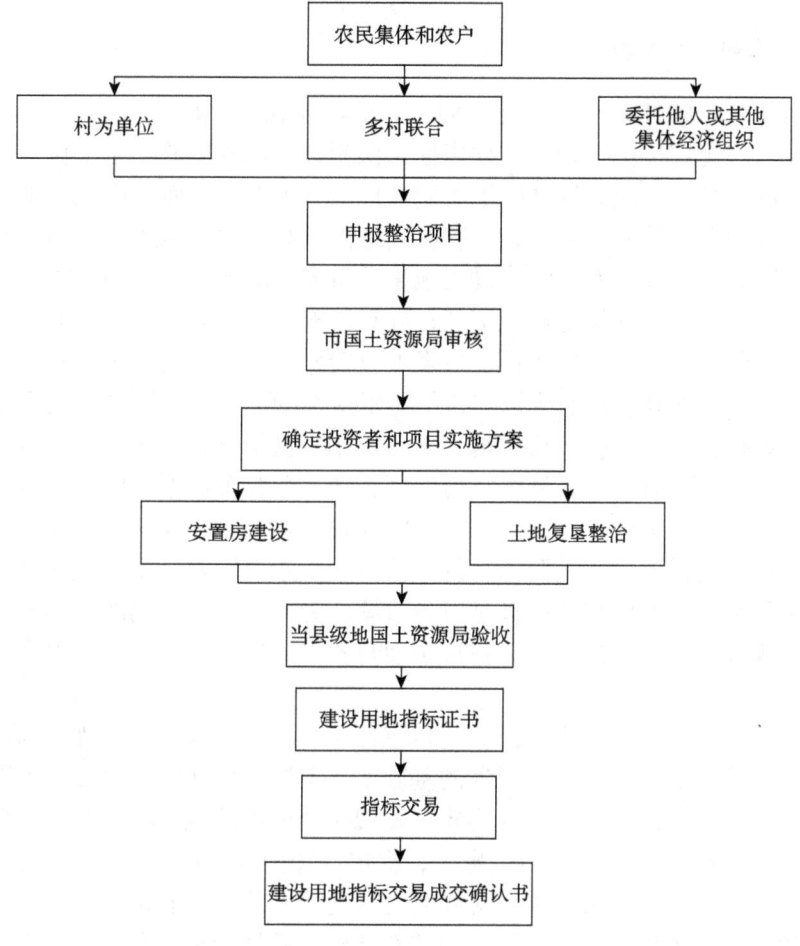

图 5-4 成都集体建设用地指标交易流程

2）定价与收益分配

指标交易的最终交易价格由交易双方共同决定，但成都市设立建设用地指标最低保护价。该保护价综合考虑了农村基础设施、配套设施等土地整治成本，2011 年建设用地指标的最低保护价为 18 万元/亩，以挂牌成交的集体建设用地指标交易，竞得人需缴纳成交额 0.5%的交易服务费，以协议成交的，需缴纳成交额 0.1%的交易服务费，而以拍卖和招标成交的，按差额定率累进法计算，前者起征税率为 3%，后者起征税率为 1%。此外，交易成功后政府需按成交价款的 1/10 向指标供给方提取基础设施配套费。除去交易成本，土地收益按两种情况进行分配，若整治项目由集体和农户自己承担的，所得收益全部归集体和农户；若项目由集体和农户委托专业机构实施的，双方按合同确定剩余建设用地指标创造收益的分配方案。

3. 上海超级增减挂钩模式

上海超级增减挂钩模式思想来源于"浙江模式"。1999年，中共中央下达给浙江省的"规划指标"和"计划指标"偏紧，迅速发展的"城市化"和"工业化"与浙江省各级土地规划之间不可避免地出现了矛盾。而矛盾主要来源于作为指标分配者的上级政府与下级政府存在用地需求和非农用地边际产出方面的信息不对称。同时，就省内而言，建设用地需求量较小的地方政府为赢得以后发展的公平性拒绝承担更多的耕地保护责任，导致形成了有更多用地需求的地区得不到建设满足，欠发达地区不愿牺牲以后发展机会而承担更多耕地保护责任的僵局。为了打破僵局，浙江省出台了以"折抵（复垦）指标"（新增耕地面积的72%折抵建设用地指标）、"待置换用地区"（可用复垦指标将该区域耕地置换进行非农建设）为基本要素的"区域内土地发展权转移"政策体系；同时，引入土地发展权跨区交易的市场机制，建立了以"折抵指标有偿调剂""基本农田易地代保""易地补充耕地"为主要内容的"跨区域土地发展权交易"政策体系。区内发展权转移和跨区发展权转移都是以各级政府为主导的，不同的是，前者通过编制、调整规划以实施土地复垦（整理）项目实现，后者通过不同政府之间指标交易实现。

2015年，上海松江区划入33个试点区（县）后，在充分考虑上海集体建设用地发展状况和上海土地利用规划的基础上，上海市松江区人民政府沿袭"浙江模式"的思想，印发了《松江区集建区外现状建设用地减量化财政补贴资金管理暂行办法》（松委〔2015〕138号），提出了浦南-浦北指标交易与财政转移相结合的"松江模式"。具体地，对浦北地区通过实施工矿仓储用地减量化和郊野单元规划腾出减量化"双指标"，即"新增建设用地指标"和"耕地占补平衡指标"，由所在街镇、园区通过土地出让收益自求资金平衡，实施增减挂钩后土地不能自求平衡的，需向区级缴纳减量化"双指标"有偿使用费以使用区级减量化"双指标"。而浦南地区，受规划和功能限制不能自行实现资金平衡的，其减量化"双指标"由区级统一收储、管理，并享受减量化财政补贴政策。

"松江模式"结合了减量化、郊野单元规划、跨区指标交易等着眼全局问题，实现总体目标的思想，是"超级增减挂钩"内涵的集中体现。根据规划功能的不同，上海将松江区分为浦南和浦北两大区域，其中浦北地区划分为建设发展区，而浦南地区则是规划控制区，浦南地区存量建设用地多，减得多、建得少，土地指标有富余；九亭镇等浦北地区，能减的少，需要建的多，指标有缺口，需向浦南地区有偿借用指标，因而在实施增减挂钩时要因地制宜，有所侧重。除了实施增减挂钩外，区政府还建立了减量化财政补贴资金联络沟通机制，针对减量化产生区，工矿仓储用地净新增的"双指标"按80万元/亩予以补偿，宅基地"双指标"按 120 万元/亩进行补贴。产生所有建设用地净指标由区统一管理,"双指标"的价格按 50 年试用期为 30 万元/亩,20 年试用期按 20 万元/亩进行政府之间的交易。

5.2.2 集中建设用地指标"腾挪"模式

1. 重庆永川集体资产统筹管理模式

2014 年中央一号文件明确提出,缩小征地范围,规范征地程序。除补偿农民被征收的集体土地外,还必须对农民的住房、社保、就业培训给予合理保障。因地制宜采取留地安置、补偿等多种方式,确保被征地农民长期受益。为有效推进缩小征地范围改革,重庆市永川区作为"缩小征地范围"试点,根据《国土资源部办公厅关于部署开展征地制度改革试点工作的通知》及《重庆市农村建设用地复垦项目管理实施细则(试行)》,拟建立 200 亩项目区探索集体资产统筹管理模式。

据课题组调查,项目区位于永川区板桥镇 L 村和 Z 村,其实施主体为永川区板桥镇 L 村和 Z 村村民小组,在完成对拟流转区建设用地清理补偿工作后,将拟流转区的建设用地使用权收归集体,收回土地统一登记为大证,分别成立 L 村和 Z 村资产管理公司,法人代表由村民小组长担任,并确权给集体资产管理公司,而资产管理公司主要负责制订复垦方案、筹集资金、确定流转地价等相关工作。项目区通过实施"增减挂钩"项目,在建新区所在的村或小组范围内,采取村或小组为单位的总建设用地规模不增加的原则,对存量建设用地、宅基地等进行多元化复垦,复垦区补偿标准不超过 10 000 元/亩;而建新区涉及农用地转用的,由区国土资源和房屋管理局根据建新区勘界测绘报告明确的地类和面积向市局申请用地计划,市局审查后下达周转指标,按青苗 1 500 元/亩以内、附着物 3 000 元/亩以内的标准由资产管理公司对建新区农户进行补偿。

通过建设用地指标"腾挪"后,集体资产管理公司将项目区集体建设用地使用权在区公共资源交易平台和市农村产权交易所公开挂牌出让,基准价按实际生产成本(拆迁安置、青苗附着物补偿、建设用地复垦、项目管理、耕地占用税)加逐年制度成本计算。项目区资产交易后,集体资产管理公司按旱地 600 斤(1 斤=0.5 千克)稻谷/年,水田 800 斤稻谷/年标准支付给农户;集团资产管理公司按 200 斤稻谷/年标准收取工作经费,同时集体建设用地出让溢价部分归集体资产管理公司;集体资产管理公司按 50 斤稻谷/年标准向村民委员会支付工作经费;镇政府按 3 000 元/亩一次性计算工资经费;交易后按国有土地标准向相应交易平台支付交易手续费;区政府通过建设配套费(参照国家标准)及税收(契税、耕地占用税）实现收益。

2. 成都金堂多元土地股份合作模式

2011年3月，成都市金堂县依托成都城乡统筹建设，在自主进行土地综合整治后，全覆盖剩余的集体建设用地指标，以核定的建设指标和土地资产为股份，作为原始资本吸引社会资本进行联合开发，并先后成立土地股份合作社、资产管理公司和项目运营公司，在此基础上，合作建立了农产品加工工业园和标准化厂房，开创了农村集体经济组织直接供地进行工业园区建设的先河。

1) 项目区情况

该加工园位于金堂县竹篙镇，项目区规划面积2.28平方千米，一期占地1.54平方千米，土地股份社供地1 024亩，其中道路用地411亩，可用地613亩，涉及入股农户463户，已签入股协议447户，签约率达96.5%。目前，加工园区起步区全部竣工并投入开发使用，占地面积101亩，厂房建筑面积达4.3万平方米，采取"园区投资公司（土地股份合作社+资产管理公司）+县建投公司"建厂出租方式运作，现有10家企业签订入园协议，7家企业正式入园，4家企业正式投产，共引进资产4.01亿元。

2) 运作模式

成都金堂多元土地股份合作模式由以下6个关键环节构成：①确权颁证。相关政府部门在实施项目前对项目区涉及集体土地组织确权，对涉及的农户颁发集体土地所有权和使用权证。②土地入股。由园区占地涉及村小组村民自愿以农村土地承包经营权、林权等入股，组建集体土地股份合作社。③农村土地综合整治。成立资产管理公司实施土地整理，该过程农民自主实施土地综合整治搬迁获得建设用地指标，也可以吸引指标入股或融资购买建设用地指标，按照建设用地指标权属支付相应股份红利或购置费用，项目用地范围内农户实施自主搬迁。目前，整理后共节约集体建设用地指标638.17亩，扣除农民集中区建设用地和建设成本492亩，实际"腾挪"指标146.17亩，作为项目起步区用地来源。④成立园区投资管理公司。土地股份合作社和资产管理公司分别将土地和整理而来的建设用地指标折价入股（土地折价6万元/亩，用地指标30万元/亩）。⑤成立项目运营管理公司。投资管理公司以土地和建设用地指标招商引资，分项目对外入股、出租土地。以101亩项目起步区为例，投资管理公司以土地和建设用地指标折价入股，县建投公司建设4.3万平方米标准厂房的方式进行联合开发，成立项目运营管理公司。⑥基础配套保障。工业园区发展，需政府参照国有工业用地标准，配套建设水、电、气、道路等基础设施。

3) 股份构成与收益分配模式

收益分配依据为各参与主体的投资红利。以项目起步区为例，主要参与主体有股份合作社、资产管理公司，由股份合作社和资产管理公司构成的园区投资管理公司、县建投公司、项目运营管理公司和政府。首先，股份合作社按"保底+分红"模式，确保农户达到每年每亩1 100斤黄谷收益。其次，土地折价6万元/亩，建设用地指标折价30万元/亩，土地和指标的股份比例为16.7%：83.3%，即折合资产后，股份合作社出资606万元（6×101），资产管理公司出资3 030万元（30×101），合计有固定资产3 636万元成立园区投资管理公司。再次，县建投公司按108万元/亩厂房建设成本，折合资本10 908万元投入生产和园区投资管理公司成立项目运行管理公司，县建投公司折合股份75%，园区投资管理公司占股25%，其中，土地股份合作社占股4.2%，资产管理公司占股20.8%。最后，县委、县政府参照国有建设用地工业园区，投入基础设施支持资金3亿元，保障园区基础设施建设。

据此，对于项目起步区101亩厂房项目，采取租赁厂房形式进行生产经营，获取的利润回报给各个股东。按厂房租金每月10元/米^{2}计算，每亩每年可获得租金收入9.6万元，若不考虑项目公司运行成本、有关税费等，股份合作社、资产管理公司和县建投公司三方各获收益4 032元、19 968元、72 000元，收益比为1：4.95：17.86。股份合作社农户至少获得每年每亩1 100斤黄谷，而政府则按国有工业用地标准，向厂房交易双方收取税费。

5.3 地票指标交易撬动土地征收中收益分配关系及其优化——以鄂州市为例

5.3.1 研究区概况

鄂州市作为湖北省城乡一体化发展试点区和综合改革示范城市，2012年被国土资源部列为基层改革联系点，同年9月鄂州市农村综合产权交易中心正式挂牌成立。2015年，鄂州市又当选集体建设用地入市33个试点地区之一。目前，农村综合产权交易中心开展的产权交易项目主要有7项，包括农村土地承包经营权、农村集体建设用地使用权、农村房屋所有权、林权、水域滩涂养殖权和建设用地挂钩指标、耕地占补平衡指标，简称"五权两指标"。

指标交易拓宽了城市反哺农村的渠道，有效促进了城乡土地资源的合理配置，刺激农民参与新社区建设和拆旧区复垦土地的积极性。以华容区石竹村为例，该村通过引进社会资金迁村腾地，生成指标56.12亩，成交资金898万元，新建农民住宅5.6万平方米，村容村貌明显改善，农民人均年收入增长4 000多元。

同时，鄂州市农村综合产权交易中心通过挂钩指标交易，撬动了更多社会资金投向农村，盘活了农村存量集体建设用地，凸显了集体土地的资产价值，促进了农村经济的转型发展。截至目前，鄂州市农村综合产权交易中心累计成交建设用地挂钩指标 138 例，成交单价 16 万元/亩，成交面积达到 4 265.72 亩，成交总金额将近 7 亿元，有力地推进了鄂州市农村综合产权制度改革。

5.3.2 鄂州地票交易运行模式及收益分配现状

1. 鄂州地票交易运行模式

在一般挂钩制度下，挂钩指标的行政配置过于僵化，造成了挂钩指标使用效率的损失。鄂州市作为湖北省城乡一体化发展和综合改革示范城市，依托农村产权制度改革的优势，在建设用地挂钩指标交易方面进行了大胆探索，并取得了初步成效，为湖北省城乡一体化建设用地市场构建提供了参考示范。"两指标"交易作为鄂州市农村产权制度改革的一大特色，鄂州市是全国继成都、重庆后规范开展指标交易的城市，也是湖北省第一个开展建设用地挂钩指标交易的城市。

指标交易一般流程是以宅基地为整理复垦对象，分析农民退出宅基地的条件，确定合理的补偿标准，将闲置的废弃宅基地退出；并以拆旧地块整体统筹、统一实施、分散开展的形式，将退出的宅基地整理复垦为耕地；经检验合格后可进入挂钩指标专用库；而地方政府可将挂钩指标用于本地城镇建设，也可通过有偿转让方式跨区使用，通过土地出让或指标交易获得挂钩指标收益，经审核入库后为挂钩指标的生产提供资金，如图 5-5 所示。

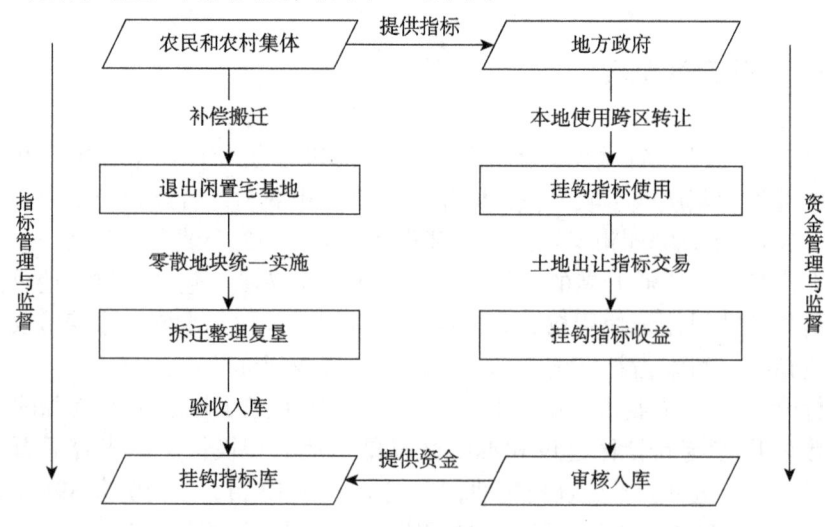

图 5-5 指标交易简易流程

挂钩指标的交易能够很好地解决挂钩指标供需不匹配、需求方指标紧缺和供给方挂钩资金短缺的问题，挂钩指标供给方可通过预支挂钩指标获得挂钩收益，不仅能筹集充足的资金开展拆旧，还能最大限度地减少挂钩的财政风险。而指标需求方通过有偿交易不仅获得城镇建新的权利，推动城镇的发展，还能促进城镇土地集约利用。当然，如果这种交易成本大于本区域农村建设用地整理置换成本时，地方政府会选择在本区域进行闲置农村建设用地的挖潜，而这也会提升农村建设用地的集约利用水平。因此，要提高挂钩指标的使用效益，解决挂钩指标的供需匹配，需要将挂钩指标在更大范围内使用。

鄂州市已成功交易建设用地挂钩指标 61 例，面积 2 770 亩，成交金额达到 4.4 亿元。建设用地挂钩指标的交易不仅极大地调动了农民和农村集体整理和复垦农村废弃闲置建设用地的积极性，解决了城市发展"指标从哪里来"和新农村建设"资金从哪里来"的双重难题，同时为农村新社区建设和改善农民生产生活条件提供了大量资金。鄂州市国土资源局（现为鄂州市自然资源和规划局）向社会公开发布了建设用地挂钩指标"持证准用"制度公告和建设用地挂钩指标价格公告，对指标的产生、交易、使用和收益，保证农民主体地位及"持证准用"制度的含义和使用范围等方面做出了明确规定，搭建了基本制度框架。

2. 收益分配状况

按照鄂州市农村产权制度改革优先支持相对落后地区的出发点和落脚点，指标交易首先选择废弃房屋、外出定居人口较多的村组。这些地区指标产生成本低、级差地租较大，工作推动难度较小。我们选择了蒲团乡石竹社区、涂家垴镇张远村、段店镇四份村和泥叽村、临江乡芦洲村，以及太和镇柯畈村、新城村、东边朱村等试点地区。

以鄂州市梁子湖区 2013 年第一批太和镇、涂家垴镇挂钩项目为例，剖析鄂州市挂钩指标交易增值收益分配。

项目区内土地面积为 71.640 2 公顷，其中耕地面积 34.475 8 公顷，占 48.12%；其他农用地面积 1.234 5 公顷，占 1.72%；农村居民点用地面积 34.780 0 公顷，占 48.55%；采矿用地面积 1.149 9 公顷，占 1.61%。拆旧区位于涂家垴镇太平村、涂镇村等 19 个村，拆旧面积 35.832 6 公顷，其中村庄用地面积 34.682 7 公顷，采矿用地面积 1.149 9 公顷。建新区位于太和镇柯畈村、新城村、东边朱村，总面积 35.807 6 公顷，其中占用农用地面积 35.710 3 公顷，占用存量建设用地面积 0.097 3 公顷。

根据鄂州市挂钩指标入市交易的相关规定，新增经营性建设用地需按 240 万元/公顷标准缴纳指标费用，缴纳费用中 60%用于拆迁补偿、复垦等，剩余 40%用于农村基础设施建设。以此计算，可获得总收益 8 570.47 万元，其中 60%，即

5 142.282 万元用于该项目区实施的资金投入。主要包括三个方面：①拆旧地块土地复垦费用（包括农田水利设施建设）；②拆旧区房屋拆迁补偿费用；③建新区征地补偿费用。其余的 40%，即 3 428.19 万元用于基础配套设施建设。测算出鄂州市建设用地出让阶段拆旧区农民、建新区农民、政府三方的实际与合理的增值收益分配比例（图 5-6）。

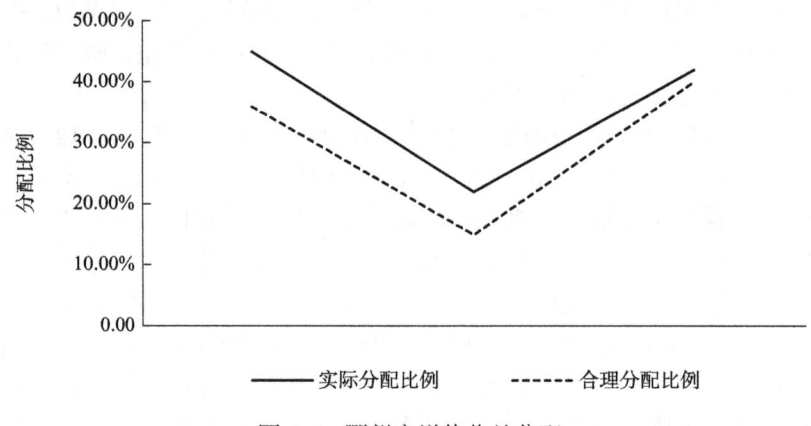

图 5-6　鄂州市增值收益分配

5.3.3　数据来源和研究假设

本部分 2012~2016 年增减挂钩指标交易信息来源于鄂州市农村综合产权交易中心，2014~2018 年建设用地补偿信息来源于鄂州市国土资源局，其他相关的统计变量和参数来源为 2014 年的《湖北统计年鉴》数据，《鄂州市 2010 年第六次全国人口普查主要数据公报》，2014~2017 年《鄂州市国民经济和社会发展统计公报》、鄂州市国土资源局和财政局相关统计数据。

土地增值分为两个部分来计算，具体的模型如下：

$$U_1 = P_1 - C - J \quad (5-2)$$

其中，U_1 为土地的第一次增值；P_1 为增减挂钩的指标交易价格；C 为拆迁复垦成本；J 为建新区建造成本，其中土地复垦费按照 2 万元/亩进行复垦。拆迁补偿有两种方案：货币补偿和实物补偿，货币补偿是政府一次性给予货币补助，不另设建新区，定价按照 18 万元/亩计算；若选择实物补偿，则由重置成本与拆迁过渡费、补助费组成，建新区建造成本按照 13 万元/亩计算。

$$U_2 = P_2 - E - Z \quad (5-3)$$

其中，U_2 为土地的第二次土地增值；P_2 为土地出让价格；E 为整理成本按照 3 万元/亩计算；征地补偿费 Z 包括青苗补偿费、土地补偿费、安置补助费，具体数额参见《湖北省征地统一年产值标准和区片综合地价》。

$$U = M(U_1 + U_2)/N \qquad (5-4)$$

最终的增值额由前两部分组成,且交易指标分为三种情况:指标全覆盖、指标部分覆盖和指标未覆盖。

5.3.4 土地增值收益测算和变化

测算土地在增减挂钩过程当中的增值情况时,首先根据数据分指标全覆盖、指标部分覆盖及指标未覆盖三种情况,其次根据式(5-2)~式(5-4),分别计算增减挂钩项目区和土地征收区的增值量,最后进行整合处理,得到货币补偿与实物补偿下的土地总增值收益情况,如表5-2所示。

表5-2 土地总增值收益情况

指标覆盖情况	货币补偿下的增值收益 U_1	实物补偿下的增值收益 U_1
全覆盖	13 268.83	13 802.917
部分覆盖	123 905.26	72 266.48
未覆盖	3 764 256.778	3 764 256.778
合计	3 901 430.868	3 850 326.175

增减挂钩实施过程当中相关权利主体的利益分配状况,如表5-3所示。

表5-3 各指标增值收益分配情况汇总

指标覆盖情况	增减挂钩项目区农户		土地征收区农户		政府	
	最终收益	占总比例	最终收益	占总比例	最终收益	占总比例
全覆盖	3 305.46	24.9%	1 010.68	7.6%	8 952.69	67.5%
部分覆盖	41 564.32	33.4%	6 821.63	5.5%	75 519.31	61.1%
未覆盖			120 745.48	3.3%	3 643 511.2	96.7%

从表5-2和表5-3来看,虽然在部分阶段土地的增值属于抑制形态,但是最后几乎所有的增减挂钩项目都属于正增值情况,也就是说土地在其用途发生改变的时候价值也发生了变化,但是在这一整个过程当中,每一参与主体的分配额又都是不同的,增减挂钩项目区和土地征收区农户分享比例占40%左右,政府的分配比例占到了60%以上,这样分配是否公平还有待进一步讨论。

近些年来,随着实践经验的增加运行增减挂钩项目变得越来越成熟,很大程度地缓解了建设用地供需的矛盾,以及提高了闲置土地的节约集约利用度。结合在鄂州市农村综合产权交易中心和鄂州市国土资源局收集到的信息,测算整个增减挂钩项目实施过程当中的土地增值收益。其中，2012~2016年在鄂州市农村综合产权交易中心登记的增减挂钩指标交易记录为157例，总面积达5 002.509亩，成交单价按16万元/亩计算，总计8亿多元；2014年为交易最高峰，面积达到了3 026.449亩，占总交易面积的60.5%。在这之后，随着时间的推移指标的交易量在减少。2012~2016年增减挂钩指标交易面积见图5-7。

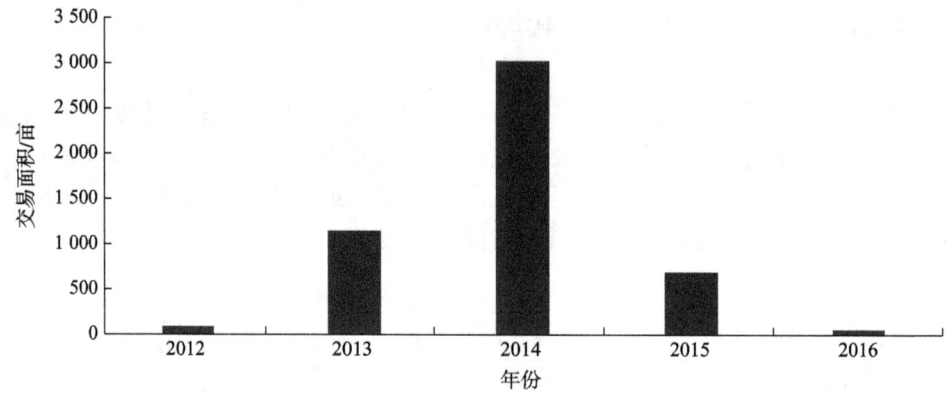

图5-7　2012~2016年增减挂钩指标交易面积

图5-8中列出了建设用地2014~2018年土地补偿变化情况，2014~2018年建设用地补偿记录为295例，补偿面积达18 971.736 29亩，其中2014年最少981.74亩，占总面积的5.2%；2015年最多达到9 172.64亩，占总面积的48.35%，而这其中，指标与建设用地补偿情况并不能一一对应，因此在计算的过程当中，将数据分为三个部分，分别是指标全覆盖区域、指标部分覆盖区域及指标未覆盖区域。

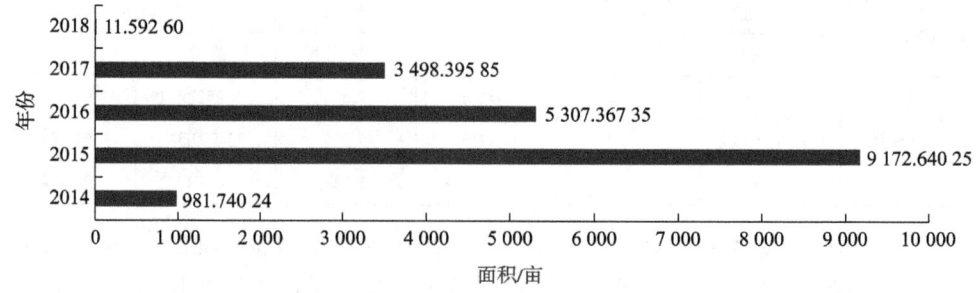

图5-8　2014~2018年建设用地面积补偿变化情况

5.3.5　相关权利主体收益分配优化

1. 模型构建

在增减挂钩政策实施的过程中，多方主体参与其中，扮演了不同的角色，做出了相应的贡献，因此我们依据个体贡献值占总贡献值的比例进行增值收益分配比例的确定，首先确定主要的参与主体，如图 5-9 所示。

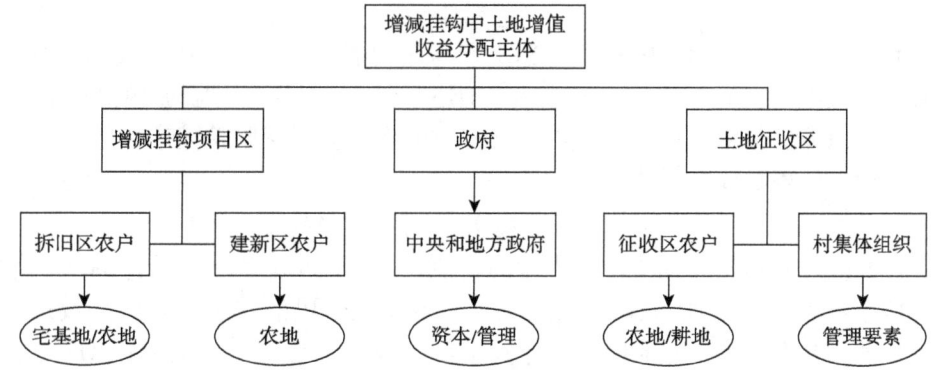

图 5-9　土地增值收益分配主体

在图 5-9 中，可以初步确定增减挂钩过程中的参与主体有增减挂钩项目区的农民集体、土地征收区的农民集体及政府部门，因此可以通过计算各主体在增减挂钩过程中所做出的贡献确定最终的分配比例，构建的模型如下所示。

本部分借鉴徐小峰的研究，运用成本逼近法来计算增减挂钩项目区农户贡献：

$$L = W_a + W_b + K + I_1 + I_2 + T + I_3 \tag{5-5}$$

其中，各个字母所代表的含义如表 5-4 所示，我们可以看出所有的公式都是围绕着土地取得费与土地开发费展开的，因此我们可以将整个公式整合化简最终就可以得到增减挂钩项目区农户的贡献测度模型（X_1）：

$$\begin{aligned} X_1 = &W_a = (L-T)\big/(1+\delta+\partial+\beta+\delta\beta)(1+\eta) \\ &- W_b(1+\delta+0.5\partial+\beta+\delta\beta)\big/(1+\delta+\partial+\beta+\delta\beta) \end{aligned} \tag{5-6}$$

表 5-4　增减挂钩项目区农户的贡献测度模型

$L = W_a + W_b + K + I_1 + I_2 + T + I_3$	
L	土地价格
W_a	土地取得费
W_b	土地开发费
K	管理费用 $K = (W_a + W_b)\delta$
I_1	土地开发投资利息 $I_1 = (W_a + W_b/2) \times \partial$
T	税费（包括耕地开垦费和耕地占用税）
I_2	土地开发投资利润 $I_2 = (W_a + W_b + K) \times B$
I_3	土地增值收益 $I_3 = (W_a + W_b + K + I_1 + I_2) \times Y$
$X_1 = W_a = (L-T)\big/(1+\delta+\partial+\beta+\delta\beta)(1+\eta) - W_b(1+\delta+0.5\partial+\beta+\delta\beta)\big/(1+\delta+\partial+\beta+\delta\beta)$	

土地征收区农户贡献测度模型（X_2）：

$$F = \frac{A}{R}\left[1 - \frac{1}{(1+R)^n}\right] \tag{5-7}$$

本部分采用收益还原法来计算农用地的经济价值，式（5-7）中 F 表示农地经济价值，A 表示农地的年净收益，R 表示土地还原利率，n 表示土地的可使用年限。

养老保障价值采用征地区域的农地提供的人均养老保险价值来代替（覃事娅等，2012），表示成公式为

$$Y_1 = (Y_{am} \times m + Y_{an} \times n) \times M_1/M_2 \tag{5-8}$$

其中，Y_1 表示农地提供的人均养老保障价值；Y_{am} 表示 a 岁男性公民的养老保险费基数；m 表示男性所占比例；Y_{an} 表示 a 岁女性公民的养老保险费基数；n 表示女性所占比例；M_1 表示按养老保险金额领取的每月基本生活费；M_2 表示每月养老保险费基数，这里每月基本生活费与养老保险费基数大致相同，看作 1 处理。

就业保障价值按照农民失去土地到退休这段时间人均领取的最低生活保障来测算（杨杰等，2003），表示成公式为

$$Y_2 = X \times (A_m \times m + A_n \times n) \tag{5-9}$$

其中，Y_2 表示农地提供的人均就业保障价值；A_m 表示男性农民的退休年龄；A_n 表示女性农民的退休年龄。

最终再进行修正得

$$K = I_a/I_b$$

其中，I_a 表示农民的人均年农业纯收入；I_b 表示农民的人均年总纯收入。

因此修正后的土地征收区农民的土地社会保障价值成本 Y 为

$$Y = (Y_1 + Y_2) \times k \tag{5-10}$$

综上可得土地征收区的农民贡献额（X_2）：

$$X_2 = F + Y = \frac{A}{R}\left[1 - \frac{1}{(1+R)^n}\right] + (Y_1 + Y_2) \times K \tag{5-11}$$

2. 权利主体贡献度测算

1）政府贡献度

在拆旧区宅基地整顿复垦为耕地的过程中，当局必定要投入大量的资金进行宅基地的拆迁、复垦工作，同时要支付被拆迁地区农民的拆迁补偿款，还需要花费大量的时间和金钱安置被征收土地的农村居民，为他们提供一定的社会保障；而建新区在获得指标之后，政府要进行土地开发资本的投入，如"三通一平"或"七通一平"等基础设施建设，在这当中，可能是政府部门自己派出施工队进行

土地的平整开发工作，也可能是政府对外承包给施工队进行平整开发工作，因此还要计算一部分的施工过程费用。

土地复垦费用按照 2 万元/亩计算，共计 427.27 万元，拆迁补偿费 3 845.46 万元，土地征收区农户征地补偿费 1 080.68 万元，最终可得政府贡献额 X_1=133.83 元/米²。（指标全覆盖情况）指标部分覆盖与未覆盖计算的原理与前面相同，因此不再赘述，结果分别为 342.26 元/米²（指标部分覆盖）、121.41 元/米²（指标未覆盖）。

2）项目区农户贡献度

在整个的计算过程中，以 2014 年指标数据为代表来测算，根据湖北省 2014 年城市地价动态监测成果、2014 年鄂州市工业用地监测地价数据得到 L=443 元/米²，土地开发费 W_b=20 元/米²；鄂州市耕地占用税 45 元/米²，耕地开垦费按照《湖北省耕地开发专项资金征收和使用管理办法》，鄂州市耕地开垦费 15 元/米²，因此税费 T=60 元/米²；∂ 取 2014 年贷款利率 6%；土地开发利润一般为 6%~10%，因此土地投资回报率 β 取平均值 8%；土地增值收益率一般为 10%~30%，因此土地增值收益率 η 取平均值 20%；δ 取 1.8%，根据式（5-5）可以得到增减挂钩项目区农民的贡献额 X_2=255.79 元/米²。

3）征收区农户贡献度

根据《鄂州市 2014 年国民经济和社会发展统计公报》可知建新区农地平均净收益 A=2 231.57 元/亩，土地还原利率的计算是采取安全利率与风险调整值之和的方法求得，其中安全利率取 2014 年银行一年期定期存款利率 3.25%，风险调整值参照鄂州市 2014 年消费价格指数增长率 2.7%，所以农地的还原利率为 r=5.95%，农地剩余使用年限以参照土地承包经营期 n=30 年来确定，根据式（5-6）求得土地征收区农地的经济产出价值为 46.32 元/米²。

从中国太平洋保险（集团）股份有限公司缴费表中查询获得 a 岁（a=30）的我国男性公民（60 岁领取）保险费趸缴金额基数 Y_{30m}=7 956 元；30 岁的我国女性公民（55 岁领取）保险费趸缴金额基数 Y_{30n}=11 283 元；土地征收区被征地的男性人口占总人口的 53.25%，女性人口占总人口的 46.75%。最后根据式（5-7）计算出建新区农地提供的养老保险价值为 9 511.372 5 元/人。

本书采取 2014 年鄂州市城市居民最低生活保障标准人均 420 元/月，另根据鄂州市人口统计资料获得被征地农民的平均年龄为 40 岁，按照男性 60 岁，女性 55 岁退休年龄计算得到 T_m=20、T_n=15，根据式（5-8）可算出土地征收区农地为农民提供的就业保障价值 89 019 元/人。土地征收区人均农地面积为 2.78 亩，因此单位面积农地提供的社会保障价值为（9 511.372 5+89 019）/（2.78×666.7）= 53.16 元/米²（修正前），建新区年均农业纯收入占农民总收入的比例为 45.72%，即 k=45.72%，根据式（5-9）计算得到建新区农民付出的农地社会保障

功能的成本为 Y=24.3 元/米²。根据式（5-10）计算得土地征收区农民贡献额 X_3=46.32+ 24.31=70.63 元/米²。

3. 权利主体收益分配优化

根据各权利主体增值收益模型，运用贡献分配理论，测算出增减挂钩项目区农民、土地征收区农民和政府在指标全覆盖下土地增值收益分配比例分别为 55.57%、15.34%、29.09%；指标部分覆盖下分配比例分别为 38.25%、10.56%、51.18%，具体的统计结果如表 5-5 所示。

表 5-5　土地增值收益分配优化分析

参与主体	增值收益贡献额	增值收益贡献比	增值收益分配比	增值收益分配额	指标覆盖情况
增减挂钩项目区农户	255.79	0.555 7	55.57%	517.68	全覆盖
土地征收区农户	70.63	0.153 4	15.34%	142.91	
土地征收区政府	133.83	0.290 9	29.09%	271.01	
增减挂钩项目区农户	255.79	0.382 5	38.25%	293.72	部分覆盖
土地征收区农户	70.63	0.105 6	10.56%	81.09	
土地征收区政府	342.26	0.511 8	51.18%	393.01	
土地征收区农户	70.63	0.367 8	36.78%	2 075.63	未覆盖
土地征收区政府	121.41	0.632 2	63.22%	3 567.93	

通过表 5-5 我们可以看出在指标全覆盖与部分覆盖两种情况下各个参与主体的分配比例有很大的不同，主要表现在增减挂钩项目区农民和政府的土地增值收益分配比例上，如全覆盖下增减挂钩项目区农户比例为 55.57%，而部分覆盖下为 38.25%；政府为 29.09%与 51.18%，正好验证了在指标全覆盖下土地增减挂钩已经完成一个整体的运作，在这个过程中，项目区农户交出了宅基地与农地的使用权，他们付出了最多，理应获得更多的增值收益，而在部分覆盖区域，由于部分增减挂钩项目的拆迁复垦工作还未完成，因此政府多得了一部分农户的收益；在指标未覆盖区域，还没有进行拆旧区的拆迁复垦工作，因此只有土地征收区农户和政府两方参与主体，分配比例分别是 36.78%和 63.22%。

根据"谁投资，谁受益，按贡献分配，按需调节"的原则，各个参与主体的利益分配的目标函数为

$$V_i = T_i + U_i$$

其中，V_i 表示各个参与主体获得的最终收益；T_i 表示项目实施时各个参与主体获得的补偿；U_i 表示各个参与主体应该分享的增值收益额。因此依据表 5-2 和表 5-5 中的测算结果，分别可以得到指标全覆盖与部分覆盖下各个参与主体的最

终理论收益分配格局，如表 5-6 所示，并在图 5-10 中展示了各参与主体的土地增值理论收益与实际收益的对比情况。

表 5-6 各权利主体合理的最终收益分配

增减挂钩项目区农户		土地征收区农户		政府		指标覆盖情况
最终收益	占总数比	最终收益	占总数比	最终收益	占总数比	
7 373.388	55.57%	3 478.339	26.21%	2 417.983	18.22%	全覆盖
48 595.64	39.22%	16 392.67	13.23%	58 916.95	47.55%	部分覆盖
		120 745.48	3.3%	3 643 511.2	96.7%	未覆盖

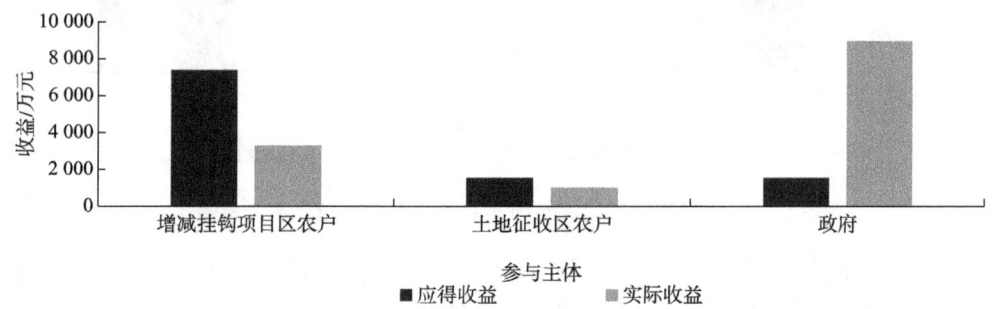

图 5-10 增减挂钩理论收益与实际收益对比（指标全覆盖）

表 5-6 中列举出了各权利主体理论上合理的收益分配额及所占比例，而在图 5-10 中是对各主体的理论收益与实际收益做了比较。

从图 5-10 中可以看到，达到增减挂钩项目区农户应该得到的收益为 7 373.388 万元，占总收益的 55.56%，而现实的情况却是该区农户只收到了 3 305.46 万元，只占总收益的 24.91%；而建新区农户同样是实际收益小于理论收益；再看政府作为增减挂钩中的管理者与引导者，收益应该为 1 545.235 万元，占总收益的 18.22%，可是实际上却分得了 8 952.69 万元，占总收益的 67.47%，从中我们可以看出在政策的实施过程中政府占据了很大的主导权，过多地分享了增减挂钩实施中的土地增值收益，而拆旧区农户可以说是整个过程当中贡献最大的一方，然而其却只收到了宅基地拆迁的补偿，并没有享受到后续的增值收益，土地征收区农户同样是收到了农地高于平均价格的补偿，也没有参与到后续的增值收益分配，因此从整体上来看整个分配过程是十分不合理的。

在图 5-11 中，列出了增减挂钩项目区域指标部分覆盖中各参与主体的实际收益与理论收益的比较，可以直观地看出整个分配过程的不合理性。只是相比于指标全覆盖区域，建设用地的补偿面积还没有达到要求，因此增减挂钩项目区农户的收益才会下降,但是整个机理过程不会改变,因此分配的比例也不会有很大的改变。而土地征收区是还没有出售指标就已经征收农户的土地,因此土地征收区农户就不能参与到增减挂钩这一过程当中,更不必谈分享后续土地流转过程中的增值收益了,这对于他们来说是十分不公平的。

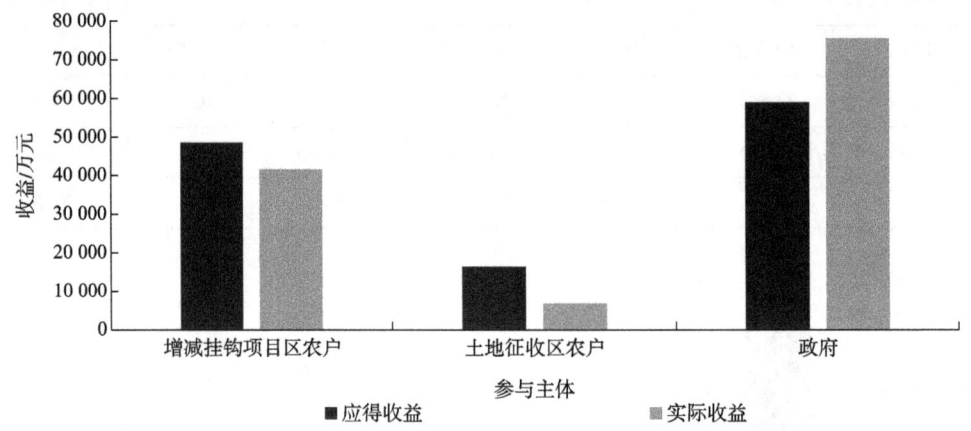

图 5-11 增减挂钩理论收益与实际收益对比(指标部分覆盖)

至于增减挂钩指标未覆盖区域,就不存在增减挂钩这一说法,因为其还没有涉及指标的交易落地环节,只是将农民的土地征收上来作为后续的储备开发用地,只能将其当作一般的征地补偿来看,因此参与主体就只有土地征收区农户与政府两部分,但是我们从图 5-12 中也可以明显地发现土地征收区农户实际获得的收益与理论上的收益相差甚远,同样,政府获得了过多的收益部分。

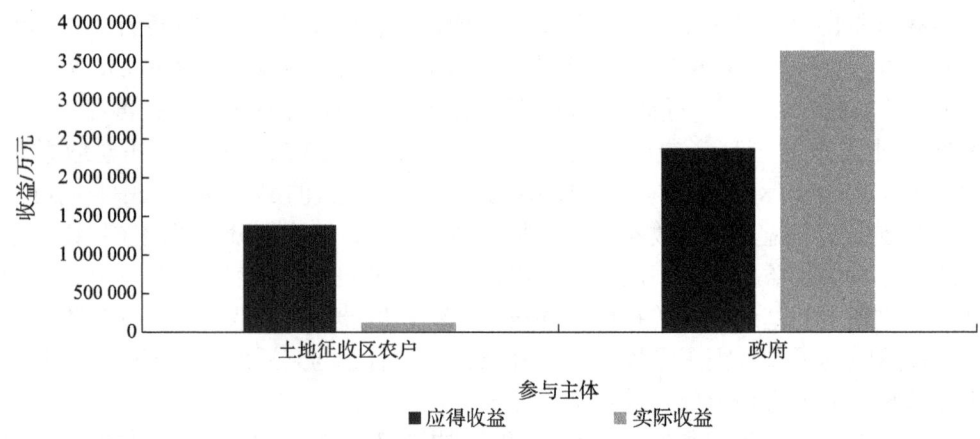

图 5-12 增减挂钩理论收益与实际收益对比(指标未覆盖)

综合图 5-10~图 5-12 我们可得,在增减挂钩政策的运行中,总是存在着正向的增值收益,且农民集体获得的收益部分总是少于理论部分的收益,而政府部门作为这一过程当中的管理者与引导者,却分享了超过其实际贡献的收益,因此这一分配过程不合理。在指标全覆盖、部分覆盖、未覆盖三种情况下,增减挂钩项目区的农户所得的实际收益与理论收益的差值在逐步减小,这是因为项目运作还不完全,拆旧区的土地还未复垦;可是土地征收区的农户收益差距却在逐步扩大,挂钩指标还未落地就征收了他们的土地,使得他们无法参与到后续的增值收益过程当中;反观政府方,不论在哪一指标下实际收益总是大于理论收益,在增减挂钩政策运行完整情况下,收益分配比例最不合理。

5.4 集体建设用地空间置换收益分配关系及其优化——以"四化同步"示范乡镇为例

为了探索"四化"协调发展之路,湖北省在省级层面上选取 21 个示范乡镇(街道)创新性开展全域增减挂钩,并以增减挂钩与土地整治为平台,稳步推进土地流转,探索宅基地有偿使用和退出方式与农村集体经营性建设用地入市,21 个示范乡镇(街道)在"四化同步"发展形势下,以城乡建设用地增减挂钩、农村土地综合整治等项目为依托,以整村拆迁复垦、农民集中居住为载体进行的流转成了各地集体建设用地流转的主要实践并成为流转的新趋势,集体建设用地流转既有土地产权性质的变化,也有建设用地在城乡之间的重新布局、集聚及在用地性质、方向和使用者之间的重新分配,因而对被拆迁地农民来说,土地流转增值收益的分配面临更多的利益主体和更为复杂的利益关系,土地权益的保障面临新的挑战。因此,报告以示范乡镇挂钩项目为依托,剖析集体建设用地流转中的土地增值收益分配关系与分配机制,总结其经验与不足,探求"四化同步"背景下土地增值机理与收益分配机制。

挂钩的过程中,核心是城乡土地发展权的转移,是以拆旧地块的农村建设用地整理复垦为耕地后开发建设的权利转移到建新地块,来实现城乡建设用地规模与布局的优化。按照土地利用总体规划要求,挂钩拆旧地块一般分散在限制建设区中,主要是利用不充分、不合理和闲置废弃的农村建设用地,而建新地块一般在城镇周边的有条件建设区中,在挂钩没有实施前,建新地块按一般农地区进行管制。挂钩将拆旧地块整理复垦为耕地后的土地发展权有偿转移到建新地块供城镇开发建设。

5.4.1 研究区土地增值收益分配现状

湖北省 21 个示范乡镇（街道）在"四化同步"建设过程中已经对各个参与主体分享土地增值收益进行探索，与传统农村土地征收和一次性补贴相比，农民通过多种形式获得了分享新型城镇化、新型工业化成果的机会与物质基础，为农民长期分享土地增值收益构建了新的机制。

以襄阳市尹集乡"四化同步"建设过程的实践操作为例，尹集乡在其城乡一体化建设过程中通过体制机制的创新，有效突破了土地、资金、项目等一系列的"瓶颈"，同时，为发展社区集体经济探索出了一条有效路径。尹集乡现有城乡建设用地 8 632.35 亩，其中城镇和村庄占地面积 6 480.45 亩，工矿用地 206.65 亩，公路用地 814.95 亩，风景名胜及特殊用地 1 130.3 亩，未利用地 2 503.8 亩。按照规划，143 个自然村湾全部集并到"一主五新"，需要使用建设用地 1 720 亩（含道路和公共服务设施），其中镇级市中心市区需要使用建设用地 450 亩，五个农村新社区需用建设用地 1 270 亩。综合测算，通过实施迁村腾地、村庄集并，可腾出 3 500 亩建设用地指标，通过低丘缓坡地和未利用地综合开发，还可新增 800 亩耕地和 1 500 亩建设用地，尹集城乡一体化建设可利用建设用地达到 5 000 亩，在留足 525 亩村集体经济发展用地后，还有 4 475 亩集体建设用地通过转征为国有建设用地用来保障"一主五新"建设资金平衡。

尹集乡创新土地利用机制。一是打破既有行政地域分割限制，按照产业需求配置土地资源要素，按照从业需要，调整人口分布，提高土地利用率，改善人与自然的关系。将白云村、尹集村、姚庵村等部分行政村落 259 户、1 039 人并入镇级市范围，统一规划，统一建设。二是引进法人主体，规模化经营土地资源，实行全域基本租金统一，逐年定比提高，公开合同用工数量和议价工资标准，形成规范的土地流转模式，形成投资者与土地经营权所有者间的和谐关系，以预期稳定的收益刺激投资，促进发展。三是把村民土地经营权作为股份，入股公司制企业，强化土地经营权所有者对土地规模化经营的支持，保证土地经营权所有者参与土地资产增值的分配。通过土地利用机制的创新，提高了土地节约、集约利用的水平。创新收入分配机制。政府特许经营、资源集约化供给等形式，使投资者愿投资、敢投资。围绕支柱产业的发展壮大，为村民开挖出"五金"收入渠道：其一是全员就业拿"薪金"，人均年收入 12 000 元；其二是土地流转得"租金"，人均年收入 500 元；其三是股份合作分"股金"，人均年收入 200 元；其四是自主创业挣"现金"，人均年收入 1 800 元；其五是农民房产收"益金"，人均年收入 2 200 元。通过广辟增收渠道，2015 年尹集全乡人均纯收入达到 16 000 元以上。青龙村一组村民杨兴才全家 6 口人，劳动力 4 人，现有家庭承包地10亩,在"中华紫薇园"项目建设前,一家人一年的收入为4.9万元,从土地上解放出来后打工收入达到7.15万元,全家年收入达到8.01万元、年增收3.11万元。四是创新集体经济发展机制。通过土地整理、村庄集并,增加了集体经济发展用地525亩,成为集体经济收入的重要资产。通过建设社区公共服务设施,开展公共服务,形成了壮大集体经济的新途径。在每个新型社区中,都专门规划建设了15%~17%建筑面积作为公共服务设施。社区管理组织在搞好社会服务的同时,增加了社区组织的稳定经济收益。

5.4.2 土地增值收益分配存在的问题

"四化同步"建设过程中,虽然农民分享土地增值收益的方式与比例较之前有所增加,但是在建设的过程中仍然存在以下不足之处。

(1)农民分享土地增值收益的程度完全取决于地方政府决策,农民缺乏谈判权、参与权,在很大程度上削弱了农民分享土地增值收益机制的作用发挥。"四化同步"建设完全是政府主导行为,因此对于被拆迁农民如何补偿、如何集中安置等都是政府单方面制定,农民没有谈判权和投票权,最多只能享有知情权。"四化同步"建设过程中,农民为了获得安置区的新住宅,一般需要在拆迁补偿款全部抵扣的基础上再支付一部分的购置款,如购置多余的20平方米以下每平方米的购置款与购置20平方米以上的购置款各地都不一样,这并不是农民参与谈判的结果,是地方政府决策的结果。城乡一体化建设规划都是政府主导的,由于缺乏高层次的政策规范,县市级的政策在21个示范乡镇(街道)也存在较大差异,如在襄阳市尹集乡,被拆迁区农民基本只能以旧房屋和宅基地换购到一套还建区的公寓,虽然新住宅的价值量比原来的住宅大,但是只能为农户提供居住保障,不能成为农民分享土地增值收益的平台。在这种情况下,对农民而言并没有形成新的收益分享机制。而在黄陂区武湖街道,被拆迁农民能以旧住宅换购到2~3套新住宅,增加了其住宅的资产价值,农户将多余的一套住宅进行出租获得相应的租金收入,为被拆迁区农户提供了更多的分享土地增值收益的机会。因而,农民分享土地增值收益的机制能否有效运行完全依赖政府的选择而非土地制度作用的结果。

(2)湖北省"四化同步"建设过程中各个示范乡镇的集体建设用地的最终配置仍然在征地制度的框架下进行,限制了农民分享土地增值收益的空间。挂钩指标都是通过征地的形式在乡一级范围内落地,因而农村集体建设用地增减挂在配置建设用地的过程中仍然没有脱离城乡分割的征地制度,没能实现农村集体建设用地以农民自主出租、出让、联营、作价入股等形式进行流转,并以此来分享土地增值收益。襄阳市尹集乡政府在增减挂钩实施过程中获得的建设用地指标经出让后，扣除支付给农民的拆迁补偿及安置区的配套建设费后，仍有可观的净收益，该增值收益则为地方政府所有。

（3）"四化同步"建设过程中，农村集体建设用地未能实现与国有土地的"同地、同权、同价"。示范乡镇被拆迁区农民在还建区的住宅并不能享受与国有土地上的住宅同样的权利，不能在市场上公开交易，其性质类似于"小产权房"，只能在村集体内部进行流转，且流转的价格较低。出现这种情况的根本原因是集体土地不能享受与国有土地所有权同样的权益。

5.4.3 "四化同步"示范乡镇增值收益分配测算分析

根据增值收益测算公式和主体贡献度模型，选取示范乡镇中的襄阳市尹集乡、黄冈市小池镇、武汉市武湖街道为研究区域，应用上述模型对增减挂钩项目中土地增值收益的分配进行估算。关于项目建新区和拆旧区的基本情况数据来源于实地调研及访谈数据，另外由于该项目实施的时间点为 2013 年，因此相关的统计变量和参数来源于 2014 年《湖北统计年鉴》《2010 年第六次全国人口普查主要数据公报》《国民经济和社会发展统计公报》，国土资源局和财政局相关统计数据，以及中国太平洋保险（集团）股份有限公司相关社会养老保险行业标准及其他相关政策规定。

建设用地从挂钩指标的产生到落地阶段涉及的参与增值收益分配的主体有拆旧区农民、建新区农民和地方政府，因此测算出建设用地出让阶段拆旧区农民、建新区农民、地方政府三方的实际与合理的增值收益分配比例见表 5-7。

表 5-7 研究区域土地增值收益分配比例

参与主体	襄阳市尹集乡		黄冈市小池镇		武汉市武湖街道	
	实际分配比例	合理分配比例	实际分配比例	合理分配比例	实际分配比例	合理分配比例
拆旧区农民	17.23%	55.77%	20.34%	53.28%	22.97%	57.63%
建新区农民	18.19%	10.24%	17.62%	12.56%	18.61%	15.49%
地方政府	64.58%	33.99%	62.04%	34.16%	58.42%	26.88%

通过表 5-7 可以看出，在"四化同步"建设过程中，示范乡镇在城乡建设用地增减挂钩项目中，虽然探索了新的机制，增加了农民分享土地增值收益的途径与方法，但是拆旧区农民、建新区农民、地方政府的土地增值收益分配比例仍然差异较大。地方政府所获得的增值收益明显高于项目区所涉及的农民，占整体增值收益的一半以上，居于绝对主导地位，而农民获得较低的土地增值收益，在土地增值收益分配中处于不合理和不公平的地位，特别是拆旧区农民投入比重最

大,他们是以失去宅基地等基本生活资料为代价,为增减挂钩做出了重要贡献。基于要素贡献的角度测算出拆旧区农民、建新区农民、地方政府三方在挂钩项目中的合理分配比例分别为 50%~60%、10%~20%、30%~40%,拆旧区农民的土地增值收益分配比例最高,是指全部返还农村的收益,不仅包括农民直接获得的补偿,还包括政府间接给予的补偿,这部分间接补偿主要用于支持农业、农村发展和改善农民生产生活条件,以及农村基础设施及公益性设施建设。

建设用地出让给开发商之后,即在房地产开发阶段的增值是完全市场行为,与农民的关系较远,即该阶段涉及的土地增值收益分配的主体主要有政府和开发商,政府通过税费回收绝大部分的土地增值收益。

5.4.4 小结

湖北省"四化同步"21 个示范乡镇(街道)在城乡一体化建设过程中创新机制,为农民分享城市化进程中的土地增值收益创造了一定的条件,与现有的土地征收一次性补偿相比有所改进,但是农民分享土地增值收益的比例仍然较低,其分享土地增值收益的路径和机会的多少也完全取决于政府在项目中的价值取向和决策。

建设用地挂钩指标的入市交易是实施挂钩政策的转换形式和灵活表现,是对城乡统筹的土地利用制度的新尝试。挂钩通过建新拆旧和土地整理复垦等措施,在保证项目区内各类土地面积平衡的基础上,最终实现增加耕地有效面积,提高耕地质量,节约集约利用建设用地,是城乡建设用地指标配置的有效途径。农村集体建设用地通过实施土地综合整治形成建设用地挂钩指标,指标的入市交易和异地利用实现了农村集体建设用地的减少和耕地、城镇建设用地的增加。此外,指标的交易不仅凸显了农村集体建设用地资产价值,让农民分享城镇化发展成果,还促进了农村土地的节约集约利用。建设用地挂钩指标交易这种一举多得的土地利用探索也是对城乡一体化建设用地市场建设的一种有效尝试。

第 6 章　相关权利主体空间优化行为研究

6.1　政府主导模式下参与行为研究——以增减挂钩为例

作为国土空间优化的重要手段之一，从本质上来讲挂钩是国土空间优化工作的一种具体实现形式。作为一项由政府主导的土地政策，挂钩的实施过程中既有多方参与又掺杂多重利益。中央制定全国统一的政策，以期实现城乡建设用地集约利用、耕地保护等目标。基层政府是国家政策的执行者，通过执行相关的政策，形成对增减挂钩顺利推行的支持，保障农户的权利，优化土地利用结构，进而实现农村的新型城镇化和农业现代化。另外，在分税制改革和农业税取消的背景下，地方政府的财政压力不断增大，经常出现财政赤字，而国家规定新增建设用地土地有偿使用费三成归中央、七成归地方，地方政府有较大土地财政支配空间。增减挂钩工作结余建设用地指标获取土地收益的潜力巨大，通过这种方法增加地方财政收入是缓解地方财政压力的重要途径，个别地方政府就有可能损害农户的利益来实现更多的地方利益。此外，增减挂钩工作中所涉及的利益主体有参与企业及农户，在工作进程中各利益主体追逐自身利益的最大化，而其中交织复杂的利益相关关系直接影响到增减挂钩的顺利开展与推广。

综上所述，在分析"四化同步"建设重点示范乡镇增减挂钩政府的参与行为问题时，引入博弈论，探究各主体之间的相互关系，有助于从地方政府的行为与动机出发，及时纠正挂钩过程中政府的职能错位。

6.1.1　纯政府主导模式下各参与方的角色及相关关系分析

1. 纯政府主导模式下各参与方角色分析

当前，湖北省"四化同步"建设重点示范乡镇增减挂钩工作的开展主要由政府主导，在纯政府主导模式下工作实施过程中，基层政府既是主动的参与者也是决策者。政府同时主导宅基地的拆旧复垦及结余建设用地指标的出让，从而获得一定的土地增值收益。基层政府的决策者身份源于法律赋予的权力，对其所管辖区域内的土地配置拥有最终的决定权。政府主导模式下，增减挂钩的运行机制如图 6-1 所示。

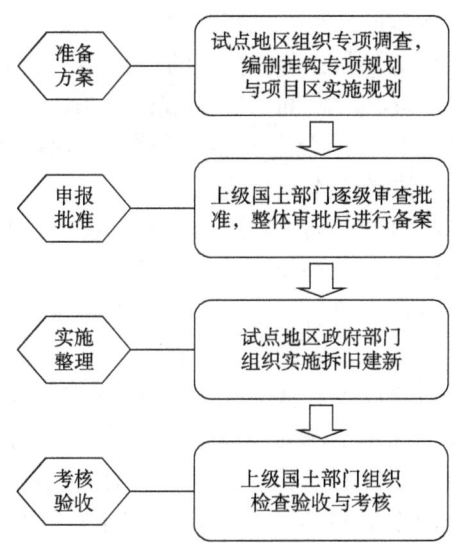

图 6-1　纯政府主导模式下增减挂钩工作实施流程

在纯政府主导模式下农民是被动的参与者。农村土地产权的不明晰、增减挂钩工作开展过程中的"强制性"使得农民在与政府的协商过程中始终处于弱势的地位。虽然，各项政策文件规定不得以强制的手段使农民参与增减挂钩，但监管不严，部分基层政府在结余指标效益的驱动下，会不顾农民的诉求强行开展工作，导致农民的利益受损。同时，在拆旧复垦工作中极易引发群众矛盾，使得工作阻力加大，影响社会的和谐稳定。各方参与角色具体见表 6-1。

表 6-1　纯政府主导模式下各方参与角色

角色	政府主导
政府	决策者、主动参与者
农民	被动参与者
企业	用地需求者

在纯政府主导的模式下，企业仅仅作为一个土地指标买方角色出现，并没有太多地参与到增减挂钩工作实施的进程中，因此下文主要对基层政府及农民参与决策的过程进行分析。

2. 纯政府主导模式下各参与方的协商过程

增减挂钩工作开展过程中存在的主要问题为对农民的补偿问题，政府对农民补偿的合理与否是决定农民是否合作的关键，而政府所拥有的强制性权力则往往使农民最终妥协。下面对政府主导模式下的政府和农民的策略选择进行分析。

政府的策略空间：{合理补偿，不合理补偿}，此处合理补偿是指在现行法律规定范围内的补偿标准，但可能低于农民的心理预期；农民的策略空间：{合作，抵制}。因此，政府与农民之间可能形成四种策略组合，即{合理补偿，合作}、{合理补偿，不合作}、{不合理补偿，合作}、{不合理补偿，不合作}。下面就各种策略组合下，双方的成本收益进行分析。

第一种策略组合：{合理补偿，合作}，征地过程得以顺利进行。政府的付出成本包括：复垦成本 GC_1；拆旧补偿 GC_2，如拆旧过程中的房屋面积、装修、地上附着物、过渡安置补偿等；建新成本 GC_3，包括新区的规划成本、政府给被拆迁区农户还建区的修建成本；政府的管理和执法成本 GC_4，这部分与增减挂钩工作量相关。因此，政府的总成本为 $GC=GC_1+GC_2+GC_3+GC_4$。政府的收益主要包括三部分：一是增减挂钩结余出来的用地指标通过招拍挂出让获得的收益；二是非农产业发展带来的地方财税的增长；三是依托增减挂钩工作推动城镇化和经济的发展带来的政府政绩收益。将这三部分收益总计为 GR，由此得到地方政府的净收益为 $GN=GR-GC$。

农民在认为补偿合理的情况下，选择合作的成本包括被拆迁房屋的价值 FC_1、迁居带来的生活和生产成本的增加 FC_2、新屋的装修费用 FC_3、因生活环境的变化带来的幸福感变化 FC_4。因此，农民的总成本为 $FC=FC_1+FC_2+FC_3+FC_4$。收益方面，在政府许诺的拆旧补偿能够及时到位的情况下，农民获得的收益为 GC_2。因此农民的净收益为 $FN=GC_2-FC$。

第二种策略组合：{合理补偿，不合作}。农民选择不合作的原因可能有两个：一是农民对原有生活环境的依赖，尤其是对于老年人而言，他们已经习惯现有生活环境，不愿搬到公寓式的住宅居住；二是农民预期自家的房屋和宅基地未来会有一定程度的升值，因而不满政府给予的补偿标准，选择待价而沽。在这种情形下政府有两种选择：要么放弃项目区的拆迁从而避免与农民产生冲突，这样双方的成本收益均为 0；要么借助手中的强制权力推动拆旧复垦的进行，但这容易导致政府与农民的冲突，从而在工作中付出额外的成本 GE，因此，此时政府的总成本为 $GC+GE$。政府的总收益与第一种策略组合相同，仍为 GR。因此，政府的净收益为 $GN=GR-GC-GE$。

由于农民在与政府的协商过程中处于弱势地位，并且政府会因所给的补偿标准符合现行法律规定而拒绝进一步增加补偿，最终农民会损失部分权益。然而农民在与政府的协商过程中付出了额外的精神和经济成本 FE，因此农民的总成本为 FC+FE，而得到的收益与第一种策略组合相同，仍然是 GC_2。因此，农民的净收益为 $FN=GC_2-FC-FE$。

第三种策略组合：{不合理补偿，合作}，拆旧复垦工作得以顺利进行。在这种情形下，设政府实际给予农民的补偿与合理的补偿金额之间的差值为 A，即实际的拆旧补偿为 GC_2-A，相应地，地方政府的总成本为 $GC-A$。地方政府的收益与第一种策略组合仍然相同，为 GR。因此，政府的净收益为 $GN=GR-GC+A$。

农民的成本与第一种策略组合相同，仍为 FC，但由于地方政府给予的补偿低于合理值，农民的收益降为 GC_2-A。因此，在此策略组合下，农民的净收益为 $FN=GC_2-FC-A$。

第四种策略组合：{不合理补偿，不合作}。政府出于对土地财政的追求，希望通过付出最低的成本来获取更多的建设用地指标，因此往往通过压低农民补偿的方式来节约拆旧成本，然而这很可能招致农民的反对从而使得工作陷入僵局。结合实地调研情况，最终以政府调高一定的补偿标准而告终，设补偿提高的标准为 B，政府在与农民协商过程中付出的额外成本仍然为 GE，则地方政府的总成本为 $GC-A+B+GE$。政府的总收益与第一种策略组合下的收益相同，仍为 GR。因此，地方政府的净收益为 $GN=GR-GC+A-B-GE$。

在这种情况下，农民的成本为 FC+FE，获得收益为 GC_2-A+B。因此，农民的净收益为 $FN=GC_2-FC-A+B$。

由此，得到地方政府与农民利益的支付矩阵表如表 6-2 所示。

表 6-2　地方政府与农民利益的支付矩阵表

参与主体及其策略		农民	
		合作	不合作
地方政府	合理补偿	（GR−GC，GC_2−FC）	（GR−GC−GE，GC_2−FC−FE）
	不合理补偿	（GR−GC+A，GC_2−FC−A）	（GR−GC+A−B−GE，GC_2−FC−A+B）

设农民选择合作的概率为 P，则当政府进行合理补偿的时候，其期望收益为 $E_1=P(GR-GC)+(1-P)(GR-GC-GE)$，当政府进行不合理补偿的时候，其期望收益为 $E_2=P(GR-GC+A)+(1-P)(GR-GC+A-B-GE)$。其中，$E_1-E_2=(1-P)(B-A)$。$(1-P)$ 和 B 分别意味着拆旧复垦的难度和政府违规的成本，A 为基层政府实际给予农民的补偿与合理的补偿金额之间的差值。可以看到，在纯政府主导模式下，政府在涉及拆旧及建新过程中的方方面面，导致基层政府的管理与执法成本较高，且基层政府既当运动员又当裁判员的角色定位极易因利益的分配问题与农民发生矛盾，引起社会的不稳定。

3. 基于 Shapely 值法全主体收益分配关系

Shapely 值法最早是由 Shapely（1953）提出的，主要用于解决多人合作相互关系问题，其原理是收益按成员的边际贡献进行分摊，参与人获得的收益等于他对所参与联盟边际贡献的平均值，由于其公平、有效的优点，被广泛应用于企业利益分配、供应链合作伙伴的收益分配、农地流转收益分配、宅基地退出等方面（王志刚等，2013；温修春等，2014；毛燕玲等，2015；谢晶晶和窦祥胜，2016）。由于本书关注集体建设用地收益分配，根据前人研究成果，地方政府和农户存在合作的基础，Shapely 值法满足本书的需求及适用条件，因而该部分利用 Shapely 值法探索空间置换过程主体收益关系。

Shapely 值法的基本假设是"参与人都是理性人"，为了简化分析，该过程仅考虑地方政府、复垦区农户和征地区农户，分别用 G、A、B 表示，并假设他们都是理性的。设 n 主体的集合为 $I=\{1,2,\cdots,n\}$，s 是 I 中一个子集，表示参与人可能形成的一个联盟，I 中任意子集 s 都对应一个实集函数 $v(s)$，称为参与人的合作特征函数。根据 Shapely 值法的有效性公理，如果局中人对其任意加入的联盟没有贡献，则分配给他的收益为 0；如果存在对联盟的贡献，则会得到相应的收益分配。用 φ_i 表示 I 中 i 成员从合作最大收益 $v(I)$ 中分配的收益，则合作对策的分配可用 $\phi(v)=\{\varphi_1(v),\varphi_2(v),\varphi_n(v)\}$ 表示，$s\setminus i$ 表示子集 s 中除去 i 后所得子集，$v(s)$ 与 $v(s\setminus i)$ 的差值表示分配主体 i 对子集 s 收益的贡献，最终得到 Shapely 值法表达式，如式（6-1）和式（6-2）所示：

$$\phi_i(v)=\sum_{s(i\in s)}\omega(|s|)[v(s)-v(s\setminus i)], i=1,2,3,\cdots,n \tag{6-1}$$

$$\omega(|s|)=\frac{(n-|s|)!(|s|-1)!}{n} \tag{6-2}$$

1）农户效用函数

最终出让的建设用地面积是关于指标数量的函数 $Q=\delta(x)$，落地区农户效用函数 U_{NA} 为最终出让的建设用地收益与投入成本的利润，而复垦区农户和集体的效用函数 U_{NB} 用补偿收益与农户失去土地开发机会成本 Px、房屋安置成本 $S(x)$ 表示，补偿越多，则效用越大，复垦区与落地区农户和集体的效用函数见式（6-3）和式（6-4）：

$$U_{NA}=(P_1-t_1P_1)\delta(x)-b(x) \tag{6-3}$$

$$U_{NB}=Mx-S(x)-Px \tag{6-4}$$

2）政府效用函数

政府在空间置换中获得的收益为分享的部分增值价值Ⅰ和增值价值Ⅱ，而付出的成本为复垦、基础设施建设等公共投入成本和征地补偿成本，其效用函数如式（6-5）所示：

$$U_G = I_G(x) = P_t t_1 \delta(x) + t_2 \delta(x) - Mx - T(x) - S_0 x \qquad (6-5)$$

在集体建设用地空间置换过程中，地方政府、复垦区农户和落地区农户三大主体完全参与其中，一共有 7 种组合方式：$\{G\}$，$\{A\}$，$\{B\}$，$\{G,A\}$，$\{G,B\}$，$\{A,B\}$，$\{G,A,B\}$。由于政府在该过程中发挥重要作用，设定没有政府置换过程就不能成立，没有集体参与也不能成立，故有 $\{G,A\}$，$\{G,B\}$，$\{A,B\}$，$\{G,A,B\}$ 4 种组合方式理论上可以实现，G 和 A 构成增减挂钩项目，G 和 B 构成征地项目，G，A，B 构成指标漂移空间置换项目，若贡献大小用 0 或 1 表示，根据式（6-2），可以得出各主体的 Shapely 值，见表 6-3。根据 Shapely 值可以得出地方政府、复垦区农户和落地区农户三大主体在空间置换过程中的分配比为 2∶3∶3。

表 6-3 分配主体空间置换过程收益分配

S	$v(s)-v(s\setminus i)$	$\|s\|$	$w(\|s\|)$	$w(\|s\|)\times[v(s)-v(s\setminus i)]$
$\{G\}$	0	1	1/3	1/3
$\{G,A\}$	1	2	1/6	1/6
$\{G,B\}$	1	2	1/6	1/6
$\{G,A,B\}$	1	3	1/3	1/3
合计				1
$\{A\}$	1	1	1/3	0
$\{A,G\}$	1	2	1/6	1/6
$\{A,B\}$	1	2	1/6	1/6
$\{G,A,B\}$	1	3	1/3	1/3
合计				2/3
$\{B\}$	1	1	1/3	1/3
$\{A,B\}$	1	2	1/6	1/6
$\{G,B\}$	1	2	1/6	1/6
$\{G,A,B\}$	1	3	1/3	1/3
合计				1

6.1.2 政府主导的企业参与实施模式下各参与方的角色及相互关系分析

近年来，随着城乡统筹的发展速度不断加快，城镇化进程需要投入大量的人力、物力及财力,仅靠政府自身难以承担,因此政府通常会引进企业等民间资本使其也参与到城镇化进程之中,鼓励企业因地制宜投资设厂,发展农业产业,盘活农村经济资源。通过引入社会资本,减轻政府财政负担,增减挂钩工作得以高效推广开展。典型的政府主导的企业参与模式有 PPP(public-private-partnership,公私伙伴关系)模式。在企业参与的模式下,企业更多的是投入资金配合政府的工作,在项目的规划与实施上,政府依然占据着主导地位。因此本书认为,企业参与模式下的挂钩指标生产过程与政府主导模式下的类似,在此不做赘述。

1. 企业参与模式下各参与方的角色分析

基层政府的角色为项目的发起者和推动者。由于当前增减挂钩工作的开展具有很强的政策性,从项目的发起到实施都少不了政府的政策支持,只有基层政府编制的增减挂钩实施方案得到上级的通过,相关项目才有可能得以开展实施。相比其他的参与主体,政府具有更高的权威性,其言行更容易得到农民的响应。因此,政府作为增减挂钩工作的发起者和推动者是这种国土空间优化得以实现的重要前提。从政府自身的角度来说,增减挂钩能为其带来经济和政绩上的双重效益,因此,在企业参与的情形下,政府依然扮演决策者和主要参与者的角色。

企业的角色是用地需求者、投资者及劳动力需求者。作为用地需求者,企业希望以最低的价格获得最多且区位较好的土地,从而降低企业的经营成本并为未来的发展储备资源;作为投资者,企业承担了增减挂钩工作开展过程中涉及的宅基地退出补偿、拆旧复垦工作涉及资金投入的责任,有时还可能替政府负担新建小区的建设费用,极大地为政府减轻了负担;作为劳动力需求者,企业在获得产业发展用地之后,可就地就近吸收当地的富余劳动力到企业中就业,农村地区相对低廉的劳动力一方面可以降低企业的运营成本,另一方面可使农民实现就地就近的城镇化。

作为相对弱势的一方,在混合参与模式下,农民的角色仍然为被动参与者,但相较于政府主导模式,农民与企业之间存在着相互协商关系。具体各参与的方角色见表6-4。

表6-4 企业参与各参与方的角色

角色	企业参与
政府	决策者、主要参与者
农民	被动参与者
企业	需求者、投资者

2. 企业参与模式下各参与方的协商过程

增减挂钩工作需投入大量的人力、物力和财力,仅依靠政府自身难以维持,因此政府希望具有一定经济实力的企业参与进来，减轻政府的负担。而企业作为纯粹的理性的"经济人"，首先要根据政府提供的优惠政策判断是否能够盈利，进而决定是否接受政府的邀请。

企业作为投资和实施的主体，在承担农村增减挂钩工作中所付出的成本包括集中居住区的规划和建设成本、农民旧房及其附着物的拆迁和补偿费用，以及旧宅基地的复垦成本等。企业的获利渠道主要有两个：一是依托当地的资源就地发展特色资源；二是借助与地方政府的合作关系优先以相对低廉的价格用于房地产开发。在这种模式下，政府提供相关优惠政策，不参与直接的运作过程，但政府仍然能够得到可观的政绩和经济效益。在项目实施的过程中，旧村拆迁、小区建设、宅基地复垦等均由企业投资，解决"钱从哪儿来"的问题。

在政府提供政策引导及相关优惠的情况下，企业投入资本推动增减挂钩工作的开展。但企业作为纯粹的理性的"经济人"，其行为遵循利益最大化和成本最小化的原则。具体到增加挂钩项目，企业希望通过降低对农民的拆旧补偿手段减少项目运营成本。

与此同时，在城乡统筹进程中，地方政府为了实现规模经营，追求政绩和经济利益，急于推动增减挂钩产生指标。如果企业与部分地方政府直接联系，并处于合作状态时，补偿价格的决定权就掌握在企业手中，发生这种情况时，农户面临信息不对称和个体势单力薄的问题，且单个农户不愿意独立承担谈判成本，农户之间缺乏合作，谈判能力最弱，使得农户承受最大的损失，而且这种损失的过程是间接和不易被发现的，其所得收益要远远小于正常水平所得收益。在这场得利与损失的协商过程中，企业和地方政府获得最大份额的收益。将增减挂钩总收益设为18，合作成本设为2，共谋获得超额收益由共谋方平分。地方政府、企业与农民的协商模型具体的过程见表6-5、表6-6。

表6-5 基层政府合作情况下的协商矩阵表

参与主体及其策略		企业	
		参与	不参与
农民	合作	4, 10, 4	−2, 0, −2
	不合作	0, −2, −2	0, 0, 2

表6-6 基层政府不合作情况下的协商矩阵表

参与主体及其策略		企业	
		参与	不参与
农民	合作	8, 8, 2	−2, 0, 0
	不合作	0, −2, 0	0, 0, 2

可以看到，企业参与的模式下，在工作实施的拆旧建新环节中，政府一部分职责转移到了参与企业身上，此环节基层政府的角色定位更多地偏向了监督者这一定位，在一定程度上避免了政府直接与农民发生利益矛盾的可能性。但在此过程中，某些基层政府作为监督者可能发生行为失位，在相关问题上与企业达成合作。从分析结果中可以看出，虽然选择（合作，参与，合作）和（合作，参与，不合作）策略时，帕累托效率等同，但是，用地企业更倾向于选择（合作，参与，合作）策略。为了不侵犯农民利益，根据防合作均衡理论的指导，需要制定有效措施，以实现串通无利可图；制定有效的补偿价格制定机制，使拆旧补偿价格不受到合作的影响；通过两方堵截，防止转入方与基层组织共谋，以达到选择（合作，参与，不合作）策略的纳什均衡。

6.1.3 政府参与增减挂钩行为的实证分析

1. 本次调查的基本情况

本次调查时间为 2015 年 5 月至 7 月，调查对象为江夏区五里界街道、黄梅县小池镇、襄城区尹集乡、黄陂区武湖街道"四化同步"示范乡镇的干部。调查方式为本书课题组成员对基层干部进行一对一访谈，并向干部发放相关问卷。此次调研共发放问卷 74 份，回收有效问卷 61 份，有效率为 82.4%。

2. 调查结果分析

问卷设计涵盖了"四化同步"建设中国土空间优化工作相关问题，经过统计处理与分析归纳，我们从以下几个方面予以具体的分析。

1) 受访干部个人基本情况

一是受访干部的年龄及性别情况。从调查情况来看，35 岁以下干部占调查干部总数的 22.54%，36~45 岁的干部占了被调查干部总数的 35.21%，46~55 岁干部占了被调查干部总数的 30.99%，55~60 岁的干部占了被调查干部总数的 11.27%，60 岁以上的没有。调查结果表明，被调查干部的年龄普遍偏高。受访干部中，男性干部数量为 56 人，女性干部数量为 15 人。

二是被调查干部的文化程度情况。从调查情况来看，初中及以下文化程度的干部仅占被调查干部总数的 6.5%，高中及大专学历的干部占被调查干部总数的 35.5%，被调查的干部中，有 58%的干部接受了大学及以上的教育。调查结果表明，整体受访干部的文化程度较高。

三是担任职务情况。乡镇街道一级的受访干部主要在国土及有关政府部门担任职务。受访干部平均在自身岗位就职时间为 3.1 年。受访干部中，有接近七成的干部为中国共产党党员。

可以看到,整体上"四化同步"重点示范乡镇地方领导干部文化水平较高,但平均年龄偏大。受访干部在现岗位平均就职时间为 3.1 年,对工作环境较为熟悉,业务能力较强。

2)对增减挂钩工作的内容及其开展必要性的认识

当被问到"你对增减挂钩这一工作的了解程度"问题时,调查发现,只有 16.68%的受访干部表示对增减挂钩具体工作内容非常了解,绝大部分干部对增减挂钩工作的具体内容只是一般了解,这部分干部占调查总数的 80.02%,此外有极个别干部表示对工作内容不了解,相比之下国土部门的干部对工作的了解程度要高于其他部门。调查结果表明,绝大多数基层政府干部对增减挂钩工作的内容有所了解,但了解程度还不深。因此,非常有必要进一步加大增减挂钩工作的宣传力度,以提高广大地方干部对增减挂钩工作的具体认识,从而提高其工作的主动性。地方干部对增减挂钩工作的认知情况见图 6-2。

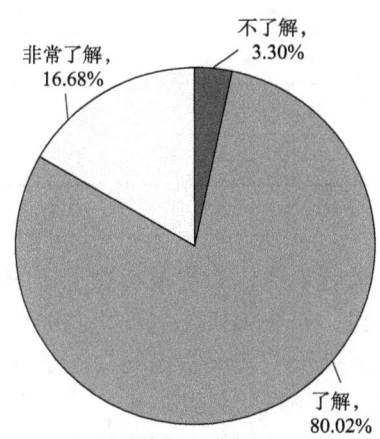

图 6-2 地方干部对增减挂钩工作的认知情况

当被问及"开展增减挂钩工作的必要性"问题时,98.6%的受访干部表示支持或十分支持,仅有 1.4%的受访干部表示说不清。调查结果表明,增减挂钩工作的开展为绝大多数地方干部所盼望,增减挂钩工作的推行在基层政府层面阻力较小。

3)基层政府干部对增减挂钩工作开展的预期态度

此部分问卷涉及基层政府干部对增减挂钩工作开展后对地方生态、经济等方面发展的预期态度。

当被问及增减挂钩工作提高城镇发展质量的相关问题时,认同度最高的是增减挂钩工作的开展使得辖区内生态环境得以改善,93.55%的领导干部认同此选项。认同度较低是增减挂钩工作的开展吸引更多的外来投资，仅有 29.03%的受访者认同此说法。当被问及"增减挂钩工作的开展能否为自己争取更多的工作上升空间"问题时，35.48%的干部认为会产生影响，可以看到工作的开展对地方政府干部有一定的正向激励作用。地方干部对增减挂钩工作开展的预期态度见表 6-7。

表 6-7 地方干部对增减挂钩工作开展的预期态度

预期态度	不同意	说不清	同意
优化国土空间布局	38.71%	12.90%	48.39%
提升农民居住条件	6.45%	9.68%	83.87%
利于农业现代化	9.68%	9.68%	80.65%
改善辖区生态环境	0.00%	6.45%	93.55%
促进城镇化发展	9.68%	6.45%	83.87%
提高工业化程度	0.00%	22.58%	77.42%
吸引更多外来投资	58.06%	12.90%	29.03%
信息化程度提升	19.72%	35.21%	45.07%
影响个人升职空间	12.90%	51.62%	35.48%

可以看到，绝大多数政府干部认为增减挂钩工作的开展可以使辖区内新型城镇化、新型工业化、信息化、农业现代化水平得到提高，与此同时可以优化国土空间格局、吸引更多的外来投资、改善农民的居住条件。

4）基层干部增减挂钩工作的参与情况

当被问及"增减挂钩工作在基层推广的难易程度"问题时，接近六成的受访干部认为工作在基层的推行难度较大；当被问及"是否因工作的开展而产生了群众与政府之间的矛盾"问题时，93.5%的受访干部表示存在此现象；当被问及"产生的矛盾是否会影响到工作的顺利开展"问题时，超过一半的受访干部认为会严重阻碍工作的顺利开展。调查结果表明，增减挂钩工作开展难度较大，因涉及社会各个方面，是一个系统性工程，牵涉利益范围较广，较容易产生群众与政府间的矛盾。因此，需进一步构建和完善群众参与协调机制，保障增减挂钩工作平稳有序地推进。

基层政府干部增减挂钩工作中的具体参与情况如下：基层干部在增减挂钩工作实施过程主要起到了连接政府与农民的作用，参与人数最多的具体工作为对村民的宣传工作，就补偿等问题与村民积极沟通及与上级部门积极沟通协调，对建设提出意见。参与项目竣工验收的基层干部人数不多，可能与干部自身职责所限及相关工程监督机制不够完善有关。基层政府干部参与情况见表 6-8。

表 6-8　基层政府干部参与情况

具体参与工作	参与人数	参与程度平均值
参与对外的招商引资相关工作	14	1.5
对村民的宣传工作，就补偿等问题与村民积极沟通	30	3.33
与上级部门积极沟通协调，对建设提出意见	26	2.62
参与规划设计的听证会并提出自己的设想	14	2.17
参与相关工程施工质量的监督小组	18	3.11
参与相关项目竣工的验收	12	2.17

5）基层干部对当前工作实施满意度及下一步工作开展建议

当被问及"增减挂钩工作实施前后老百姓对政府的满意程度变化"问题时，超过七成的受访干部认为百姓的满意度相较工作实施前有所提升。调查结果表明，基层政府干部对工作的开展成效较有信心，认为工作的开展切实地提高了老百姓的福利水平。地方干部认为百姓满意度的变化见表 6-9。

表 6-9　地方干部认为百姓满意度的变化

满意度	提升较多	略有提升	没有变化	略有下降	下降较多
占调查对象比例	12.90%	61.29%	12.90%	9.68%	3.23%

当被问及"增减挂钩工作的考核机制是否严格"问题时，66.45%的干部认为考核机制相对宽松，不是太严格。与此同时，当地方干部被问及"奖励机制是否公平有效"问题时，绝大多数受访干部表示说不清楚，相关工作的奖励并未给他们造成太大的影响。调查结果表明，当前工作开展一方面要完善工作的考核机制，另一方面需建立公平的奖励机制，从而更好地激励干部参与到"四化同步"的建设之中。

当向受访干部询问对当前开展工作的整体满意程度时，超过八成的受访干部表示满意或非常满意，当问及其"当前开展工作面临的最主要的问题"时，排名第一的问题是资金的不足，排名第二的问题是群众的参与程度不高，排名第三的问题是上级给予的政策支撑还不足。根据调研结果，针对当前出现的问题应建立起更高效的金融融资体系，盘活市场资源。同时，开展工作时要改变过往老旧的宣传手段，通过多种途径让老百姓了解增减挂钩建设内容，从而使其更容易配合政府的工作。作为"四化同步"建设的重点示范乡镇，地方干部认为需要上级政府给予更多的政策倾斜，从而更加放心大胆地探索发展空间。具体见表 6-10。

表 6-10　地方干部对当前工作开展的满意程度

满意度	完全不满意	不满意	说不清	满意	非常满意
比例	0.00%	6.45%	12.90%	74.19%	6.45%

可以看到，政府和其工作人员都有其自身利益的追求，政府自利性有其合理性和客观性，合理利益的满足是政府机关有效运转的必要条件。政府的自利性同时具有扩张性，自利性的扩张膨胀导致政府的活动越过了其合理合法的边界，在很大程度上限制了政府行政有效性，所以必须采取有效措施对政府自利行为进行治理和规范。挂钩是针对建设用地的调整置换的过程，在一定意义上也是一个利益再分配过程。这其中涉及地方基层政府、农民、企业等利益主体。每个利益相关方都有自己的利益诉求。交织复杂的利益关系，直接影响到增减挂钩工作的顺利推广与实施。这其中任何一方行为不规范，都会引发利益分配的不均衡，导致政策实施出现问题，引发社会矛盾冲突，而相互分析能够针对性地制定有效措施。

在政府主导模式下，提高农民土地权利的保护意识和政府违规的成本，能够有效遏制部分政府通过压低拆旧补偿牟利的冲动；企业参与模式下，企业与农民的博弈并没有纯策略纳什均衡，博弈结果取决于农民的监督成本、企业违规处罚的力度及违规可能带来成本节约。

通过实证分析可以看到，地方政府干部对增减挂钩工作的整体认同感较高，认为增减挂钩工作的开展能够全方位地提升辖区的社会、经济、民生水平，地方政府干部对参与工作有较强的积极性。针对工作的考核与激励机制的相关调查结果显示，大多数干部认为当前的监督考核机制不够严格，存在一定的制度漏洞，而相关工作的奖惩激励机制对干部的影响并不显著，因此一方面需完善干部的监督考核机制来约束干部行为，及时对干部越位或缺位的行为予以纠正；另一方面，创新干部的奖励机制，激励干部更好地参与到工作之中。

6.1.4　农户参与国土空间优化工作的实证分析

1. 理论分析与指标选择依据

1）农户的异质性对农户参与行为的影响

农户增减挂钩项目行为响应是指农户根据自身的条件及外部的环境选择是否参与增减挂钩相关工作及如何参与的过程。根据期望效用理论，作为理性的经济人，农户追求的是效用的最大化，寻找有利于实现家庭福利最大化的劳动分工与资源（家庭禀赋）利用方式。农户作为增减挂钩项目的直接参与者与受益者，在项目实施过程中，通过综合考量其参与的预期成本和收益，评估其参与价值，从而确定其参与决策。然而受到生计来源差异性的影响，农户参与增减挂钩工作的异质性加强，农户未来的生计来源差异导致了其在住房需求、未来发展诉求等方面迥异，而这些差异正是农户在增减挂钩项目进行过程中行为响应差异的主要原因，因此假设农户的异质性是农户对项目行为响应有显著的差异的原因。

2）农户禀赋对农户参与行为的影响

农户禀赋包括户主禀赋和家庭禀赋，它们主要影响户主参与增减挂钩工作的认知和行为态度。户主自身能力越强，他们对参与增减挂钩行为的控制认知也越强烈，行为态度也越积极。户主的能力体现为户主对外界环境及时反应、正确判断和科学决策。例如，文化素质较高的农户接受新信息、辨别信息真伪的能力强，他们行为决策的正确性就大。随着年龄的增加，农户越发偏向风险厌恶，对新事物的接受能力越弱，对参与增减挂钩工作的行为态度有可能就越消极。农户的家庭禀赋指整个家庭所拥有的资源，主要包括劳动力数量及构成、家庭收入水平及构成、土地的多少。例如，家庭的供养系数越高，户主的负担就越重，宅基地对该家庭的保障功效就越大，农户对参与增减挂钩这类国土空间优化工作的意愿就越低。家庭非农劳动力比例越大，对土地的依赖性越弱，因此对于国土空间优化过程中出现的土地权属调整不敏感，更容易参与到工作之中。

3）预期成本收益对农户参与行为的影响

农户作为"理性经济人"，就必然考虑参与增减挂钩工作给其带来的新增收益和新增成本。增减挂钩工作实施的预期收益直接影响农户参与的行为态度。预期收益越高，农户参与的态度越积极；预期收益越低，农户就越缺乏参与的动力。如果农户根据自身判断发现参与增减挂钩能获得较大收益，农户将以积极的态度参与。增减挂钩工作推进过程中农民的新增收益可能包括房屋的拆旧补偿、获得更多的就业机会、农业收入增加等；农户新增成本可能包括增减挂钩工作实施过程中出现的新房获取成本、新增生活成本、庭院经济减少等。当新增收益对农户来说比较合理，同时新增成本在其可承受的范围内时，农户参与增减挂钩工作的意愿可能会转化为实际行动。从本质上来说，新增收益和成本就是农户在宅基地置换过程中获得的补偿。与此同时，风险是影响农户参与增减挂钩的一个重要因素，它不仅影响农户的行为态度，还影响农户的控制认知。风险越高，个体的行为态度越保守，控制认知越弱，行为意向越不强烈；反之亦然。因此，政府需提供完善的社会保障措施，方能让农户更为放心地参与到增减挂钩工作中。

4）制度因素对农户参与行为的影响

制度论学派认为人类的行为绝对不是自由的，而是要受到各种社会制度的制约。根据计划行为理论，制度既影响个体的行为态度也影响个体的主观规范。新制度经济学把制度分为正式制度和非正式制度，正式制度包括各种形式的法律法规及经济主体之间的正式合约等，非正式制度指在人们长期的社会交往中形成的伦理道德、文化传统、风俗习惯、意识形态等。有关农户参与增减挂钩工作的正式制度包括政策层面的法律法规，还包括一些操作层面的具体制度安排。这两类制度从不同的层面作用于农户的行为态度和主观规范，进而影响农户的行为意向。在实践中，法律法规能否强化农户参与增减挂钩的主观规范，影响其态度，约束其行为，要看法律法规的操作性和执行强度，能否真正落到实处地保障农民主体的相关利益不受侵害。良好的制度环境有助于强化参与的主观规范，形成积极的态度，从而促使农户更为积极地参与。

5）环境因素对农户参与行为的影响

根据马斯洛层次需求理论，农户在遮风挡雨、生产需要等对住房的低级需要得到满足之后，对更好的生存环境的需求成为推动农户参与增减挂钩的主因。增减挂钩工作，使农民的生活、生产环境得以改善，在就业、子女入学、公共设施及配套服务等方面与城市居民接轨，生活质量得到提高，这些方面都是提高农户参与意愿的重要因素。与此同时，社会舆论对农户的行为态度、主观规范和行为控制认知都产生某种程度的影响。政府向农户宣传增减挂钩工作的有关信息，通过改变农户的行为态度引导农户行为；此外，亲戚朋友之间的相互讨论会影响参与国土空间优化工作的行为态度；同时，村庄内部的群体舆论及行为会影响到个体农户的具体参与行为与态度，若整村大部分农户都参与增减挂钩工作，则会对余下农户形成压力。

2. 受访农户个人及家庭基本情况

本书使用数据来源于课题组 2015 年 5 月到 7 月对湖北省武汉市黄陂区五湖街道、襄阳市襄城区尹集乡两个增减挂钩试点乡镇（街道）进行的实地调研，参照国内外对农村信息获取的手段，采用参与式农村调查方法，在研究区域内进行随机入户调查，共发放问卷 298 份，回收有效问卷 270 份，样本有效性达到 90.6%。

1）家庭人口及受教育情况

对所调查样本进行分析，被调查对象的年龄在 17~75 岁，年龄段集中在 50 岁以上，本次调查样本的平均年龄为 53.12 岁，留守在农村务农人员有明显的老龄化趋势。主要是因为年轻人多外出打工，在家务农的多为老年人。受访家庭平均人口数为 4.2 人，未成年人及老年人占家庭人口比例较高，平均占整个家庭人口比例的 38.55%。受访农户家庭年龄构成见图 6-3。

第 6 章 相关权利主体空间优化行为研究

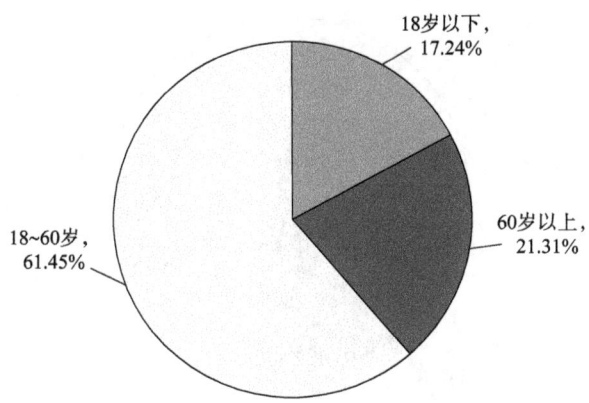

图 6-3 受访农户家庭年龄构成

对调查样本分析显示,被调查对象中初中、小学学历者居多,这与年龄的分布情况相对应,年龄较大的农户普遍文化程度不高。通过与样本总体的行为响应情况初步对比分析,发现行为响应程度高的农户受教育水平高于整体平均水平。初步分析认为,学历越高者,参与增加挂钩工作越积极。受访农户文化水平见图 6-4。

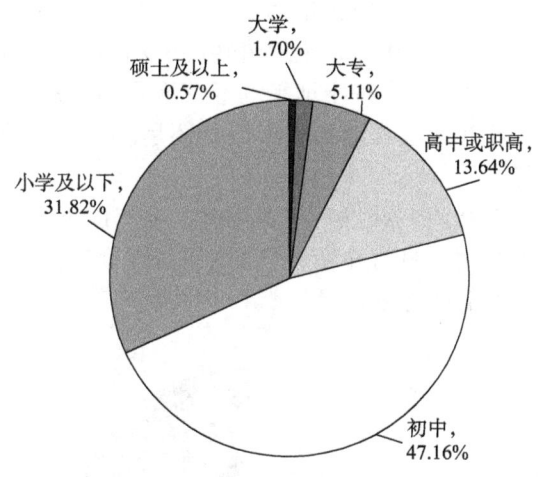

图 6-4 受访农户文化水平

2)家庭农地承包经营情况

对所调查样本分析显示,参与增减挂钩工作前受访农户平均土地承包面积为 9.27 亩,平均经营的土地面积为 8.57 亩。约占总数 20.47% 的受访农户将自家承包的一部分土地转给他人经营,有 6.67% 的农户转入了土地。受访农户平均农地经营的年收入为 17 843.81 元,平均农地经营年成本为 3 404.78 元。受访农户农地经营情况见图 6-5。

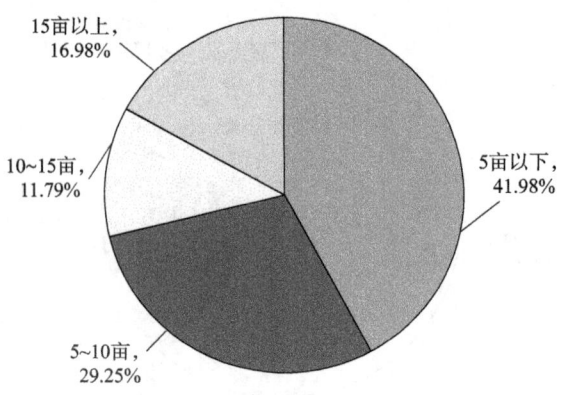

图 6-5 受访农户农地经营情况

74.63%的受访农户表示有在自家庭院进行副业生产行为,其中主要以养鸡养鸭为主,养殖的鸡鸭大部分是家庭内部食用,少部分对外出售,受访农户每年平均庭院生产的净收入为 2 759.50 元。

根据实地调查,在参与增减挂钩工作后,农户的承包地主要有三种流向:一是被政府征收,征收农户数量为 105 户,武湖街道国有农场征收价格为水田 2 500 元/亩,襄阳尹集乡水田征收价格为 23 700 元/亩;二是参与到企业的集体流转项目之中,参与农户数为 79 户,土地流转的平均租金为每亩 800 元/年;三是继续经营,有 40 户,此类型农户土地平均经营面积为 4.84 亩。可以看到,增减挂钩工作实施后,无论是经营农地的农户数量还是农户家庭的平均土地经营面积均出现了明显的下降。

受访农户拿到征收和流转补偿后,其用途主要有以下几种:超过六成的受访农户表示征收补偿主要用于日常花销,18.80%的农户将其存入银行,另有 2.56%的农户将补偿款用于经商(图 6-6)。

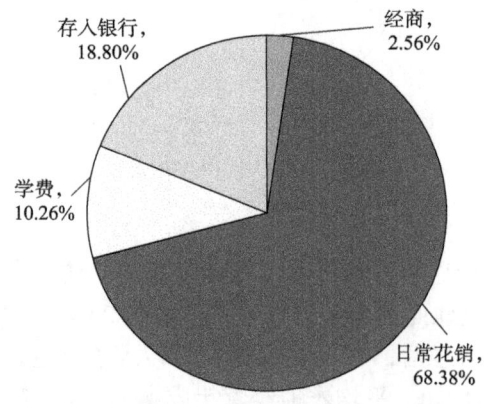

图 6-6 受访农户农地征收补偿款用途

受访农户大多对农地征收补偿标准不满意,认为征收价格远低于市场价值,超过一半的农户认为自己农地的实际市场价格应在 5 万元/亩以上,只有 19.42%的受访农户认为当前的补偿价格比较合理。

3)农户宅基地及住房情况

对所调查样本进行分析,原有家庭住房修建于 1980 年以前的农户户数占调研总样本量的 9.22%,修建于 20 世纪 80 年代至 90 年代的农户户数占样本总量的 24.27%,修建于 1990~2000 年的农户户数占样本总量的 52.91%,于 2000 年以后修建的农户户数占样本总量的 13.59%。受访农户整体住房使用年限较长,平均寿命为 21 年。实地调查发现,调查区域农户宅基地面积较大,平均宅基地面积为 251.86 平方米,远超出国家制定的标准。

受访农户的原房屋平均建筑面积为 219.76 平方米,24.52%的受访农户房屋为平房,剩余的农户房屋层数为两层或两层以上。调查农户房屋多为砖混结构,一半以上的受访农户认为自家房屋条件一般或者较差。可以看到,调查区域农户的宅基地普遍占地面积大、容积率低,房屋修建年限较长,具有一定改善居住条件的内部动力。受访农户原房屋面积见图 6-7。

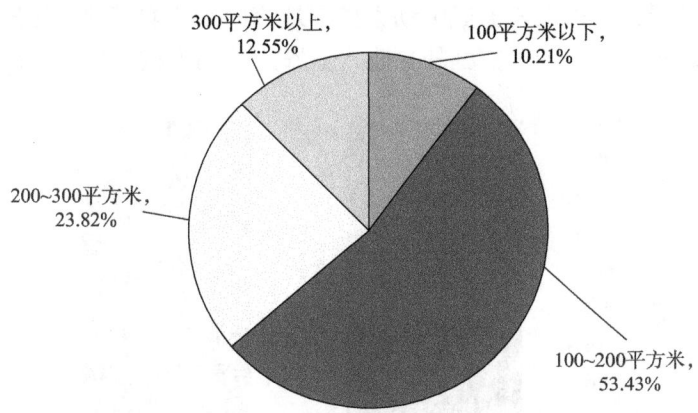

图 6-7 受访农户原房屋面积

3. 参与增减挂钩前后受访农户家庭收入等的变化情况

1)受访农户家庭收入及支出变化

受访家庭在增减挂钩工作开展前平均年收入为 72 914.94 元,增减挂钩工作实施后受访家庭平均年收入为 74 155.21 元,相比开展前有小幅度的增加。从非农收入这一指标可以看到,受访农户的家庭非农收入有一定幅度的提升,由开展前的户均年收入 54 573.42 元提高到了 65 892.31 元。受访农户的户均年农业收入水平变化较大,由户均 18 341.52 元下降到 8 262.9 元(图 6-8)。

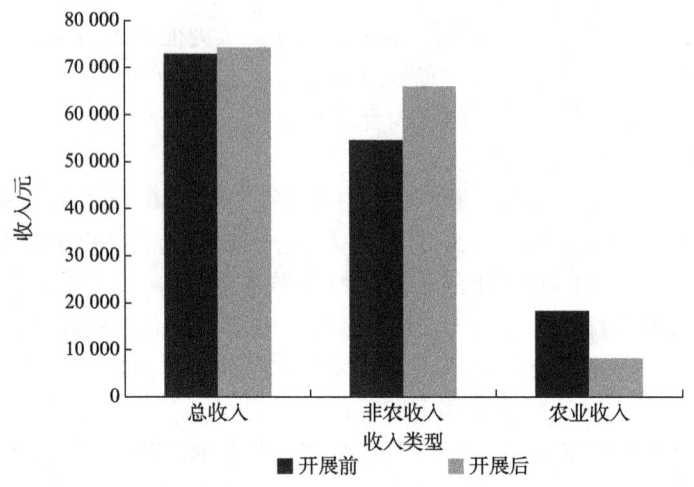

图 6-8 增减挂钩工作前后农户收入变化

受访农户的家庭劳动力构成在工作开展前后发生了较大的变化,家庭务农劳动力所占比例由开展前的 47.17%下降至开展后的 12.14%。调查结果表明,增减挂钩工作的开展,使得农户家庭劳动力更多地流向了非农产业,家庭非农收入增加,从而一定程度上增加了家庭的总收入。农户劳动力构成变化情况见图 6-9。

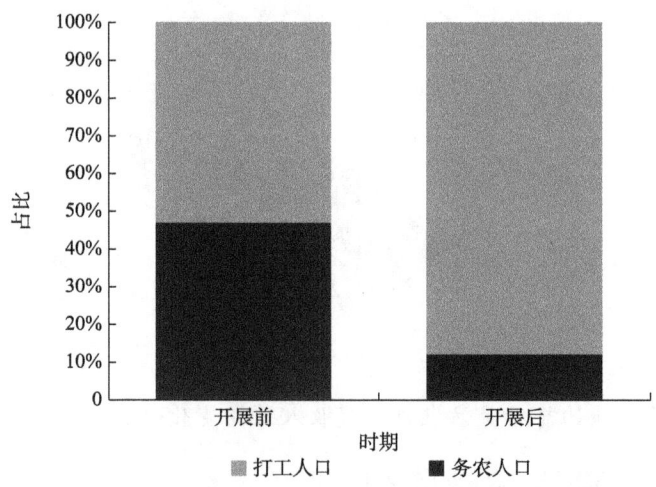

图 6-9 农户劳动力构成变化情况

相比参与工作前,受访农户家庭支出变化感知情况如表 6-11 所示。可以看到,相对而言,绝大多数的受访农户认为家庭的生活支出有所提升,主要是因为搬进新居后一方面水电、物业费用增加;另一方面,农户种植面积减少,蔬菜粮食更多地需要购买。根据调查统计，受访农户平均每年的生活支出实际增加了 4 423.23 元。

表 6-11 受访农户家庭支出变化感知情况

支出	明显降低	略有降低	基本不变	略有提升	明显提升
生产支出	30.00%	17.31%	20.19%	20.96%	11.54%
生活支出	0.00%	0.96%	10.58%	61.54%	26.92%

2）受访农户居住条件变化情况

增减挂钩工作开展后，受访农户新居平均面积为 197.69 平方米，相较之前老屋的 219.76 平方米房屋总面积略有降低，其中接近两成的农户通过拆迁还建得到了两套及以上的房屋。开展前和开展后农户房屋面积比较见图 6-10。

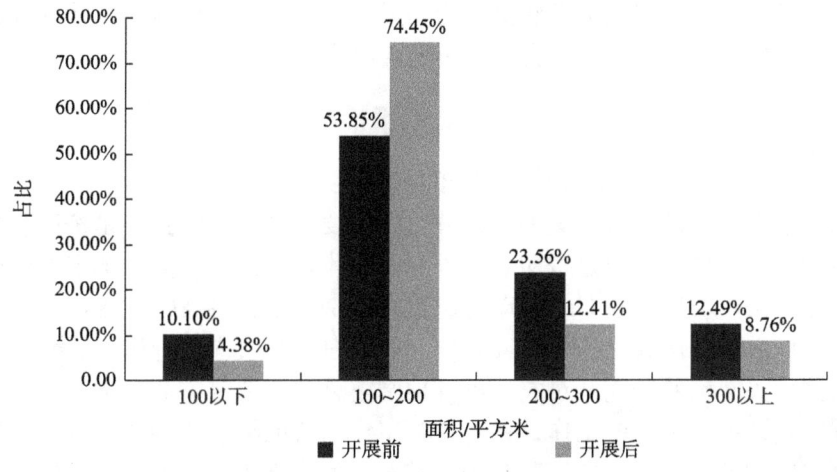

图 6-10 工作开展前后农户住房面积变化

当问到农户新居房屋实际居住条件如何时，调查结果显示接近八成的农户认为居住条件有所改善，但仍有接近一成的农户认为居住条件明显降低或略有降低。反映的问题主要集中在和老屋相比新居还是不够方便，究其原因，房屋结构设计的不合理，家中老人上楼不方便；虽然政府对农户的主房屋以一比一的面积还建，但并未对农户院落内的厕所、厨房等房屋进行补偿，导致农户实际使用面积不足；个别新居房屋质量较差，入住不到一年就出现了外墙表皮脱落和室内漏水的现象。农户生产生活基础配套设施变化感知见表 6-12。

表 6-12　农户生产生活基础配套设施变化感知

配套设施	变化感知				
	明显降低	略有降低	基本不变	略有改善	明显改善
居住条件	5.10%	4.08%	11.22%	45.92%	33.67%
交通便利程度	3.06%	3.06%	11.22%	41.84%	40.82%
到田地的便捷程度	20.41%	9.18%	30.61%	21.43%	18.37%
周边治安条件	4.08%	5.10%	14.33%	46.89%	29.59%
周边卫生	3.06%	4.08%	11.22%	48.98%	32.65%
教育医疗	3.06%	2.04%	14.29%	45.92%	34.69%
通信条件	3.06%	0.00%	16.33%	46.94%	33.67%

由表 6-12 可以看到，整体上农户认为居住条件、交通便利程度、周边治安条件、周边卫生、教育医疗、通信条件相比工作开展前均有一定程度的提升，其中交通便利程度及周边卫生提升感受最为明显。到田地的便捷程度一部分农户表示没有以前方便，集中居住后离自家的田地距离变远。

4. 农户增减挂钩的参与程度及满意程度情况

1）农户异质性及其参与增减挂钩的行为

国内学者对农户异质性类型的划分方法主要归结为两类：一是按照农户家庭非农劳动力比重划分；二是按照农户家庭非农收入的比重划分。本书参照第一类划分思路，按照农户家庭非农劳动力比重在 0~20%、20%~80%、80%~100% 的标准区间，依次将受访农户划分为纯农户、兼业户、非农户进行相关研究。

根据相关文献的研究及对农户进行预调查总结，拟定了 8 项增减挂钩项目实施过程中农户可能参与的工作，针对各项工作的特征将农户的参与程度划分为 3 个等级，即"低""中""高"三等，其对应值分别为 1、2、3，具体各项工作的农户参与程度见表 6-13。采取加权平均的方法测度农户的综合行为响应程度，为了研究问题方便，且结合实地调研农户对各项工作重要程度评价一致，将各项具体工作权重值均设为 1/8。设定农户的综合行为响应程度值[1，1.67）、[1.67，2.33）、[2.33，3]分别对应"低""中""高"三等，其对应值分别为 1、2、3（表 6-13）。

表 6-13　增减挂钩项目农户参与程度评价标准

农户参与的工作	农户参与程度的评价标准及分等方法		
	高 [3]	中 [2]	低 [1]
配合拆旧项目区选址及土地权属调查	主动配合调查，并提供有价值信息	配合调查，提供对自家有利信息	被动接受调查或不配合调查

续表

农户参与的工作	农户参与程度的评价标准及分等方法		
	高 [3]	中 [2]	低 [1]
参与项目规划设计相关工作	积极参与规划设计听证会,并提出建议	参与规划设计听证会,未提出建议	没有参与规划设计听证会
参与项目相关施工建设	积极主动参与项目相关的施工工作	未直接参与,但基于施工工作一定协助	没有参加任何施工相关工作
参与项目补偿金协调	积极参与,并对补偿金的分配及使用进行监督	参与并从个人角度提出要求	被动接受补偿金额的协调
参与建新项目区(楼层)选择协调	积极参与,并对分配过程中有无徇私舞弊进行监督	参与建新项目区协调,没有提出意见	被动接受建新项目区(楼层)分配
参与项目施工质量监督	严格监督施工相关工作,并及时通报	无明确职责,偶尔对施工进行监督	无明确职责,基本不去对施工进行监督
参与项目的竣工验收	积极参与验收工作,对工程质量严格把关	参与验收工作,未提出相关问题	参与验收走过场,未能起到监督作用
协助村组劝说其他村民参与	带头签署相关协议,积极协助村组宣传	签署相关协议,与村民讨论参与	没有与村民讨论相关问题

当受访者被问到"对增减挂钩工作了解程度如何"问题时,结果显示农户对工作的了解程度极低,只有 30.77%的受访农户表示对该项工作非常了解或一般了解,而高达 69.23%的农户表示对该项工作的内容完全不了解。经过政府的宣传后,依然有 54.81%的农户表示宣传对其了解无任何的影响,甚至有 12.02%的农户表明对其的参与有负向的影响作用,仅仅只有 33.17%的农户表示有一定的正向影响作用。结果表明,相关部门的宣传工作有待改善,应调整相关宣传手段,需让农户了解工作的优越性真正参与其中。受访农户对政策的认知见图 6-11。

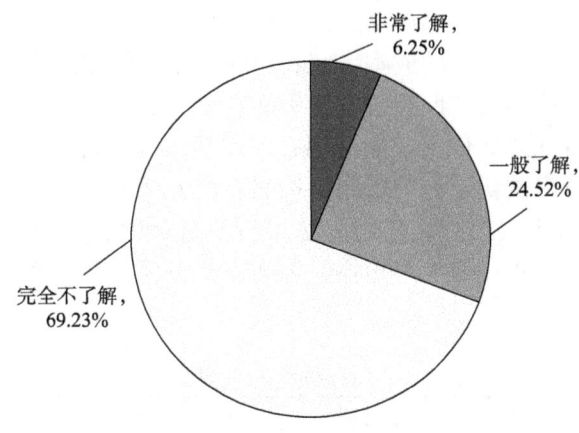

图 6-11 受访农户对政策的认知

根据农户参与程度的测算标准,依据农户问卷调查数据,计算出不同类型农户的响应程度,具体响应情况见表 6-14。从样本的总体情况来看,增减挂钩项目农户响应程度为"高"等级的仅 17.41%、"中"等级的为 37.40%,绝大部分农户的响应程度为"低"等级;从样本不同类型来看,响应程度"高"的类别中,兼业户所占比例最高、其次是非农户,纯农户占比最低,各类型农户行为响应存在一定程度差异。

表 6-14 各类型农户增减挂钩项目综合行为响应情况

响应程度	纯农户		兼业户		非农户		合计	
	频数	占比	频数	占比	频数	占比	频数	占比
高	11	14.67%	18	19.36%	18	17.64%	47	17.41%
中	33	44.00%	31	33.33%	37	36.27%	101	37.40%
低	31	41.33%	44	47.31%	47	46.08%	122	45.19%
合计	75	100%	93	100%	102	100%	270	100%

2) 农户对增减挂钩工作开展满意程度

在增减挂钩工作实施过程中,涉及对农户原有房屋的拆旧工作,在此过程中需对农户进行一定的补偿。根据实地调查可知,农户拿到手的补偿总额平均值为 4.01 万元,其中超出补偿标准面积的房屋补偿款标准的平均值为 403.3 元/米^2;针对农户原有房屋的装修,政府给予了平均 104.91 元/米^2 的补偿;地上附着物部分补偿为 161.45 元/米^2;在过渡安置期间,政府给予家庭中每人 110 元/月标准的租房补助。

针对上述补偿标准,由表 6-15 可以看到村民的整体满意程度较低,反映的问题主要集中在以下几方面:超出部分的房屋面积及装修补偿标准较低,平均 400 元的补偿还不够修建和装修的成本,而农户购买政府修建的安置房平均成本却是 1 414.5 元/米^2,当被问及"期望的补偿标准为多少"问题时,超过 50%的农户回答至少应该在 900 元/米^2 以上才能达到心中预期;地上附着物判定模糊不清,有些村民的小房间厨房被认定为主房屋,按照主房屋标准进行赔偿,而有些农户修建较好的厕所、厨房仅仅被当作附着物进行低价补偿;过渡安置期仅有租房补偿,过渡安置期间常年在他人家租住,生活极其不便,而金额不高的租房补偿难以解决农户的实际需求。

表 6-15 农户对补偿的满意程度

满意程度	完全不满意	不太满意	说不清	比较满意	十分满意
超出面积	21.60%	37.65%	11.11%	27.78%	1.85%
装修补偿	19.25%	44.10%	21.74%	13.04%	1.86%

续表

满意程度	完全不满意	不太满意	说不清	比较满意	十分满意
地上附属	15.13%	52.63%	13.82%	16.45%	1.97%
过渡补偿	11.36%	47.73%	10.23%	27.27%	3.41%

当受访农户被问到"觉得项目执行过程中的公开透明程度如何"的问题时，超过七成的受访农户认为完全不透明或不太透明，仅仅只有不到7%的农户认为比较透明或十分透明。调查结果表明，农民认为当前工作的开展存在较大的问题，涉及补偿工作的各方面都存在着一定的不公开透明现象，自己的合法利益受到了侵害，且缺乏渠道进行反映，从而影响了农户对工作整体的满意程度。项目执行公开透明程度见图6-12。

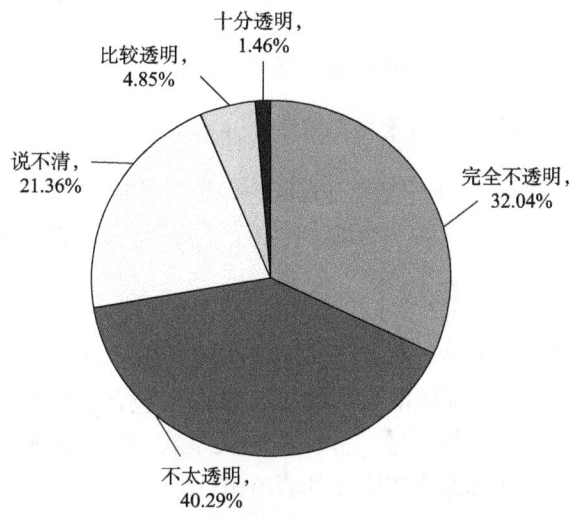

图6-12 项目执行公开透明程度

当受访农户被问到"受访安置中最想得到什么"的问题时，51.52%的农户选择了更多的现金补偿，排在第二的是社会保障的提升，所占比例为22.42%，希望通过土地入股得到分红的农户所占比例为13.33%，而希望得到更加稳定的工作机会的农户所占比例为12.12%，还有0.61%的农户希望有机会得到贴息贷款。

针对增加挂钩开展后期望的安置方式，56.96%的农户表示还是希望政府统一建房安置，这样会减少个人投入的人力、物力成本；34.55%的农户希望政府能够统一另批宅基地建房，这部分农户认为自建房屋更加方便，并且有院落生活的更为舒服；另有0.61%的农户希望得到一次性的货币补偿，这部分农户基本已常年生活在城市，对农村已不再留念，希望能够一次性拿到补偿。受访期望的安置方式见图 6-13。

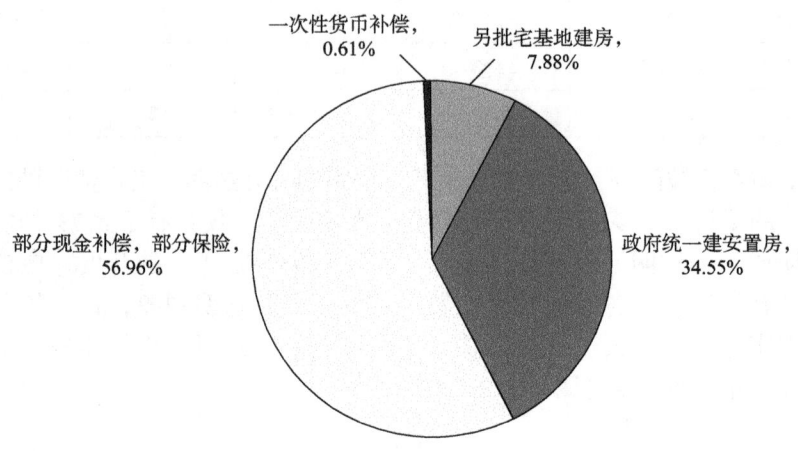

图 6-13 受访期望的安置方式

5. 农户行为响应的影响因素回归分析

在实地调研基础上，利用有序 Probit 模型，研究农户异质性与增减挂钩实施过程中行为响应的影响因素，为地方国土部门制定农户参与激励政策提供实证依据。

1）变量说明

模型被解释变量为增减挂钩项目实施阶段农户响应程度（Y），本书在前人研究的基础上，结合调研区域的实际情况，选取了包含农户特征、禀赋特征及项目特征 3 个方面的 10 个解释变量，分析不同类型农户增减挂钩项目行为响应影响具体因素。各变量说明及统计性描述如表 6-16 所示。

表 6-16 样本变量说明

变量	代码	变量含义	均值	标准差
农户响应程度	Y	低=1；中=2；高=3	1.724 8	0.748 2
农户特征因素				
户主年龄	X_1	实际观测值（岁）	54.431 2	11.717 0
户主文化程度	X_2	小学及以下=1；初中=2；高中=3；大专=4；大学及以上=5	1.995 4	0.976 7
农户产权意识	X_3	宅基地属于：国家=1；集体=2；自己=3	1.431 2	0.729 5
禀赋特征因素				
原宅基地面积	X_4	实际观测值（平方米）	251.862 4	177.630 6
原房屋面积	X_5	实际观测值（平方米）	219.756 9	102.229 8
原房屋区位条件	X_6	非常差=1；较差=2；一般=3；较好=4；非常好=5	3.412 8	1.022 4
家庭人口	X_7	实际观测值（人）	4.224 8	1.597 8

续表

变量	代码	变量含义	均值	标准差
项目特征因素				
项目不透明程度	X_8	很透明=1；透明=2；一般=3；较差=4；非常差=5	3.431 2	1.093 5
项目认同程度	X_9	改善生活条件：完全不同意=1；不同意=2；说不清=3；同意=4；完全同意=5	3.656 0	1.041 1
是否开展宣传	X_{10}	否=0；是=1	0.614 7	0.487 8

2）模型构建

模型因变量为增减挂钩项目实施阶段农户行为响应程度（Y），因变量 Y 是多分类有序变量，即将农户的响应程度分为了3种情况："高""中""低"，赋值分别为3、2、1。对于上述有序多分类的因变量，本书选择有序 Probit 模型进行回归分析。

3）模型估计及结果分析

在对各自变量进行多重共线性检验之后，发现各自变量之间不存在多重共线性。应用 Stata 12 统计软件，采用有序 Probit 模型检验各影响因素与各类型农户增减挂钩项目响应程度之间的关系，回归方程似然比检验得到的 P 值均等于0，小于假设的显著性水平，因此，模型整体回归结果较好，具有统计学意义。回归结果详见表6-17。

表 6-17 各类型农户行为响应程度有序 Probit 模型估计结果

类别	变量	纯农户 Y_1		兼业户 Y_2		非农户 Y_3	
		系数	概率值	系数	概率值	系数	概率值
农户特征	户主年龄 X_1	−0.002 9	0.862	−0.000 8	0.961	−0.041 7	0.027**
	户主文化程度 X_2	0.485 6	0.021**	0.487 4	0.010**	0.318 5	0.124
	农户产权意识 X_3	−0.021 1	0.943	0.673 2	0.004***	0.357 2	0.090*
禀赋特征	原宅基地面积 X_4	−0.000 1	0.914	−0.004	0.000***	−0.005 6	0.001***
	原房屋面积 X_5	0.006 9	0.003***	0.001 4	0.526	0.002 3	0.169
	原房屋区位条件 X_6	0.045 8	0.805	−0.511 1	0.009***	0.134 6	0.369
	家庭人口 X_7	0.057 5	0.628	0.088 8	0.558	0.212 7	0.026**
项目特征	项目不透明程度 X_8	−0.031 8	0.873	−0.644 7	0.000***	−0.531 5	0.000***
	项目认同程度 X_9	−0.128 2	0.602	0.382 1	0.017**	0.226 2	0.217
	是否开展宣传 X_{10}	0.609 4	0.099*	0.865 5	0.026**	0.279 2	0.354

***表示 $p<0.01$，极其显著；**表示 $p<0.05$，极其显著；*表示 $p<0.1$，一般显著

纯农户行为响应影响因素分析。由回归结果可知，家庭特征中，在5%的显

著性水平下，户主的文化程度 X_2 对纯农户 Y_1 的响应程度产生显著的正向影响。因为农户的文化程度越高，对增减挂钩政策的认知能力越强，其响应度也就越高；禀赋特征中，在1%的显著性水平下，原房屋面积 X_5 对纯农户 Y_1 的响应程度产生显著的正向影响，住房是纯农户最重要的家庭资产，房屋面积越大农户对其重视程度越高，同时房屋面积越大意味着其在拆旧建新过程中获得的补偿可能会越多，因此对响应度有显著的正向影响；项目特征中，在10%的显著性水平下，村集体是否开展项目宣传 X_{10} 对纯农户 Y_1 的响应程度有显著的正向影响。纯农户家庭人口多住在农村，更容易接触到相关项目的宣传，从而获取更多的项目信息，因此对其响应程度有正向影响。

兼业户行为响应影响因素分析。由回归结果可知，家庭特征中，分别在5%及1%的显著性水平下，户主的受教育程度 X_2 及农户产权意识 X_3 对兼业户 Y_2 的响应程度产生显著的正向影响。与纯农户类似，受教育程度越高，对增减挂钩政策的认知能力越强，其响应程度也就越高。兼业户自身的产权意识越强，其对项目实施过程中涉及自身利益的工作就越在意，从而提高其参与的程度；禀赋特征中，在1%的显著性水平下，原宅基地面积 X_4、原房屋区位 X_6 对兼业户 Y_2 的响应程度产生显著的负向影响。宅基地面积越大、区位条件越好，意味着农户的宅基地使用存在着更大的发展空间，此时导致兼业户项目参与意愿不高，从而降低了其响应的程度。项目特征中，在1%的显著性水平下，项目不透明程度 X_8 对兼业户 Y_2 的响应程度产生显著的负向影响，表明在其他条件不变的情况下，项目信息的公开程度越高，农户参与的程序与权责界定越明晰，给予农民参与的便利条件越多，农户的响应程度也就越高。在5%的显著性水平下，项目认同程度 X_9、是否开展宣传 X_{10} 对兼业户 Y_2 的响应程度产生显著的正向影响，农户对增减挂钩项目产生的生产、生活效益认识越充分，其参与的积极性也就越高，通过宣传一定程度上能够提高农户的认识，让其对工作内容了解更为充分，从而提高兼业户的响应程度。

非农户行为响应影响因素分析。由回归结果可知，家庭特征中，在5%的显著性水平下，户主年龄 X_1 对非农户 Y_3 的响应程度产生显著的负向影响，农户年龄越大，在进行非农生产活动之余可投入项目精力越匮乏，因此对响应程度产生显著的负向影响。在1%的显著性水平下，农户产权意识 X_3 对非农户 Y_3 的响应程度产生显著的正向影响，非农户长期在外工作，接受更多的外界信息，对产权问题更为注重，更为关注涉及自身利益的产权变更问题，因此产权意识越强其响应程度越高。禀赋特征中，在1%的显著性水平下，原宅基地面积 X_4 对非农户 Y_3 的响应程度产生显著的负向影响，与兼业户类似，非农户认为宅基地比地上房屋更具有价值，因此宅基地面积越大其参与项目的意愿越弱，其响应程度越低。在5%的显著性水平下，家庭人口 X_7 对非农户 Y_3 的响应程度产生显著的正向影响，非农户劳动力多在外工作导致项目实施过程中的一些工作无法参与,家庭人口越多意味着外出劳动力留守农村可参与工作的人口越多,从而提高了非农户的项目响应程度。项目特征中,在1%的显著性水平下,项目不透明程度X_8对非农户Y_3的响应程度有显著的负向影响,相对而言,非农户长期在外不易接触到项目实施过程中的相关信息,若项目信息不公开透明,非农户的知情权进一步被削弱,可参与项目空间进一步被压缩,从而导致非农户响应程度的降低。

总体来看,影响兼业户与非农户行为响应的因素有较大相似性,而影响纯农户响应程度的因素与另外二者具有较大的差异性,可能与农户的家庭收入主要来源及对外界信息的接受程度有关。农户对自身权益意识的深化是影响其响应程度的重要因素。实证结果表明,项目不透明程度对兼业户和非农户的行为响应有着显著的负向影响,而宣传与否对纯农户与兼业户的响应程度产生显著的正向影响。对于兼业户和非农户而言,原宅基地面积对其响应程度有着显著的负向影响。二者相较于纯农户更为看重的是宅基地的发展权,而非仅仅关注原宅基地上修建房屋的拆迁补偿。

6.1.5 空间置换对农户福利水平的影响——以鄂州市增减挂钩项目为例

1. 指标选择和模型构建

1)福利指标选择

本书以森的可行能力分析法及 Nassbaum 提出的"10 项基本能力"为基础,阅读相关的文献及研究方法,结合前人的研究成果、我国当前的发展状况及宅基地交易的相关背景,最终决定主要从居住条件、家庭经济收入、社会保障、生活环境、社区生活 5 个方面构建评测农户福利水平的指标体系。具体指标参考表 6-18。

表 6-18 福利评价指标体系

功能性活动	评价指标	指标内涵
居住条件	宅基地总面积	宅基地面积前后变化
	住房总面积	居住面积前后变化
	家庭承包地面积	家庭承包耕地变化
	住房结构	住房结构变化
	住房建造装修成本	建造和装修成本变化
	拆旧建新补助金额	政府是否补助及补助力度

续表

功能性活动	评价指标	指标内涵
家庭经济收入	家庭年总农业收入	由农业获得的收入
	家庭年总非农业收入	除农业外其他方面的收入
	家庭年总生活开支	用于衣食住行的各项开支
	年总纯收入	每年的净收入
社会保障	养老保险	养老保险享受情况
	医疗保险	医疗保险享受情况
	最低生活保障	最低生活保障享受情况
	养老保险领取情况	养老保险领取金额
	医疗问题解决满意度	医疗问题解决的满意度
生活环境	生活便捷度	出行的便捷度
	宅基地周边附属面积变化	宅基地及其附属设施、周边公共设施的变化
	家庭生活环境满意度	生活环境满意度，包括绿化、环境等
社区生活	家庭交往次数	与邻居或亲朋好友的交往次数
	邻里关系变化情况	邻里关系的变化情况
	家庭社会交往满意度	与亲朋好友交往情况的满意度

2）福利测算函数的构建

基于森的可行能力分析的福利测算，查阅资料得知，农户的福利水平由测度农户福利水平的各项功能性指标共同组成，同时结合众多学者的研究，最终确定多因素综合模型作为评测农户福利水平的函数。

基于前文提出的福利评价指标体系，通过构建多因素综合评价模型来对宅基地指标交易前后的农户福利水平进行测度，单个农户的福利水平的具体计算公式如下：

$$w_i = \sum_{j=1}^{n} w_j \cdot x_{ij}$$

其中，w_i 代表第 i 个农户的总福利水平；w_j 表示第 j 个福利指标的权重；x_{ij} 代表第 i 个农户第 j 项福利指标的数值；n 代表福利指标的个数。

2. 指标权重的确定

确定指标权重的方法有许多，有依靠专家主观经验的德尔菲法和层次分析法，也有根据调查结果确定的较为客观的主成分分析法和熵值法。在确定各项指标权重的方法时，考虑到主管方法容易受到专家个人经验和水平的限制，最终的计算结果容易受到个人色彩的影响,所以本书最终确定采取较为客观的熵值法来确定最终各项指标的权重,进而计算农户最终的福利水平。

具体权重计算步骤如下:

1)指标标准化

因本次问卷调查的数据意义及单位均不同,无法进行直接比较,故计算前需对各项指标进行标准化处理,转化为无量纲的数据,接着再进行权重的测算,本书选取极差标准化法对各项指标的数据进行标准化处理,当该项数据对农户有正向影响时为正向指标,标准化公式如下:

$$x_{ij} = \frac{p_{ij} - \min x_j}{\max x_j - \min x_j}$$

在本次调查中,属于正项指标的变量有宅基地总面积、住房总面积、家庭承包地面积、住房结构、拆旧建新补助金额、家庭年总农业收入、家庭年总非农业收入、年总纯收入、养老保险、医疗保险、最低生活保障、养老保险领取情况、医疗问题解决满意度、生活便捷度、家庭生活环境满意度、家庭交往次数、邻里关系变化情况及家庭社会交往满意度等指标。

当该项数据对农户有负向影响时为负向指标,标准化公式如下:

$$x_{ij} = \frac{\max x_j - p_{ij}}{\max x_j - \min x_j}$$

2)计算第 i 个农户第 j 项指标的比重

$$Y_j = \frac{x_{ij}}{\sum_{i=1}^{m} x_{ij}}$$

3)计算指标信息熵

$$e_j = -k \sum_{i=1}^{m} \left(Y_{ij} \times \ln Y_{ij} \right)$$

4)计算信息熵冗余度

$$d_j = 1 - e_j$$

5)计算各指标权重

$$w_i = \frac{d_j}{\sum_{j=1}^{n} d_j}$$

以上公式中,p_{ij} 表示第 i 个农户第 j 项指标的数值;$\max x_j$ 和 $\min x_j$ 分别为所有农户中第 j 项评价指标中的最大值和最小值;$k = 1/\ln m$,其中,m 表示农户数,n 表示指标个数。

3. 问卷设计与调查结果

1) 问卷设计

根据本书的研究目的及查阅相关资料后，结合所需要的农户福利评价指标体系，在此基础上设计了用来评测农户福利水平变化情况的调查问卷。农户调查问卷主要包括六个方面，第一是有关农户及宅基地基本情况的调查，一共 9 个问题，包含家庭基本情况、所拥有宅基地情况、参与土地复垦情况等基本情况；第二是居住条件变化的调查，一共 4 个问题，包括交易前后宅基地面积、家庭住房总面积、承包地面积、住房结构、建造装修成本等情况；第三是对家庭经济收入的调查，一共 4 个问题，包括农业收入、非农收入、生活支出等家庭经济情况；第四是对社会保障的调查，一共 5 个问题，包括交易前后家庭保险、就业安置、住房保障和保险的类型及标准等情况；第五是对生活环境的调查，一共 5 个问题，包括交易前后生活便捷度、公共设施建设用地面积、家庭生活环境等情况；第六是对社区生活的调查，一共 3 个问题，主要是交易前后与邻居、亲朋好友及家庭社会的交往情况。同时进行了村集体问卷的设计，主要是从整体上对村子的宅基地情况及相应的经济状况进行调查，有一个总体上的把握，以便更好地分析农户整体的水平。

2) 调查区域的选择

在网上相关国土资源网站进行对相关政策的了解及结合之前相关学者的调查之后，最终选定湖北省鄂州市蒲团乡石竹村、杜山镇东港村、燕矶镇池湖村作为此次实地调查的区域，其中蒲团乡石竹村为以企业作为主导的宅基地退出模式，当地的土地复垦主要是企业所主导，且后期新型社区的建立与安置也由村集体和政府共同安排，所以后期安置措施的公平性引起了较大争议；而杜山镇东港村和燕矶镇池湖村则是以政府作为主导的宅基地退出模式，土地复垦及农户的安置由政府进行安排，虽然补偿标准有所统一，但是标准较低，导致许多农户被迫参与到宅基地退出之中。在网上相关资料了解到这些村子均为指标产生区的宅基地退出模式试点的主要区域，同时在实地调查的过程中发现，虽然三个村并未处于鄂州市的主城区，但是区位交通条件都较为便利，从城区均有到相关村子的直通车，各个村子都对农户进行了新社区的集中安置，而且从村子的住宅建筑风格及质量来看，当地经济处于中等偏上水平，三个地方的村民搬入新社区的时间都超过两年，在社区内的生活基本安定，那么指标交易带来的影响也相应地逐渐体现，生活水平也受到影响并处于相对较为稳定的状态，所以对该区域的调查所得的结果更加具有代表性与时效性，更能反映出指标产生区的宅基地退出所带来的影响，所做的福利水平测度也更接近真实水平，分析结果也更加科学。

3）调查结果分析

如表 6-19 所示，本次调查区域为选定的鄂州市蒲团乡石竹村、杜山镇东港村、燕矶镇池湖村，调研对象为三个村的农户，本次调研共发放 201 份问卷，因为采用的是访谈及当面填写问卷获得数据的方式，所以及时对无效问卷进行了筛选，最终获得有效问卷共 181 份，其中从石竹获得有效问卷 52 份，东港获得有效问卷 64 份，池湖获得有效问卷 65 份，总体问卷有效回收率达到 90.05%。

表 6-19 调研结果分析表

名称	类别	人数/人	百分比
性别	男	106	58.6%
	女	75	41.4%
年龄	20~30 岁	24	13.26%
	31~40 岁	18	9.94%
	41~50 岁	61	33.70%
	51~60 岁	49	27.07%
	60 岁以上	29	16.02%
学历	不识字	8	4.4%
	小学	43	23.8%
	初中	69	38.1%
	高中及中专	47	26.0%
	大专及以上	14	7.7%
是否户主	是	93	51.4%
	否	88	48.6%
家庭总人口	1~3 人	18	9.94%
	4~6 人	139	76.80%
	7~9 人	22	12.15%
	9 人以上	2	1.10%
主要从业地区	本村	10	5.5%
	本乡镇	22	12.2%
	本县	38	21.0%
	本省	48	26.5%
	外省	63	34.8%

续表

名称	类别	人数/人	百分比
拥有宅基地宗数	0	6	3.3%
	1	99	54.7%
	2	71	39.2%
	3	5	2.8%

而就本次调研对象的基本情况来讲，其中调研为男性的居多，占 58.6%，因为外出打工的原因，本次调研对象多为留守在家的中老年人，年龄大多分布在 41~60 岁。因为之前经济水平较为落后，所以多数人文化水平较低，绝大多数为高中及以下。而由于政府对农户进行集中安置，大部分村庄附近企业较少，所以家庭外出打工人口大多从业地区为外省，而本次调查到的农户大多数拥有 1 宗宅基地，占 54.7%，但在调查过程中也了解到有 5 户农户最多拥有 3 宗宅基地，也有部分农户选择将原有的宅基地换为资金选择在城市买房，故不再拥有宅基地。绝大多数用户在宅基地交易的过程中选择宅基地换住房、接受政府的安置。

4. 空间置换前后农户福利变化

本次调查数据的结果均来自实地采访的问卷调查，结果具有一定的真实性，但是由于多获取的相关数据并不能直接用于计算，所以需要将一些非数值的变量进行量化，转化为数值型的，为下一步的计算及福利水平的测度减少难度，其中涉及的相关指标有住房结构、养老保险领取情况、邻里关系等，根据其对农户的优劣影响按 0~4 赋分，转化为数值型数据，而其他类似于住房总面积、宅基地总面积、家庭承包地面积等为数值型数据，可直接进行利用。

1）观测变量权重的计算

运用熵值法的相关计算步骤及公式，将所有指标标准化之后，依次进行相关步骤的操作，运用 SPSS 进行数据处理之后，最终确定各项指标的权重如表 6-20 所示。

表 6-20 熵值法各项指标权重表

功能指标	数据变量	权重
居住条件	宅基地总面积	0.058 7
	住房总面积	0.059 9
	家庭承包地面积	0.054 4

续表

功能指标	数据变量	权重
居住条件	住房结构	0.061 6
	住房建造装修成本	0.060 8
	拆旧建新补助金额	0.021 3
家庭经济收入	家庭年总农业收入	0.054 8
	家庭年总非农业收入	0.059 5
	家庭年总生活开支	0.061 5
	年总纯收入	0.059 6
社会保障	养老保险	0.054 7
	医疗保险	0.060 2
	医疗问题解决满意度	0.061 6
生活环境	生活便捷度	0.062 1
	家庭生活环境满意度	0.061 6
社区生活	家庭交往次数	0.056 0
	邻里关系变化情况	0.030 1
	家庭社会交往满意度	0.061 6

2）福利水平测度

根据前文构建的农户福利水平测度函数模型，并将标准化之后的各项指标的标准值及经过熵值法计算得到的指标权重代入函数，测算农户福利水平在宅基地交易前后的变化。根据前文得到的农户福利水平测算函数为

$$w_i = \sum_{j=1}^{n} w_j \cdot x_{ij}$$

其中，w_i 表示第 i 个农户的总福利水平；w_j 表示第 j 个福利指标的权重；x_{ij} 表示第 i 个农户第 j 项福利指标的数值；n 表示福利指标的个数。

运用以上函数，分别计算调查农户在宅基地交易前后的总福利水平，分析宅基地交易对农户福利水平的影响，并根据问卷数据分类计算三个村交易前后的农户平均福利水平，据此分析不同地区实行该项政策时引来的对农户福利的不同影响。具体分析结果参考表 6-21。

表 6-21　农户福利水平的综合评价

福利水平	石竹		东港		池湖	
	交易前	交易后	交易前	交易后	交易前	交易后
居住条件	0.673 9	0.461 0	0.836 8	0.736 0	0.810 1	0.741 9
宅基地总面积	0.115 4	0.045 4	0.136 9	0.084 9	0.127 6	0.081 8
总住房面积	0.119 1	0.074 7	0.139 3	0.114 5	0.148 4	0.123 5
家庭承包地面积	0.039 9	0.017 3	0.055 7	0.030 2	0.057 3	0.028 8
住房结构	0.160 2	0.193 1	0.209 5	0.230 1	0.194 1	0.256 8
住房建造装修成本	0.239 3	0.130 6	0.295 4	0.253 6	0.282 7	0.234 7
折旧建新补助金额	0	0	0	0.022 8	0	0.016 3
家庭经济收入	0.603 9	0.524 9	0.665 9	0.598 2	0.754 3	0.647 9
家庭年总农业收入	0.048 6	0.037 8	0.056 0	0.052 0	0.079 8	0.057 8
家庭年总非农业收入	0.133 5	0.110 7	0.119 4	0.097 4	0.145 2	0.106 1
家庭年总生活开支	0.271 8	0.216 1	0.345 1	0.292 4	0.346 4	0.282 1
年总纯收入	0.149 9	0.160 3	0.145 3	0.156 4	0.182 9	0.201 9
社会保障	0.355 4	0.397 7	0.369 7	0.415 6	0.455 6	0.503 4
养老保险	0.065 6	0.071 1	0.057 8	0.074 2	0.073 5	0.089 1
医疗保险	0.122 8	0.124 0	0.125 2	0.123 4	0.179 4	0.179 4
医疗问题解决满意度	0.167 0	0.202 6	0.186 7	0.218 0	0.202 7	0.234 9
生活环境	0.394 1	0.422 1	0.436 0	0.491 1	0.461 2	0.520 3
生活便捷度	0.184 6	0.198 3	0.191 7	0.225 4	0.204 1	0.238 2
家庭生活环境满意度	0.209 6	0.223 7	0.244 3	0.265 8	0.257 1	0.282 0
社区生活	0.269 2	0.317 8	0.269 8	0.379 8	0.323 6	0.415 6
家庭交往次数	0.043 8	0.037 3	0.064 2	0.061 4	0.054 4	0.051 5
邻里关系变化情况	0	0.080 4	0	0.097 4	0	0.107 5
家庭社会交往满意度	0.225 4	0.200 2	0.235 5	0.220 8	0.269 1	0.256 6
总福利	2.296 6	2.123 5	2.608 2	2.620 8	2.804 7	2.829 1
交易后福利增量		−0.173 1		0.012 6		0.014 4

3）居住条件变化情况

从总体来看，农户的居住条件在交易后的水平均有所下降，交易前三个村的居住条件相比较而言，东港村最好，池湖村次之，最差的为石竹村，分析与实地调查感受一致，说明结果具备一定的可信程度。而就下降的幅度而言，石竹村下降程度最大，为31.59%，池湖村下降程度最小，为8.42%。这说明在宅基地进行指标交易前后，对石竹村的居住条件影响最大，且更多为负面影响。

而在构成农户居住条件的各项具体指标中，以宅基地总面积和家庭承包地面积两项指标在宅基地交易前后的变化最为显著，其中石竹村的农户在宅基地总面积一项中下降幅度最大，这也在一定程度上说明石竹村在宅基地交易之后宅基地总面积相对于交易之前变小了许多，而在家庭承包地面积这一指标上，三个地区均为下降趋势，而就下降幅度来讲，石竹村和池湖村的下降幅度均较大，分别为56.64%和49.74%。实地调查结果显示，主要是石竹村和池湖村均采取在原有农户承包地的基础上集中安置，导致了各个农户家庭承包地面积的大幅缩减。在总住房面积指标上，由于调查区域大部分为两层高的独栋房屋，所以在该指标上交易前后差别不大。而在住房结构上，由于经济的发展及相关材料的普及，三个村农户家庭的住房结构水平均有所上升，根据实地调查结果，绝大部分为砖混结构。在住房建造装修成本这一指标上，从数值上看，随着时间的推移及经济增长，交易后住房建造装修成本均高于交易前，而由于这一指标属于农户的一项大额支出，所以会对农户的福利水平造成负面影响。关于拆旧建新补助金额这一指标，由于石竹村在农户拆旧建新的过程中不存在补助金额，其拆旧建新支出全部由农户自己出，所以在该项指标上农户所获得的福利为零，在东港村及池湖村的拆旧建新过程中，政府均给予相应农户一定的补贴金额，相较于石竹村而言，具备一定的优势。

4) 家庭经济收入变化情况

三个村的家庭经济收入均有所下降，其中以池湖村的下降较为显著，下降幅度为 14.11%，其次为石竹村，下降幅度为 13.08%，最后为东港村，下降幅度为 10.17%。其根本原因可能包括以下几个方面：一是家庭承包地面积减少，来自农业的收入下降；二是进行指标交易之后政府虽进行过集中安置，却没有及时对相关失业人员做出就业安排，失业人员增多；三是进行社区的集中安置后，农户的衣食住行均要花钱，以前自己可以种植蔬菜来满足日常的需要，搬入新社区之后失去了这一优势；四是拆旧建新的过程中，住房的建造装修成本对于农户来说是一笔较大的支出，对不少的农村家庭造成一段持续时间较长的冲击。

而从相关具体变量指标而言，从原始数据可以看出，农户的家庭年总农业收入有所下降。在家庭年总非农业收入这一指标中，从数值上看，随着社会经济的发展，三个村庄的家庭年总非农业收入较原来都有一定幅度的上升，但纳入农户福利水平的测度以后，对于农户福利水平的贡献均有所下降，其中以池湖村的下降幅度最大，为 26.93%，这可能是因为池湖村的住房建造装修成本是这三个村中最高的，且是在原有承包地的基础上进行新社区的安置，对农户的家庭经济水平冲击较为严重。而在年总纯收入这一指标中，由于社会生活水平的提高，三个村庄的年总纯收入均有一定的上升，以池湖村的年总纯收入上升幅度最大，为

10.39%，其余两个村上升幅度相差不大，分别为 6.94%和 7.64%。由以上结果可得，家庭年总农业收入减少和生活开支增加是家庭经济收入下降的主要原因，特别需要指出的是，石竹村和池湖村的建造成本要高于东港村许多，而这也是这两村支出大幅上升和经济状况下降的主要原因之一。

5）社会保障变化情况

这方面选取的指标为养老保险、医疗保险及医疗问题解决满意度等几项指标。近年来，随着经济水平的提高，人们更加注重生活品质及个人的身体健康状况，使得各个农村的社会保障水平均有一定程度的提升，而本次调查的结果也符合当下这种现象，从总体水平而言，三个村的社会保障情况均有所提升，且提升幅度均在10%以上，这说明在宅基地交易前后各个农村的社会保障都取得了一定的成果。

具体指标方面，养老保险人数较之前均有所增加，新型农村社会养老保险的设立，使得更多的老人能够享受养老保险所带来的福利，三个村的养老保险水平也都得到了提升。三个村医疗保险的变化幅度均不大，而且大多数的变化来自家庭人数的增加。在实地调查的过程中发现，近几年来医疗保险的缴费处于上升趋势，从最早的 30 元/人，到现在的 180 元/人，缴费的金额在不断增加，而其所保障的标准也在不断提升，从最初的报销 40%到现在的 80%，保障系统在逐步完善，就其满意度而言，可以说是得到了大部分农户的一致认可。而社区的建立与集中安置，固定卫生所及医院的设立为农户解决医疗问题带来了许多便捷，使得农户在看病或者购置药品时减少了许多不必要的麻烦，在一定程度上提升了农户的福利水平。

6）生活环境变化情况

生活环境方面，针对农户指标交易前后的生活便捷度、宅基地及其附属设施面积、周边的公共设施建设用地变化及生活环境满意度进行调查，主要研究农户的生活环境是否改善，分析结果显示，在进行社区安置之后，三个村庄的生活环境水平均得到了一定的提升，其中池湖村上升幅度最大，为 12.81%。在调研过程中发现，池湖村虽然作为农村却有直达鄂城区的公交，出行较为便利。农户的住宅由村集体统一设计，整个社区整齐划一，且设置多个垃圾回收点，街道较为干净，社区生活环境较好，相较于其他两个村子而言，池湖村的生活环境的确更好一点。

具体指标方面，生活便捷度这一指标三个村子均有所上升，而城际公交的开通使得池湖村的生活便捷度上升幅度较大，由于临近华容南高铁站，石竹村的生活便捷度也提升许多。而从三个村子的整体调研状况而言，95%的农户数据显示其宅基地及其附属设施面积有所减少，而周边的公共设施建设用地却有所增加。由于社区进行安置之后有专门的人员进行环境的维护，绿化也有定期的专业人员进行管理，所以三个村子的农户均反映家庭生活环境满意度有所提升，结果显示，上升幅度都在 5%~10%。这说明新型社区的建立有利于生活环境的提高，而集中安置也更有利于村集体进行公共服务设施的建造，如一些广场、健身设施等。

7）社区生活变化情况

指标交易后，三个村庄的社区生活水平均有所提升，其中东港村的上升幅度最大，为 40.77%，这得益于东港村较为整齐且密集的农户分布，相邻农户之间的交往变得更加便捷。而石竹村的上升幅度最小，仅为 18.05%，这可能是由于石竹村当地的经济相对于其他两个村较为落后，外出打工的人数较多，所以也在一定程度上限制了邻居之间交往的水平。而新型社区的建立，使得农户之间的距离变得更加紧密，农户普遍认为邻里之间的关系较之前有一定提升。但在家庭交往次数方面，三个村均显示出了不同程度的下降，其中石竹村的下降幅度最大，为 14.84%，东港村下降幅度最小，为 4.36%，可能是由于集中安置之后，许多农户失去了原有的承包地及部分工作，在搬入新社区之后，不得不外出打工谋生，距离上缩短虽有助于交往，但是外出打工减少了交往的次数，石竹村周边无产业提供给农户打工，石竹村农户打工普遍分布在省外，而东港村引进了工业产业，部分农户可以在社区附近工作，对交往影响不大。

5. 小结

从表6-21看出，从农户的总体综合福利水平而言，不同村庄的农户福利水平变化的情况不尽相同，且地区的不同、宅基地交易存在差异导致福利变化产生了不小的差距。从结果来看，石竹村的农户福利水平处于下降状态，下降幅度为 7.54%，而东港村和池湖村的福利水平则分别上升了0.48%和0.51%，说明福利水平因为宅基地交易都在一定程度上对农户的生活造成冲击。总体上来看，交易带给农户的损失主要体现在居住条件和家庭经济收入两个方面，导致农户的宅基地总面积、总住房面积及年总纯收入下降；而交易带给农户福利水平有利的方面主要是社会保障、生活环境、社区生活等，主要表现为养老、医疗保险的进步及公共环境的改进和社会交往的增加等。

在企业作为土地复垦主导进行指标交易的石竹村，后期集中安置时由私营企业进行分配的做法，导致在调查时多个农户反映新房及宅基地面积分配不公的问题，抱怨较为严重。而石竹村农户的福利情况受损也较为严重，石竹社区位置离市区较远，且附近无相关产业，政府没有及时对失业人员进行就业安置，导致部分农户不得不外出打工甚至部分年龄较大的农户处于失业状态，加之之前建造房屋的大成本支出，使得农户整体收入水平较低，且对交易的满意度是三个调查村中最低的，大部分农户对交易处于抱怨状态，甚至有 7 户农户无法支付最终的装修费用,现在还被拒绝搬入新房。石竹村这个调查区域农户福利水平整体不高,农户的生活水平受指标交易的影响较大,且更多为负面影响。

而在以政府为土地复垦主导的池湖村及东港村,受到土地复垦政策影响的程度较小,且在一定程度上农户福利水平呈现一定的上升迹象。在池湖村附近,政府引进了重工业产业,并就相关失业人员进行了就业安置,同时为农户提供了就业机会,使得农户可以通过劳动提升自己的经济收入,改善农户生活水平的同时,提升了池湖村农户整体福利水平。而东港村临近县道,安置主要是依靠较为发达的交通运输,依靠到鄂城区及杜山镇的便捷交通,使得农户在进城或者到镇上工作的机会增加,在一定程度上不仅弥补了农户在居住条件及家庭经济收入方面的部分损失,农户的整体福利水平也提升不少。

6.2 市场主导模式下参与行为研究——以参与集体建设用地流转为例

示范乡镇近年来试点的增减挂钩工作,大多是由基层政府主导的,由于其特殊地位,在增减挂钩中既是政策的推动实施者,又参与挂钩利益的分配。从农民手中挂钩置换出来的土地指标掌握在自己的手中,而开发商参与进来,一般是后期购买政府出让的挂钩指标用于兴建工厂、开发楼盘等,于是基层政府同时掌握了买方市场和卖方市场。而这其中存在的增值收益,就成为土地财政的"后备粮"。城镇建新指标意味着土地财政收入的增加,地方政府在此驱动下容易忽视农民利益,急于求成,一味要求农民集中居住,导致农民在增减挂钩工作实施过程中权益受到侵害。

与此同时,目前增减挂钩工作的开展要求挂钩试点以项目区为主体组织实施,因此绝大部分试点的项目区拆旧与安置是在划定的拆旧与安置范围内成规模连片开展,政府掌握着拆旧、建新的权力,承担着项目区整理、补偿、安置等责任,这些都需要大量的资金投入,运行成本压力极大。但是,迫于财政压力、各级政府在挂钩实施时难以筹措到足额的资金。拆旧复垦后的新增耕地一般都用于农业,其投入的资金回笼周期较长,各级政府不太愿意将大量的资金投到拆旧复垦中,只顾建新卖地,导致拆旧和建新不能同步到位,占补不平衡,群众利益不能保障,影响整体工作的实施。

为解决农民集体建设用地优化配置问题,政府应当适量放权,从"无限政府"变为"有限政府",政府适当退出,使集体建设用地的优化配置由政府主导变为市场主导,推行市场化运作。政府权力退出促使用地者和农民直接谈判,实现集体建设用地的直接入市，而政府在其中只起到协调控制的作用。这样可以有效防止政府权力的无序扩张，使其发挥合理的调控监管职能，辅助政策各方面效果的顺利实现，推动农村市场经济的发展。

6.2.1 市场主导模式下各参与主体的角色及相互关系分析

在市场配置途径下，地方政府的角色从直接的市场参与者转变为市场管理者。相较城镇国有建设用地市场，农村集体建设用地市场更容易出现市场失灵，即供需双方存在严重的信息不对称，农民对市场信息的掌握程度远差于用地企业，导致在交易过程中处于弱势地位，这就需要政府起到信息媒介的作用，及时公布市场信息，并对交易过程进行监督，防止出现显失公平的交易行为；企业是农村土地的主要需求者，在市场配置机制下，企业可以直接与农民进行谈判，能够节省拿地成本；农民既是土地供给者，也是主动参与者。在市场配置途径下，农民能够获得比在征地途径下更多的收入，因此农民乐于将多占、闲置的宅基地流转出去，这将有利于农村闲置土地的节约集约利用。市场主导模式下各参与方角色见表 6-22。

表 6-22 市场主导模式下各参与方角色

角色	市场主导
政府	管理者
农民	主动参与者、土地供给者
企业	用地需求者

按照市场规律，集体建设用地存在一个公平价格，在农民对市场信息知晓的情况下，企业没有投机空间，最终交易价格会在公平价格上下一定范围内浮动（根据地块实际条件进行调整），因此农民利益得到较好的保护。而在信息不对称的情况下，农民对市场交易情况，尤其是价格水平缺乏了解，从而给企业出价留下了一定的浮动空间。作为理性"经济人"，企业在任何情况下都不会给出高于公平价格的价格，因此企业面临两个选择：一是给农民以公平价格；二是给出低于公平价的价格，以节省成本，但这样做存在着潜在的风险，如果被政府监管发现，会被政府处罚。

设农村集体建设用地的公平价格为 V，在信息不对称的情况下，企业出价与公平价格的差值为 A；政府对交易过程进行监管的概率为 P，当政府发现企业存在不公平交易行为时，除要求企业补足差价外，还要对企业罚款，罚款额为 B。企业选择不公平价格的期望成本为 $E_1=P(V+B)+(1-P)(V-A)$；企业选择公平价格的期望成本为 $E_2=V$。

政府的策略要满足，使企业进行不公平交易的成本与进行公平交易的成本相同（假设企业在土地上的经营收益相同），即 $E_1 = E_2$，化简得 $P=A/(A+B)$。当 $P \geqslant A/(A+B)$ 时，政府加强监管使得企业进行不公平交易无利可图而放弃冒险；反之，由于政府监管力度较小，企业倾向于利用农民对市场信息的不了解而进行不公平交易。此外，不公平交易达成的可能性与农民对市场信息的了解程度紧密相关，农民对市场信息了解得越充分，接受企业不合理出价的可能性越小，就越有利于市场正常发展。

因此可以看到，在市场主导的模式下，政府作为市场的管理者，主要的任务是构建一个公平公开的交易平台，提供充分的交易信息，并对双方的交易行为进行规范监督。在这种模式下，政府的角色为管理者与服务者；农户则成为主动的参与者，整理结余集体建设用地进行市场运作，从而获得满意的回报，有更高的积极性参与到增减挂钩工作的推行之中。

6.2.2 当前政府参与集体建设用地流转的经验借鉴

1. 集体建设用地流转的驱动因素

随着经济的不断发展，我国逐渐从高度集中的市场经济体制向社会主义市场经济体制转变，各种生产要素和资源也通过市场机制得以高效的配置。作为人类社会经济发展不可替代的资源，土地资源能实现优化配置直接关系到社会经济的可持续发展。

改革开放以来，农地农用时，农民具有较自由充分的土地交易权；当农地非农用时，农村集体土地必须通过征收或者征用，变性为国有土地后方能进入市场。实事求是地分析，一级土地市场的政府垄断满足了我国计划经济体制下中央对农村土地的控制要求，在国家财力有限的情况下，解决了地方政府在财政分权后的建设资金问题，迅速集聚国家工业化、城市化发展所需要的资金，有效地解决政府特别是地方政府财力不足的问题（周其仁，2004）。与此同时，这种政府垄断一级市场、城乡割裂的土地市场结构使城乡土地资源在空间结构和价值上被人为地割裂，造成效率损失；城市土地利用集约化程度偏低，城市用地"摊煎饼"式外延扩张，粮食安全同时受到影响（刘守英，2005）；企业需要一次性支付较大数额的土地出让金，一些中小企业的发展受制于过高的用地成本（钱忠好，2004）。

现阶段，我国经济要素的供给发生了根本性的变化，尤其是"土地宽供应"在下一轮经济发展中难以为继，土地要素已经成为制约经济发展的瓶颈。一方面,城市、工业苦于"地荒";另一方面,农村集体建设用地"闲置浪费"。然而,由于制度性的约束,阻碍了土地要素在城乡间优化配置,国土空间布局难以进一步地通过市场手段进行调节优化。在此背景下,农村集体建设用地入市更为紧迫。

2. 缓解城市国有土地市场供求矛盾的必然选择

除乡镇企业、村民住宅、乡镇公共设施和公益事业等建设外,任何单位和个人进行建设需要使用国有土地的,都必须依法申请。通过严格垄断城市土地一级供应市场,政府积累大量土地收益,有效保障了城市基础设施建设和经济持续增长的资金需求。但是,随着城市化步伐的加快,城市建设的扩展,城市土地供求矛盾不断加剧。很多城市的规划指标已经捉襟见肘,一些地区甚至5年就用完未来10年的指标,尽管可能存在粗放用地的因素,但在一定程度上也反映了城市建设用地供不应求的窘境。以湖北省为例,根据《湖北省土地利用总体规划(2006~2020年)》,到2020年,湖北省城乡建设用地总面积为160.94万公顷,其中,新增建设用地控制在24.18万公顷以内。2012年土地利用变更调查数据汇总显示,到2012年末,湖北省建设用地总面积已经达到153.28万公顷,新增建设用地面积达到16.52万公顷,接近建设用地总体控制面积和新增控制指标,土地利用空间已严重不足。2013年湖北省城乡建设用地规模122.47万公顷,其中城镇建设用地共计38.97万公顷,占31.82%;村庄用地共计83.50万公顷,占68.18%。面对城市国有土地市场的供求矛盾,数量庞大的集体建设用地流转必然从幕后走向台前。

3. 提高集体建设用地集约利用水平的客观要求

由于长期以来农村集体建设用地采取无偿无限期的使用制度,土地粗放利用和闲置浪费的现象大量存在。乡镇企业布局分散、经营粗放、起点低、效益差、重复建设多、土地资源闲置浪费严重。土地所有者或使用者追求经济利益最大化是集体建设用地使用权流转的原动力,土地使用比较利益差距和土地所有者实现土地资产价值最大化是集体经营性建设用地使用权流转的直接动力。市场经济条件下,资源总是会通过"看不见的手"从效率较低的部门转向效率较高的部门,一边是集体建设用地的粗放利用和闲置浪费,另一边是集约利用程度相对较高的城市国有土地的巨大需求压力,市场机制作用的结果必然引发集体建设用地使用权的流转。在农用地转用和建设用地供应总量严格控制的情况下,集体经济组织为追求合法利润,将对其拥有的农村建设用地节约挖潜,将节约下来的农村集体建设用地进行流转获利,提高了土地的利用效率。对集体建设用地使用权流转的限制在一定程度上削弱了市场机制对土地资源的优化配置作用,要么致使土地持续低效利用，要么扭曲土地市场。从促进集体建设用地的集约利用出发，未来放开对流转的诸多限制已经迫在眉睫。

4. 增加农民集体收入和缓解征地矛盾的现实需要

城市土地供给主要依赖征地制度，城市规模的扩大必然导致征地规模的增加。由于征地补偿标准低和安置补助与农民心理预期尚存差距，征地矛盾日趋尖锐。征地制度明显的"低进高出"特点，增加了农民集体的心理失衡，从而使得农民集体自发隐蔽的集体建设用地交易行为屡禁不止。农村集体建设用地入市流转，增加了农民收入，实现了资本的原始积累。集体土地使用权的流转，不仅使农村集体利用土地资产参与各个经济领域的经济发展和城市建设，而且农民能从中获取资产性收入地租，极大地拓展了集体经济的发展空间。允许集体建设用地使用权的流转，充分尊重集体土地所有者自主处置土地资产的权利，可以较好地改变征地补偿偏低的问题和避免征地纠纷，使集体土地所有者和使用者从中得到更多的实惠，从而增加农民集体收入，是增加农民集体收入和缓解征地矛盾的现实需要。

5. 集体建设用地入市流转有利于土地市场效率的提升

良好的市场经济体制需要生产要素的自由配置，要提高土地要素的使用效率，集体建设用地作为一种重要的生产要素，需要在市场机制的作用下，自由地在各部门间流转，以实现其最优配置，获得最优的经济效益。

假设集体和城镇国有建设用地不存在质量上的差异（同地），具有同质性：在某一时期，集体和国有建设用地的自然供给量具有有限性，其最大的自然供给量分别为 Q_n 和 Q_m，相应地，建设用地总供给量为 Q，$Q=Q_n+Q_m$；设 S_m 为城镇国有建设用地土地供给曲线，以 Q_m 为渐近线，并假设农村集体建设用地自由入市对 S_m 曲线的变动没有影响；S_n 为统一建设用地市场下农村集体建设用地市场供给曲线，S'_n 为城乡建设用地市场分割状态下农村集体建设用地供给曲线，S_n、S'_m 都以 Q_n 为渐近线；D 为统一建设用地状态下集体建设用地的需求曲线，D' 为城乡建设用地市场分割状态下集体建设用地的需求曲线，具体见图 6-14。与统一的建设用地市场状态相比，城乡建设用地市场分割状态下集体建设用地市场交易缺乏法律的保护，其土地市场的交易往往具有更大的市场交易风险和更高的成本，这会使得供给曲线 S'_m 在 S_m 曲线的右侧，需求曲线 D' 位于 D 曲线的下方；S 为统一建设用地市场下的总供给曲线，S' 为城乡建设用地市场分割状态下的总供给曲线，并以 Q_m+Q_n 为渐近线；P 和 Q 分别表示建设用地的数量和价格。

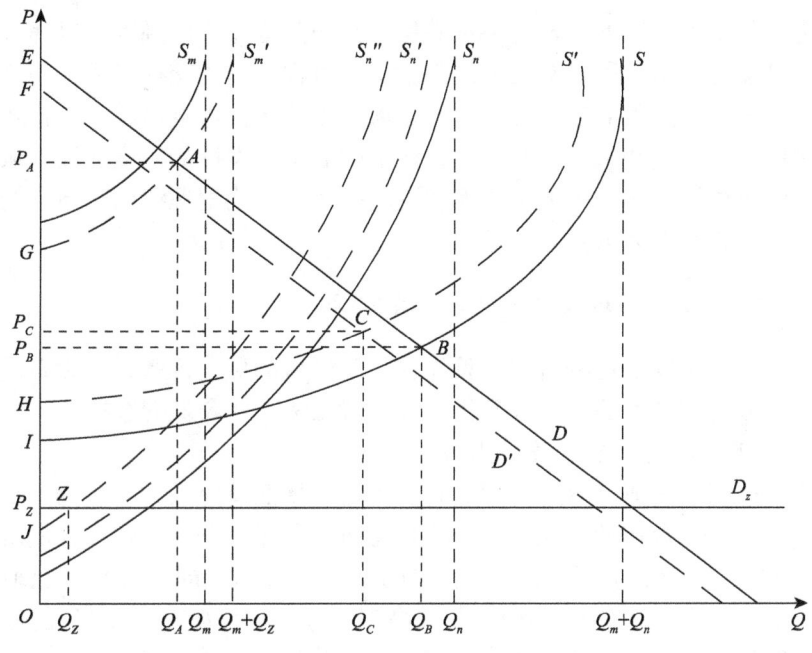

图 6-14 城乡建设用地市场效率分析图

由图 6-14 可看到，统一城乡建设用地市场状态下土地市场的均衡点为 A，均衡价格和均衡数量分别为 P_A 和 Q_A；而城乡建设用地分割状态下土地市场的均衡点为 B，均衡价格和均衡数量分别为 P_B 和 Q_B。

设需求函数 D 的反函数为 $P=F(Q)$，需求函数 D' 的反函数为 $P=F_1(Q)$；供给函数 S 的反函数为 $P=T(Q)$，供给函数 S' 的反函数为 $P=T_1(Q)$。

可以看到，与统一的城乡建设用地市场相比，城乡建设用地市场的分割会带来社会福利的损失。社会福利损失的面积：

$$\Delta W = \int_0^{Q_A} \left(F(Q) - T(Q) \right) \mathrm{d}Q - \int_0^{Q_B} \left(F_1(Q) - T_1(Q) \right) \mathrm{d}Q$$

6.2.3 各地集体建设用地入市流转制度变迁与实践探索

诺斯认为：制度是人类设计的一种强制，用以把人与人之间的相互作用系统化。它由正式规则（如宪法、法律和产权）和非正式规则（如行为规范、社会惯例、施加于己的行为准则）及它们的实施机制构成。制度的功能主要包括降低交易费用、创造激励机制、矫正价格、提供信息、将外部性内部化、为实现良好的合作与竞争关系创造条件。

制度变迁是指新制度（或新制度结构）产生、替代或改变旧制度的动态过程。作为替代过程，制度变迁是一种效率更高的制度替代原制度的过程；作为转换过程，制度变迁是一种更有效率的制度生产过程；作为交换过程，制度变迁是制度的交易过程。重大的制度变迁往往是通过无数次具体且微小、非正式约束的变化累积而成的，这些微小的变化在整体上构成了根本性的制度变迁。从我国土地市场化的改革历史进程中找出政策演进的基因，准确把握我国土地市场化改革的逻辑起点，具有极为重要的意义。

1. 农村集体建设用地流转市场的发展历程

要了解一项制度变迁的过程，首先要从该区域的历史说起，历史是重要的，如果我们不去追溯制度的渐进性演化过程，就无法理解今日的选择。

1）农村集体土地产权制度的形成

中华人民共和国成立以来，国家农村土地制度变革路径大致分为土地改革阶段、高级农业生产合作社阶段、人民公社化阶段、家庭联产承包责任制阶段。中华人民共和国成立初期，国家实行农民的土地所有制，即农民私人土地所有权（1949~1956年）；1956年开始实行高级社，即高级社会主义土地所有权（1956~1957年）；1958年开始实行农村人民公社化运动，确立"三级所有、队为基础"的人民公社体制，即人民公社集体土地所有权（1958~1984年）；1978年以来，我国农村发生了以土地资产产权结构重建为核心的经济体制改革，实行"包产到户"为主发展为"包干到户"为主的家庭联产承包责任制，1984年实行政社分设，人民公社体制解体，形成和确立了"集体所有、农户经营"为主的多元权利的土地产权制度，即农民集体土地所有权（1984年以后）。

2）集体建设用地流转政策

在计划经济时期，土地在事实上被分割为城市土地和农村土地两大块。城市土地利用由主管城市规划与建设的住房和城乡建设委员会系统管理，农村土地由农业部、农垦部、林业部和水利部分管，农业用地主要由农业部下设的土地利用总局管理。当时，国家农村土地管理工作相当薄弱，农村集体非农建设用地基本上由集体合作社、集体生产队自行管理。20世纪70年代以前，我国的工业化极为偏重大型重工业企业，农村地区基本被排除在工业化进程之外。70年代后，为了响应农业机械化的号召，农村集体合作社、集体生产队企业得到了长足的发展。1978年，安徽凤阳小岗村掀起了家庭联产承包责任制的农村土地制度改革大幕，极大地调动了农民的农业生产积极性，农业生产效率显著提高，农民劳动力从集体劳动的困境中解脱出来，农村出现了大批农业剩余劳动力。我国乡镇企业获得迅速发展，成为经济发展的主要部分，农村集体非农建设用地也得到了快速的扩展，农村集体合作社、集体生产队企业用地构成今天农村存量集体非农建设用地的一部分。

改革开放初期，政府对农村集体建设用地直接入市进行了严格限定，1982年《中华人民共和国宪法》规定："任何组织或者个人不得侵占、买卖出租或者以其他形式非法转让土地。"1982年《国家建设征用土地条例》明确规定："禁止任何单位直接向农村社队购地、租地或变相购地、租地。农村社队不得以土地入股的形式参与任何企业、事业的经营。""买卖、租赁或变相买卖、租赁土地的，违法转让土地的，没收其非法所得"。1986年制定的《中华人民共和国土地管理法》规定："任何单位和个人不得侵占、买卖、出租或者以其他形式非法转让土地"，"买卖、出租或者以其他形式非法转让土地的，没收非法所得"。1994年《中华人民共和国城市房地产管理法》第八条规定："城市规划区内的集体所有的土地，经依法征用转为国有土地后，该幅国有土地的使用权方可有偿出让。"1995年的《中华人民共和国担保法》规定"乡（镇）、村企业的土地使用权不得单独抵押"。农村集体非农建设用地利用的范围被限制在经依法批准使用的兴办乡镇企业和村民建设住宅。1998年制定的《中华人民共和国土地管理法》第四十三条规定"任何单位和个人进行建设，需要使用土地的，必须依法申请使用国有土地"，"前款所称依法申请使用的国有土地包括国家所有的土地和国家征用的原属于农民集体所有的土地"；但是第六十三条补充规定"农民集体所有的土地的使用权不得出让、转让或者出租用于非农业建设；但是，符合土地利用总体规划并依法取得建设用地的企业，因破产、兼并等情形致使土地使用权依法发生转移的除外"。2007年《国务院办公厅关于严格执行有关农村集体建设用地法律和政策的通知》依然明确要求，除了真正的乡镇企业、农民个人建房、村庄基础设施和公益事业建设等可以使用农村集体土地，其他非农建设，必须使用国有土地，"其他任何单位和个人进行非农业建设，需要使用土地的，必须依法申请使用国有土地"。而"农村住宅用地只能分配给本村村民，城镇居民不得到农村购买宅基地、农民住宅或'小产权房'"。

可以看到，在此阶段根据法律制度的严格规定，农村集体非农建设用地要进入土地市场，必须通过征地这一唯一合法的方式，而征地且在一级土地市场上，政府是唯一的供给者。我国法律在原则上禁止集体建设用地直接进入一级土地市场的同时，例外地允许集体建设用地在特定的情况下（企业破产、兼并等情形）进入二级土地市场。

2. 农村集体建设用地流转的政策调整和实践

为解除政府垄断一级土地市场导致城乡割裂所造成的政策困境，中央进行了适当的政策创新：一是适当调整征地补偿的标准；二是对现行农村集体非农建设用地使用权流转政策进行适度微调；三是进行农村集体非农建设用地直接入市的改革试点。

1）征地补偿标准的适当调整

从 1986 年到 1998 年，《中华人民共和国土地管理法》把征地补偿的最高限制从土地被征用前三年平均年产值的 20 倍提高到 30 倍。2008 年 10 月，国土资源部提出，各省、区、市要抓紧做好征地统一年产值标准和区片综合地价修订完善工作，为切实保障被征地农民的合法权益，深化征地制度改革，从 2009 年起国家逐步适当提高征地补偿标准。征地补偿依据从"年产值倍数法"向"制定征地统一年产值标准和区片综合地价"发生转变，使得征地补偿趋向合理化。

与此同时，地方政府在完善征地程序、增加失地农民安置方法等方面进行了大量的探索，在一定程度上缓解了征地引发的矛盾。这些探索都是在不根本改变征地制度的前提下进行的，虽可解决农民最基本的生活保障问题，但农民无法参与分享大部分土地收益。征地补偿标准虽然有所升高，但是与一级土地市场出让价格相比还存在较大差距。

2）农村集体建设用地流转的政策调整

1998 年颁布的《中华人民共和国土地管理法》明确禁止农村集体非农建设用地直接入市。面对愈演愈烈、错综复杂、数量庞大的隐形交易，1988 年的《中华人民共和国土地管理法》保留了例外，允许集体建设用地在特定的情况下（企业破产、兼并等情形）进入二级土地市场。1996 年，在国家土地管理局支持下，苏州市颁布了《苏州市农村集体存量建设用地使用权流转管理暂行办法》，探索集体建设用地使用权有序流转。1999 年国土资源部在芜湖、苏州和湖州等地进行农村集体非农建设用地直接入市的改革试点，随后试点范围不断扩大，试点地区包括河南安阳、江苏无锡和南京；2004 年，《国务院关于深化改革严格土地管理的决定》规定，"在符合规划的前提下，村庄、集镇、建制镇中的农民集体所有建设用地使用权可以依法流转"；2005 年广东省人民政府颁布《广东省集体建设用地使用权流转管理办法》，这是我国首部地方性的规范农村集体非农建设用地直接入市的法规；2006 年，国务院下发的《国务院关于加强土地调控有关问题的通知》明确指出，"农用地转为建设用地，必须符合土地利用总体规划、城市总体规划、村庄和集镇规划，纳入年度土地利用计划，并依法办理农用地转用审批手续"，"农民集体所有建设用地使用权流转，必须符合规划并严格限定在依法取得的建设用地范围内"。2007 年，国务院办公厅下发《国务院办公厅关于严格执行有关农村集体建设用地法律和政策的通知》，该通知要求国土资源部要会同有关部门，根据农村经济社会发展变化的新情况，深入研究在依照土地利用总体规划、加强用途管制的前提下，完善对乡镇企业、农民住宅等农村集体建设用地管理和流转的政策措施。2008 年，国务院下发的《国务院关于促进节约集约用地的通知》指出，"利用农民集体所有土地进行非农建设，必须符合规划，纳入年度计划，并依法审批"。2008 年，《中共中央关于推进农村改革发展若干重大问题的决定》中提出"允许农民依法通过多种方式参与开发经营并保障农民合法权益。逐步建立城乡统一的建设用地市场,对依法取得的农村集体经营性建设用地,必须通过统一有形的土地市场、以公开规范的方式转让土地使用权,在符合规划的前提下与国有土地享有平等权益。2012年12月,《中共中央 国务院关于加快发展现代农业进一步增强农村发展活力的若干意见》要求严格规范城乡建设用地增减挂钩试点和集体经营性建设用地流转。农村集体非经营性建设用地不得进入市场。2013年11月,《中共中央关于全面深化改革若干重大问题的决定》提出,"在符合规划和用途管制前提下,允许农村集体经营性建设用地出让、租赁、入股,实行与国有土地同等入市、同权同价"。2015年2月25日全国人民代表大会常务委员会审议相关决定草案,授权国务院在北京市大兴区等33个试点县(市、区)行政区域,暂时调整实施土地管理法、房地产管理法关于农村土地征收、集体经营性建设用地入市、宅基地管理制度的有关规定。

分析政府政策调整的路径发现,政府已逐渐认可农村集体非农建设用地进入市场,并试图在制度上加以规范。可以看到,集体建设用地流转相关制度不断地在边际上进行微小调整,并对调整后实践中出现的问题出台相关政策予以规范。回顾农村集体经营性建设用地入市相关政策演进,大体来说,农村集体经营性建设用地入市经历了初步探索、逐步放开两个阶段。初步探索阶段(1996~2008年),这一时期工业化与城镇化对土地的需求快速上升,中央也开始在部分地区通过小范围试点方式推进集体建设用地流转,部分地区农村集体建设用地管理制度改革创新取得了较大进展。逐步放开阶段(2008年至今),这一时期农村集体经营性建设用地入市步入了逐步开放阶段。2008年《中共中央关于推进农村改革发展若干重大问题的决定》提出"逐步建立城乡统一的建设用地市场"的改革目标,逐步放宽了农村集体经营性建设用地入市限制。

3)农村集体建设用地流转的实践探索

伴随国家政策对集体建设用地流转的限制逐步放开,以及国土资源部(现为自然资源部)相关试点示范效应的显现,各地方政府积极响应,开展集体建设用地入市的地方实验。

1999年11月,安徽省芜湖市经过国土资源部的批准,作为全国农民集体所有建设用地使用权流转试点。乡村办企业、公共设施、公益事业、个体工商户、私营或者联户办企业及农村村民建筑宅等都可以使用集体建设用地,但是不可更改集体所有权,且需符合总体规划、城镇规划和土地利用年度计划等。集体建设用地额由乡镇人民政府统一开发,采用招标、拍卖等市场方式让渡土地使用权。在不改变土地所有权权属关系的前提下,可以通过出租、出让、抵押等方式对集体建设用地进行流转,并且使农民分享土地流转的收益。

1992年前后广东省南海市发起了自下而上的集体建设用地流转创新，对集体土地进行农田保护区、经济发展区和商住区三区划分，由集体经济组织出面招商引资。创新地采用集体土地股份制来替代家庭联产承包责任制，将农村集体经济组织改造成股份公司。让农民充分享受经济发展带来的利益。2005年，广东省出台了《广东省集体建设用地使用权流转管理办法》，对集体建设用地入市做出比较明确的规定。在土地范围上，要求符合土地利用规划；权属没有争议；土地权利范围不受限制；非村民住宅用地。在土地用途上，明确规定了集体建设用地的用途包括三大类项目：兴办各类工商企业，包括国有、集体、私营企业，个体工商户，外资投资企业，股份制企业，联营企业等；兴办公共设施和公益事业；兴建农村村民住宅。在出让方式上，规定"以集体建设用地使用权作价入股（出资），与他人合作、联营等形式共同兴办企业的，视同集体建设用地使用权出让"，并允许集体土地使用权自由出让、转让、出租和抵押。

2006年湖北省出台了《湖北省农民集体所有建设用地使用权流转管理试行办法》，对集体建设用地入市作了一系列规定。在土地范围上，将适用流转的集体建设用地使用权界定为"符合土地利用总体规划和城市规划的村庄、集镇、建制镇中权属合法、界址清楚的集体建设用地使用权"。在收益分配及使用上，规定"集体土地所有者取得的土地收益应当纳入农村集体财产统一管理，专项用于本集体经济组织成员的社会保障、被安置人员的生活补助、发展生产、偿还村集体债务等，不得挪作他用"，并规定"集体经济组织应将取得的土地收益及其使用情况向集体经济组织成员公开，并接受监督"。在土地用途上，则规定"必须符合土地利用总体规划和村镇规划，在城市规划区内的必须符合城市规划"。

2008年，成都市国土资源局印发《成都市集体建设用地使用权流转管理暂行办法》，之后成立首家农村产权流转担保股份有限公司和农村产权交易中心，主要通过市场来交易农村集体建设用地的使用权及农村建设用地复垦耕地而产生的建设用地指标。这是我国首次以公开市场的形式对农村集体建设用地使用权交易提供的一个平台。

2008年河北省颁布《河北省集体建设用地使用权流转管理办法（试行）》，对集体建设用地入市做了相应的规定。在土地范畴上，把适用流转的集体建设用地使用权界定为"乡镇企业和乡（镇）村公共设施、公益事业建设用地，以及其他经依法批准用于非住宅建设的集体所有土地"，并明确规定住宅用地不得进行流转。在入市方式上，把集体建设用地流转界定为"在所有权不变的前提下，出让、出租、转让、转租和抵押集体建设用地使用权的行为"。在利益分配上，规定"集体建设用地使用权出让、出租取得的土地收益属所有权人所有，其他单位和个人不得截留或者挪用"。该文件的一个重要特点是在土地收益分配上，明确规定土地收益属所有权人所有，把地方政府和其他单位排除在收益分配主体之外。

截至 2014 年底，已有 23 个省（市）出台集体建设用地流转办法（条例）或开展了流转的试点工作。出台集体建设用地流转办法（条例）或开展了流转的试点工作的省（市）数量的变化情况如图 6-15 所示。

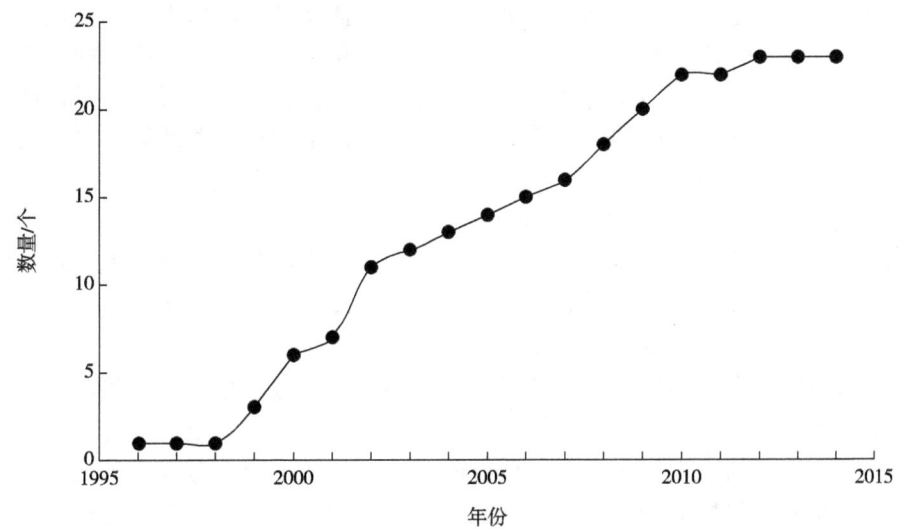

图 6-15　1996~2014 年进行集体建设用地流转省（市）数量走势图

从图 6-15 可以看出，出台相关政策或进行试点的省（市）数量曲线呈现出"S"形，在集体建设用地入市政策推广的早期，采用者很少，进展速度也很慢；到 2000 年左右，当采用者达到一定数量时，示范效应逐步显现，进展突然加快，曲线迅速上升并保持这一趋势；在接近饱和点时，进展又会减缓，导致了整个过程类似于一条"S"形的曲线。可以看到，在 2008 年曲线又出现短暂的快速上升趋势，是由于年《中共中央关于推进农村改革发展若干重大问题的决定》提出"逐步建立城乡统一的建设用地市场"的改革目标，进一步放宽了农村集体经营性建设用地入市限制，导致更多省（市）出台相关政策或开展试点工作。

农村集体经营性建设用地入市经历了初步探索阶段（1996~2008 年）、逐步放开阶段（2008 年至今）两个阶段。第一阶段——初步探索阶段，地方政府出台相关政策或进行试点的省（市）主要有黑龙江省、辽宁省、北京市、甘肃省、四川省、湖北省、河南省、安徽省、山东省、江苏省、浙江省、福建省、广东省；第二阶段——逐步放开阶段，地方政府出台相关政策或进行试点的省（市）主要有黑龙江省、辽宁省、北京市、陕西省、甘肃省、四川省、湖北省、河南省、安徽省、山东省、江苏省、浙江省、福建省、广东省、吉林省、河北省、湖南省、贵州省、重庆市、云南省,即在第一阶段的基础上增加了吉林省、河北省、湖南省、贵州省、重庆市、云南省六个省(市)。

由此可以看到,地方政府出台相关政策或进行试点在空间上具有一定的"邻近效应",区域内省(市)之间相互竞争与学习,使政策扩散的过程呈现出"领导者—追随者"的发展轨迹。但是,政策的推广并非简单的"水平扩散"与"垂直扩散",而是呈现为一个在多层级间互动的立体化网络,水平扩散的过程中也有可能受到政府层级的垂直性影响。与此同时,相关政策只有与特定的制度及社会经济环境相适应,才能生存和发展,因此可以看到,东南沿海经济发达地区对政策的采纳显著快于西南地区,截至 2014 年底,未出台相关政策的省份大部分集中在我国的西部地区。

4)集体建设用地入市流转的地方探索

江苏宜兴的年租制。江苏省无锡市下辖的宜兴市的集体建设用地流转可以追溯到 20 世纪 90 年代初的乡镇企业改制时期。经过发展,宜兴集体建设用地流转逐渐形成了颇具特色的以"长租短约"为形式的年租制。

宜兴集体建设用地流转的主要形式是"出租",也就是村集体将集体建设用地使用权出租给集体以外的企业使用,具体租赁年限由市国土资源管理部门和农村集体经济组织与土地使用者在租赁合同中约定,但不得超过规定的最高年限。集体土地年租金收缴标准由各镇(园区、街道)参照市政府公布的基准地价,经有资质的评估机构评估后确定。租赁年限一般不超过 5 年,2010 年前后又改为 3 年。土地租金调整的周期也为 3~5 年,调整幅度一般不超过 20%,具体调整时间由集体经济组织确定。

宜兴市的集体建设用地主要由乡镇街道或村级经济组织主导,将除国家法律规定的四种划拨用地和出让用地外的其他非农建设用地全部列入租赁范围。租赁政策实施中涉及的利益主体包括地方政府、村集体、农民及用地企业。地方政府的作用是制定相关政策、标准等,一般不干预具体的流转行为。村集体作为集体土地所有者按照《宜兴市土地租赁暂行办法》统一规定,在各级国土资源部门的指导下,具体组织并实施相关租赁。具体的组织和实施由村民、企业和集体三者之间进行协商谈判,包括对土地用途、租金和收取方式等进行要约。

集体土地租赁收益中的 3%要上交给办理土地登记手续的国土资源部门,剩余的 97%归村集体经济组织。村集体以小组为单位,将其中一部分租赁收益返还给小组的集体经济组织成员(按人或项目比例分配),其余部分可以用于该小组的村公益金,用于公益事业和基础设施建设。村公益金中,一般 30%用于村集体的相关管理费用,70%用于基础设施的建设和维护。

四川郫县"一揽子"流转模式。四川省成都市下辖的郫县的集体建设用地流转制度改革,是伴随着成都作为全国统筹城乡综合配套改革试验区建设和汶川地震灾后重建工作而摸索出来的,是具有明显地方特色的"一揽子"流转模式。

本质上看,四川郫县的"一揽子"流转模式是综合了挂钩中的发展权流转、集体建设用地使用权抵押、集体建设用地使用权作价入股和联营的集合体。流转形式包括初次流转、再次流转和抵押。初次流转包括出让、出租、作价(出资)入股、联营视同出让等形式,再次流转包括转让、转租等形式。主要包括五个步骤:第一,在农村集体内部进行集体建设用地使用权的整合,一般以成立村集体资产公司的方式,将农户的土地资产集中化(集体建设用地使用权的转让);第二,集体资产公司以集体的建设用地资产为抵押物,在第三方担保下,向银行抵押融资(集体建设用地使用权的抵押);第三,集体资产公司向政府管理部门申请农村土地复垦、整理和挂钩(集体建设用地使用权的重新分配);第四,集体资产公司将复垦、整理节约的建设用地指标通过挂钩流转给社会企业,社会企业获益,后者将指标用于城市国有建设用地开发;第五,集体资产公司进一步以指标交易的收入、留置用地、集体农业资源等作价入股,与社会企业共同开发规模化、现代化农业产业(集体建设用地使用权作价入股、联营)。

郫县集体建设用地流转的实施主体是由农民自主组建集体资产公司,包括:村民议事会提出组建方案;以社区为单位推选股东代表、召开股东代表会议、制定公司章程;选举公司董事会和监事会;流转参与农户的集体建设用地使用权经变更登记;资产评估后注入公司等程序,完成集体资产公司组建和注册登记。集体资产公司向银行进行融资,当地政府部门负责申请挂钩、整理、复垦等"一揽子"项目。

《郫县农村产权流转管理办法》规定流转价格不得低于政府公布的该区域的集体建设用地使用权流转最低保护价。初次流转收益大部分归集体经济组织所有,县、乡政府可按一定比例提取城乡统筹配套建设资金,用于农业农村发展。集体建设用地使用权再次流转的收益,土地使用者与集体土地所有者有约定的,从其约定;没有约定的,归土地使用者所有。农户房屋(含宅基地)转让的,转让收益大部分归农户所有,县、乡政府可按一定比例提取城乡统筹配套建设的资金,用于农业农村发展。集体经济组织应按相关规定统一管理集体建设用地使用权流转收益,并优先用于农民的社会保险。

湖北沙洋集体建设用地入市流转的实践。湖北省先后选择 13 个县(市)开展了农村集体建设用地流转试点,及时总结经验,于 2006 年制定出台了《湖北省农民集体所有建设用地使用权流转管理试行办法》(湖北省人民政府令第 294 号),规定了集体建设用地使用权及其流转的含义、方式、原则、限制条件、程序、价格、期限、收益管理及用途、监管与控制等,为稳步推进湖北省农村集体建设用地流转,逐步建立城乡统一的建设用地市场做出了重要贡献。地方根据《湖北省农民集体所有建设用地使用权流转管理试行办法》,结合本地区经济发展情况，制定了地方性的流转办法或条例，并在《湖北省农民集体所有建设用地使用权流转管理试行办法》基础上加以完善。2010年9月，武汉市出台了《武汉市集体土地确权登记试点工作指导意见》《武汉市集体建设用地使用权流转管理办法》《武汉市征地留用产业用地有关问题的指导意见（试行）》等阶段性文件。荆州市出台了《荆州市农村集体建设用地流转实施方案》《荆州市农村集体存量建设用地使用权管理意见》，允许集体建设用地特别是城乡接合部的集体建设用地采取出让、转让、出租、转租、入股等多种形式进行流转，从根本上承认了集体土地所有权的权能，维护了农民的合法权益。鄂州市创新制度设计，在"五权"抵押融资和"两指标"交易等方面取得了突破性进展，并出台了《鄂州市集体建设用地使用权抵押融资管理办法（试行）》《鄂州市建设用地挂钩指标登记和使用管理暂行办法》等一系列政策性文件。

2003年8月湖北省国土资源厅将沙洋县确定为集体建设用地流转试点单位，沙洋县的集体建设用地流转可以说是与统筹城乡经济社会发展的工作结合在一起开展的，历史不是很长。也正是因为"后发"的制度设计，所以从内容上看比较系统地构建了集体建设用地流转制度。

流转最大的特色是除了集体独资自办的企业用地，集体公共、公益设施建设用地之外，其他的集体建设用地流转必须在土地有形市场或者土地交易所挂牌交易，对使用集体建设用地从事商业、旅游、娱乐等经营性目的活动的，应当参照国有土地使用权出让程序，采用招标、拍卖、挂牌的方式提供集体建设用地使用权。

沙洋县的集体建设用地流转由村集体经济组织主导，集体建设用地使用权流转（除转让、转租外），须经2/3以上集体经济组织成员或者2/3以上村民代表的同意。而国土资源管理部门只负责对集体建设用地流转过程进行全程管理，包括组织拍卖、进行公告、权属登记、出具土地使用条件等，并对集体建设用地流转的用途、规模、流转范围等进行一定的限制和管理。

土地的最终价格由招拍挂实际价格决定，不得低于湖北省人民政府制定的当地国有土地出让的最低价格标准。土地有偿使用费按土地增值收益的10%向国土部门缴纳，剩余90%的土地增值收益向土地所在农村集体经济组织缴纳；农村集体经济组织取得的流转收益应当纳入农村集体财产统一管理，实行专户存储，专项用于本集体经济组织成员的社会保障、被安置人员的生活补助、发展生产、偿还村集体债务等，不得挪作他用。在缴纳有偿使用费后，土地出让收益的剩余部分以村民自治的方式在村庄内部进行分配。

沙洋县的集体建设用地招拍挂，是一种以集体建设用地使用权出让为主要流转方式的制度，最具特色之处是明确地给出了集体建设用地流转需要通过招拍挂来实现。最直接的效果是，以一种强制性的规则将市场配置的手段纳入集体建设用地流转。从 2002 年开始，沙洋县共发生农村集体建设用地流转 1 124 宗，面积 12.91 万平方米，其中办理集体建设用地流转手续并登记发证 975 宗，面积 10.07 万平方米。沙洋县的集体建设用地流转更为集中，农村集体建设用地流转 708 宗，面积 9.91 万平方米，其中办理集体建设用地流转手续并登记发证 675 宗。

具体案例介绍：

以位于沙洋县南的李市镇为例，2007 年沙洋县国土资源局组织对李市镇青年村 17 宗 875.7 平方米集体建设用地（大多是闲置的仓库用地）进行拍卖。拍卖共有 27 名竞争者参与竞价，最终以 84.7 万元成交。这些集体建设用地的地理位置较好，预计需求者多，土地处于集镇的中心，可用于做生意，且有升值的空间。整个拍卖出让过程都是按照规范的实施模式，由国土资源部门和相关村集体经济组织或村委会共同完成的。

尽管有这种成功的案例，政府相关规章制度也已具备相当的完整性，但沙洋县的集体建设用地流转的整体表现始终"风平浪静"。究其原因，可以借用一句基层干部的话，"工业园区都空着，集体建设用地流转更不可能了"。

6.2.4 经营性建设用地入市权利主体参与行为和收益分配关系

1. 经营性建设用地出让收益分配关系

关于集体建设用地出让过程收益分配模式，通过对珠江三角洲典型城乡统一建设用地市场探索地区——江门市、佛山市顺德区、东莞市的走访调查，我们发现在践行集体建设用地入市的典型地区，集体建设用地流转收益主要流向集体和政府，其地方政府通过对集体建设用地所有者和使用者征收税费，获得集体建设用地交易过程的收益。总体来看，政府方面，集体建设用地出让过程政府收入涉及土地出让收益金、交易服务费和交易税费，但缺乏统一的税费标准，以致不同地区在集体建设用地公开交易市场中所收取的税费项目和税率设置不同。

根据江门市土地资源交易中心、顺德区国土城建与税务局、东莞市国土资源和房屋管理局等部门相关文件，江门、顺德、东莞三地的政府相关部门在集体建设用地出让交易中所收取交易服务费基准是一样的，在出让收益金和交易税费方面收取标准略有不同。交易服务费主要包括招拍挂服务费和办证服务费，其中，办证服务费为 500 元/宗，招拍挂服务费以实际成交价为计算基数，按分段累加，100 万元以下部分收流转金 1%，100 万~500 万元部分收流转金 0.8%，500 万~1 000 万元部分收流转金 0.6%，1 000 万~3 000 万元部分收流转金 0.3%，3 000 万~5 000 万元部分收流转金 0.2%，5 000 万~1 亿元部分收流转金 0.005%，1 亿元以上部分不收费。税费方面，江门和顺德首次流转征收的税费项目及标准一致，主要包括营业税（5.6%，现改为增值税，以成交价计算）、堤围防护费（0.0648%，以成交价计算）、教育费附加（3%，以营业税税款为依据计算缴纳）、印花税（0.05%，以成交价计算），而东莞并不针对卖方收取增值税、堤围保护费和教育费附加，只对卖方收取印花税，对买方收取契税和印花税。三个地区最大的差异在于土地出让收益金，江门规定对集体建设用地使用权竞得者按成交价的 10%收取流转收益金，其中工业用地减免；顺德按成交价的 7%对集体建设用地使用权竞得者收取土地出让收益金；而东莞则根据集体建设用地的不同用途，按照经营性建设用地 105 元/米²、工业用地 75 元/米² 的标准对集体建设用地使用权竞得者收取土地出让收益金。同时，东莞相较于其他两地针对交易双方征收了土地开发专用金，其规定集体经济组织和集体建设用地使用权竞得者需按成交价的 10%分别承担 50%土地开发专用金。

根据相关税率标准，计算出 2005~2014 年江门市每一宗地首次流转中集体所得和政府所得收益，并进行汇总。平均每年政府从集体建设用地流转中获得的收益为 856.13 万元，而集体平均每年出让集体建设用地所得收益为 5 523.51 万元，二者比例为 1∶6.45。平均每年集体建设用地流转金为 6 187.98 万元，平均每年获地成本即企业购地成本为 6 376.71 万元。具体每年集体和政府在流转集体建设用地中的收益见图 6-16，由图 6-16 可以看出，二者走势趋于一致，在 2005~2014 年不断波动，2010 年达到最高峰后开始持续下降。

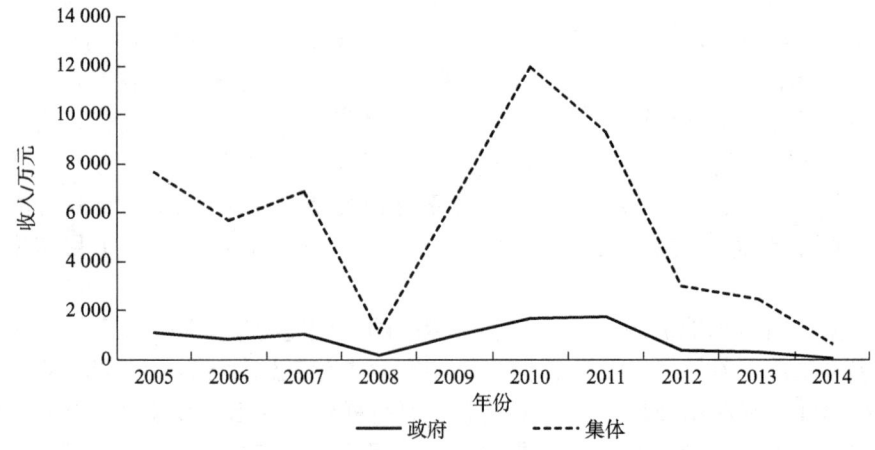

图 6-16　2005~2014 年江门市集体建设用地出让过程中政府和集体收入

顺德区建立了集体土地所有权人流转收益分配使用的监管制度，集体建设用地流转过程涉及相关权利主体收益明确。根据集体经济组织集体资金使用制度，成交后价格扣除上交税费后，流转净收益的 50%形成专款专用项目，用于农民社会保障安排，剩余50%中的20%作为集体收益用于集体公益事业，另80%按股权比例直接分配给农民。根据相关税率标准，计算出顺德区2010~2014年每一宗地首次流转中相关权利主体所得收益，可以得出，平均每年政府从集体建设用地出让中获得的收益为2 769.42万元，而集体平均每年出让集体建设用地所得收益为935.99万元，村民获得的直接经济收益为3 743.95万元，间接收益为4 679.94万元。平均每年集体建设用地流转金为11 024.13万元，平均每年获地成本即企业购地成本为12 129.30万元。具体每年政府、集体和村民在流转集体建设用地中的收益见图6-17。由图6-17可以看出，在政府、集体、农民的收益分配中，农民所得收益最多，其次是政府，最后是集体，三者在时间上呈同一趋势波动，在2011年达到最高峰后开始下降，2013年后有所增加，平均而言，按实际经济收入算，政府、集体、农民收益分配比为2.88∶1∶3.88，若考虑农民福利保障的间接收入，则最终收益分配比为2.88∶1∶8.69。

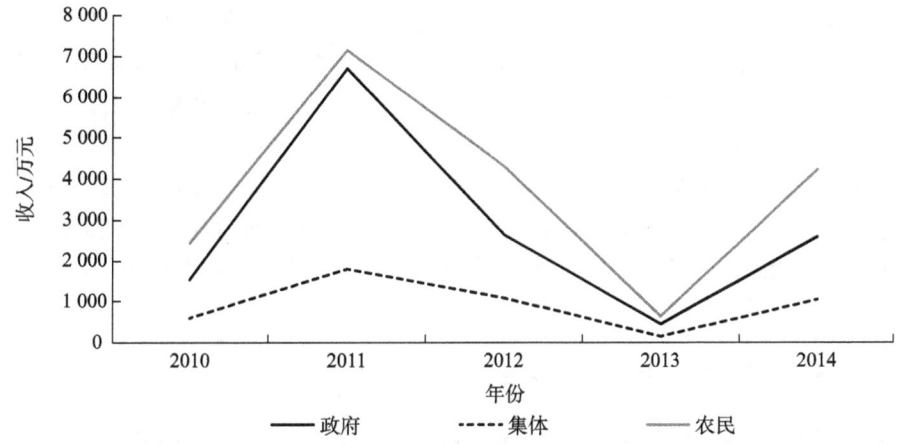

图6-17　2010~2014年顺德区集体建设用地出让过程中各参与主体收入

东莞市集体建设用地出让后，扣除上缴相关税费后，所得净收益由村集体和村民自主分配。根据相关税率标准，计算出2005~2015年每一宗地首次流转中集体所得和政府所得收益，可以发现，平均每年政府从集体建设用地流转中获得的收益为18 501.43万元，而集体平均每年出让集体建设用地所得收益为50 115.3万元，二者比例为1∶2.71。平均每年集体建设用地流转金为6 187.98万元，平均每年获地成本即企业购地成本为68 616.23万元。具体每年集体和政府在流转集体建设用地中的收益见图6-18，由图6-18可以看出，除了在2006年集体收益和政府相当以外，整体集体收益高于政府，二者走势趋于一致，在2005~2015年先后经历了两个增加到减少的过程。

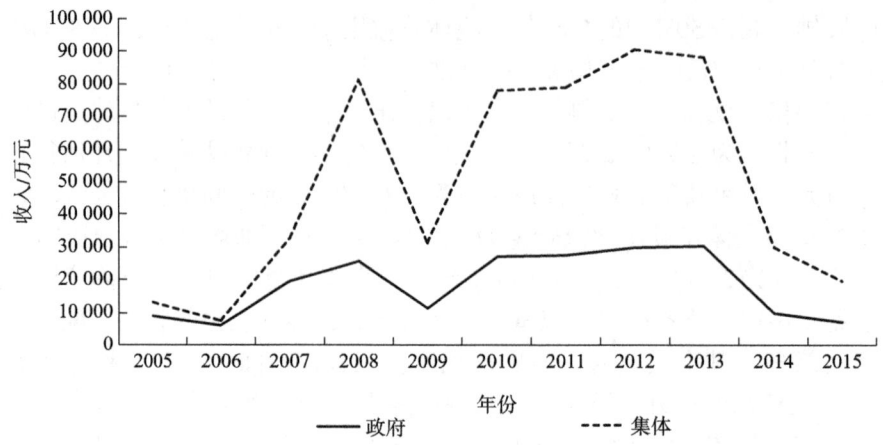

图 6-18　2005~2015 年东莞市集体建设用地出让过程中政府和集体收入

根据江门、顺德、东莞三个地区集体建设用地出让过程中政府和集体收益分配比例，若将农民和集体看作统一整体，江门市平均每年政府和集体出让集体建设用地所得收益分配比例为 1∶6.45；顺德区平均每年政府和集体出让集体建设用地所得收益分配比例为 1∶3.36；东莞市平均每年政府和集体出让集体建设用地所得收益分配比例为 1∶2.71。综合以上三个地区集体建设用地出让收益分配比例，得出江门市集体在集体建设用地出让过程中收益所占比例最大，而东莞市集体所占比例最小；平均而言，集体建设用地出让中政府和集体的收益分配比例为 1∶4.17。

2. 出租过程中政府收入与收益分配——以南海区为例

针对集体建设用地出租情况，通过对南海区相关部门访问调查，我们了解到集体建设用地出租与国有建设用地出租涉及税费一致，税费项目设定相对集体建设用地出让更为清晰明确。相较于集体建设用地出让，集体建设用地出租没有出让收益金项目，但需对出租方收取城市维护建设税、企业所得税，对承租方每年按 2.5 元/米^2 收取土地使用税。扣除税费后，集体建设用地出租净得收益归村集体和农民，集体在提留一定比例净收益作为全村成员福利预算和集体组织经营开支后，分配给股民。至于政府方面，由于南海区在 2010 年建立农村集体交易平台后，各村都可在网上传电子交易信息，因而不收取交易服务费。交易税费方面，集体建设用地出租涉及地块出租和物业出租两个方面，其中地块出租对应的税费采取核定征收率的方法纳税，以全部营业收入按 2%征收率计算缴纳，出租物业房产税，按租赁收入 12%缴纳。

根据相关税率标准，计算出南海区 2010~2015 年每一宗地出租中集体和政府所得收益，汇总得出平均每年政府从集体建设用地流转中获得的收益为22 067.71 万元，而集体平均每年租赁集体建设用地所得收益为 130 251.20 万元，二者比例为 1∶5.90。平均每年集体建设用地流转金为 147 677.10 万元，平均每年获地成本即企业购地成本为 152 318.90 万元。

根据集体建设用地出让交易和出租交易过程中政府和集体的收益分配关系，若按每单位面积集体建设用地计算，则可以得出江门市每单位集体建设用地交易中政府和集体收益比为 1∶6.45；顺德区每单位集体建设用地交易中政府和集体收益比为 1∶1.69；东莞市每单位集体建设用地出让交易中政府和集体收益分配比为 1∶2.85，平均得到每单位集体建设用地出让交易中政府和集体收益分配比为 1∶3.66；同理计算出南海区每单位集体建设用地出租交易中政府和集体收益分配比为 1∶5.90。综合考虑集体建设用地出让和出租中政府和集体收益比例，得到平均每单位集体建设用地直接交易过程中政府和集体收益分配比为 1∶4.78。

3. 集体建设用地交易过程中政府和集体市场均衡关系

从集体建设用地市场交易的相关税费市场效应看，假设政府对集体建设用地出让（租）征收的是从量税，未征收相关税费，即集体建设用地无序流转时，集体建设用地市场需求曲线为 D，供给曲线为 S，在均衡点 E_0 处形成均衡价格 P_0，均衡交易量为 Q_0，在对集体建设用地交易征收税费后，需求曲线向下平行移动至 D_1，在新的均衡点 E_1 形成新的均衡价格 P_1，对应均衡数量为 Q_1，而在原需求曲线中，Q_1 对应价格为 P_2，具体见图 6-19。从图 6-19 中可以看出，$E_0 \sim E_1$ 均衡价格降低，即集体建设用地出让方实际获得交易价格降低，而受让方实际支付的价格上升，受让方转让了部分税费到出让方，交易双方共同承担了土地税费，社会福利的无谓损失增加。

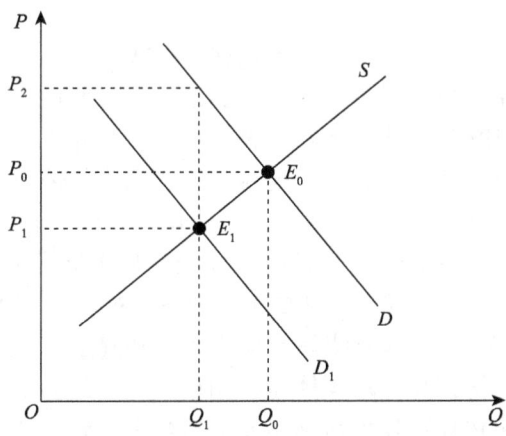

图 6-19　政府取得集体建设用地的租税费效应

1）模型构建

根据市场均衡，从供给和需求两方面，建立集体建设用地交易的联立方程组。若 Q 代表交易量，P 代表交易价格，基本公式如下：

$$\begin{aligned} Q^d &= b_{11} + b_{12}P + u_1 \\ Q^s &= b_{21} + b_{22}P + u_2 \end{aligned} \quad (6\text{-}6)$$

其中，b 为系数；u 为残差项。市场均衡时，供给量和需求量相等，即 $Q^d = Q^s = Q$，由于 Q^d、Q^s、P 都为内生变量，故可以将式（6-6）改写为

$$\begin{cases} Q = \pi_{11} + v_1 \text{（供需均衡）} \\ P = \pi_{21} + v_2 \text{（价格均衡）} \end{cases} \quad (6\text{-}7)$$

根据第 4 章集体建设用地价格机制，微观尺度上，集体建设用地的价格还受宗地特征如流转用途（type）的影响，因此在价格均衡式中，自变量除了考虑单块宗地交易政府实际收入（I_G），还需加入宗地个体特征变量等控制变量。由于交易存在不确定性，故在模型中应考虑集体建设用地交易频率（f），这里交易频率为交易年限的倒数（1/time）。另外，从供需均衡角度看，集体建设用地的交易数量与供给方和需求方的实际价格有关，由于这里着重考虑政府和集体的市场均衡关系，折算为单块宗地集体实际收入（I_J）和政府实际收入（I_G）。加之是不同年份的交易数据，应加入交易时间（year）对交易进行修正。综上，得到均衡时集体建设用地交易市场的供需均衡方程和价格均衡方程，见式（6-8）。

$$\begin{cases} P = a_{11}\text{type} + a_{12}\text{year} + a_{13}I_G + a_{14}I_J + a_{15}f + v_1 \text{（价格均衡）} \\ Q = a_{21}I_G + a_{22}\text{year} + a_{23}I_J + v_2 \text{（供需均衡）} \end{cases} \quad (6\text{-}8)$$

其中，a 为系数；v 为残差项。

2）实证分析

根据集体建设用地交易的市场均衡联立方程式，以江门市 2005~2014 年 365 宗集体建设用地出让交易资料为例，进行实证分析。假设市场均衡时交易的数量为均衡数量，这里用流转面积（size）表示，成交价格为市场均衡价格（P），结合江门市集体建设用地交易收益分配模式，江门市集体建设用地出让过程中政府收入涉及流转收益金（成交价 10%，工业用地减免，征收对象：使用权竞得者）、交易服务费和交易税费；集体在交易成交后上缴营业税（成交价 5.6%，现改为增值税）、江新堤围防护费（成交价 0.064 8%）、教育费附加（营业税的 3%）、印花税（0.05%），因此集体所得收入为扣除了相关税费后的实际收入，根据相关规定，计算得到每一宗集体建设用地交易中集体和政府实际获得收益，其他数据与第 4 章集体建设用地价格机制分析数据一致，所有变量的统计描述见表 6-23。

第6章 相关权利主体空间优化行为研究

表 6-23 变量选择与描述

变量	变量说明	均值	方差
集体建设用地价格（P）	单位面积集体建设用地流转价格/（元/米²）	199.97	226.14
流转面积（size）	单位：平方米	7 475.87	9 815.03
流转用途（type）	分类变量，工业用途=1，商业用途=2，其他用途=3	1.04	0.20
交易频率（f）	连续变量，按登记使用年限的倒数计	0.02	0.002 5
交易年份（year）	分类变量，1=2005，2=2006，…，10=2014	3.4	2.321 9
政府实际收入（I_G）	单位：万元	234 555.1	676 942.3
集体实际收入（I_J）	单位：万元	1 513 291	3 585 523

将表 6-23 中的指标代入方程组（6-8）中，利用 SAS 8.0 运行得到结果，如表 6-24。从表 6-24 中可以看出，两个方程的 F 值均显著通过检验，拟合度较高，调整 R^2 分别为 0.65 和 0.54。两个方程中，当市场均衡时，价格方面，政府实际收入、集体实际收入与价格非常显著正相关，但系数值较小，政府租税费每增加 1 个单位，价格增加 0.000 3 个单位，集体收入增加 1 个单位，价格增加 0.000 02 个单位，流转用途、交易年份和交易频率均与交易价格非常显著正相关，流转用途从工业变成商业，价格增加 107.95 元，每增加一年，交易价格增加 28.88 元；交易数量方面，政府每宗地租税费与交易面积呈非常显著负相关，地租税费每增加 1 个单位，面积减少 0.01 个单位，相反，集体每宗地实际收入与交易面积非常显著正相关，每增加 1 个单位，面积增加 0.004 个单位，但交易年份与交易面积呈非常显著负相关，每增加一年，交易面积减少 495.65 个单位。

表 6-24 联立方程模型结果

变量	价格均衡		供需均衡	
	系数估计	标准差	系数估计	标准差
intercept	−346.23***	60.45	5 856.93***	618.71
type	107.95**	49.82		
year	28.88***	3.13	−495.65***	155.66
I_G	0.000 3***	0.000 3	−0.01***	0.001
I_J	0.000 02***	0.000 06	0.004***	0.000
f	14 404***	3 764.70		
F 值	135.54，pr>F<0.000 1，调整 R^2=0.65		142.53，pr>F<0.000 1，调整 R^2=0.54	

***表示 $P<0.01$，极其显著；**表示 $P<0.05$，极其显著

联立价格均衡的方程和供需均衡的方程式，可以得到集体收入和政府收入在市场均衡时与集体建设用地交易变量的关系，如式（6-9）所示。

$$\begin{cases} I_G = -1\,267\,800 + 4\,000P - 431\,800\text{type} - 125\,440\text{year} - 20\text{size} - 288\,080f \\ I_J = 1\,218\,000 + 7\,142.86P - 771\,071.43\text{type} - 100\,000\text{year} \\ \qquad + 214.29\text{size} - 100\,100\,000f \end{cases} \quad (6\text{-}9)$$

从式（6-9）可以看出，除了交易面积外，集体建设用地市场中政府租税费收入和集体卖地所得与集体建设用地变量关系呈趋同性。政府实际收入和集体实际收入与交易价格显著正相关，与流转用途、交易年份、交易频率显著负相关。交易价格每增加 1 个单位，集体收入增加 7 142.86 个单位，政府收入增加 4 000 个单位，流转用途改变，集体和政府的实际收入都将减少，二者减少的比例为 1∶0.56。而流转面积与政府收入负相关，流转面积每增加 1 个单位，政府收入实际将减少 20 个单位，与集体实际收入正相关，流转面积每增加 1 个单位，集体实际收入增加 214.29 个单位。

因此，根据市场均衡情形，假设集体和政府都是理性人，为了获得更多收入，二者都希望集体建设用地价格上升，土地用途最好为工业用途，合同年限越久越好，集体希望交易的每宗土地面积越大越好，政府则希望面积越小越好。

4. 中央与地方政府参与行为与收益分配关系

在分析市场均衡条件下集体建设用地交易过程中政府和集体所得后，进一步地，考察集体建设用地市场建立后对国有建设用地使用权出让金和土地财政的影响。由于 2005 年广东省颁布《广东省集体建设用地使用权流转管理办法》（广东省人民政府令第 100 号），实行集体建设用地公开交易，2010 年后，珠江三角洲地区的城市相继建立集体建设用地公开交易平台，建立了更加完善的集体建设用地交易制度，对集体建设用地交易的监管也更加全面。因此，就全国而言，广东省早于其他地区建立集体建设用地公开交易市场，对于广东省而言，2005 年和 2010 年是集体建设用地市场的两个非常重要的节点，基于以上考虑及数据的可获得性，本节以广东省为例进行分析。

1）土地财政依赖度测算

狭义而言，土地财政依赖度即国有建设用地使用权出让金占地方政府公共预算收入的比例，尽管政府收入不止公共预算收入，土地收入也不止出让金，但由于土地相关出让收入很难衡量，公共预算收入是政府收入的主要来源，狭义土地财政依赖度的研究广受学者青睐（周黎安，2007；朱丽娜和石晓平，2010；唐鹏等，2014）。虽然 1987 年深圳拉开了全国建设用地有偿使用的序幕，但在 1998 年住房制度改革和新一轮《中华人民共和国土地管理法》出台后，关于国有建设用地出让的相关规定才明确建立，国有建设用地进而得以有序流转。因此，本节主要考察 1999~2014 年广东土地财政依赖情况，结合《广东统计年鉴》（1999~2015 年）和《广东国土资源年鉴》（1999~2015 年）中财政收入数据和建设用地出让数据，根据土地财政依赖度定义，计算得出 1998~2014 年广东省财政收入、国有土地出让金和土地财政依赖度，见表 6-25。

表 6-25　1998~2014 年广东省财政收入、国有土地出让金和土地财政依赖度

年份	财政收入/亿元	国有土地出让金/亿元	土地财政依赖度
1998	640.75	68.96	0.11
1999	766.19	43.22	0.06
2000	910.56	65.22	0.07
2001	1 160.51	145.41	0.13
2002	1 201.61	134.22	0.11
2003	1 315.52	145.31	0.11
2004	1 418.51	143.05	0.10
2005	1 807.20	154.08	0.09
2006	2 179.46	301.17	0.14
2007	2 785.80	1 132.71	0.41
2008	3 310.32	675.43	0.20
2009	3 649.81	1 286.64	0.35
2010	4 517.04	1 361.00	0.30
2011	5 514.84	1 357.20	0.25
2012	6 229.18	1 465.07	0.24
2013	7 081.47	3 191.16	0.45
2014	8 065.08	3 005.08	0.37

2）集体建设用地市场对土地财政依赖影响

2005 年《广东省集体建设用地使用权流转管理办法》（广东省人民政府令第 100 号）颁布以来，地区国土部门开始对流转的集体建设用地进行备案，2010 年全省陆续完成农村集体资产交易平台搭建，对集体建设用地交易规模有了更准确的统计。为了测算集体建设用地市场对土地财政依赖程度的影响，将 2005 年和 2010 年节点变化考虑进来，分别以 1998~2005 年和 1998~2010 年财政收入和土地出让金收入为初始数据，预测 2006~2014 年、2011~2014 年在没有集体建设用地公开市场和集体建设用地公开交易平台情形下广东省财政收入和国有建设用地土地出让金。

利用趋势外推法，建立财政收入（finance）和土地出让金（revenue）的一元线性关系，通过 SAS 8.0 平台，得到二者的关系，如表 6-26 所示。

表 6-26 预测模型结果

变量	1998~2005 年		1998~2010 年	
	系数估计	标准差	系数估计	标准差
intercept	342.32	209.31	975.73***	175.16
revenue	7.21***	1.74	2.29***	0.27
F 值	17.09，pr>F=0.000 6，调整 R^2=0.70		71.98，pr>F<0.000 1，调整 R^2=0.86	

***表示 $P<0.01$，极其显著

根据表6-26中所得结果，土地出让金与财政收入存在显著正相关关系，但系数存在差异，以 1998~2010 年为原始数据精度更高。分别将 2006~2014 年和 2011~2014 年的实际财政收入代入估算方程中，得到预测的土地出让金收入，继而计算出对应两种情形下预测的土地财政依赖度 1 和土地财政依赖度 2，见图 6-20。

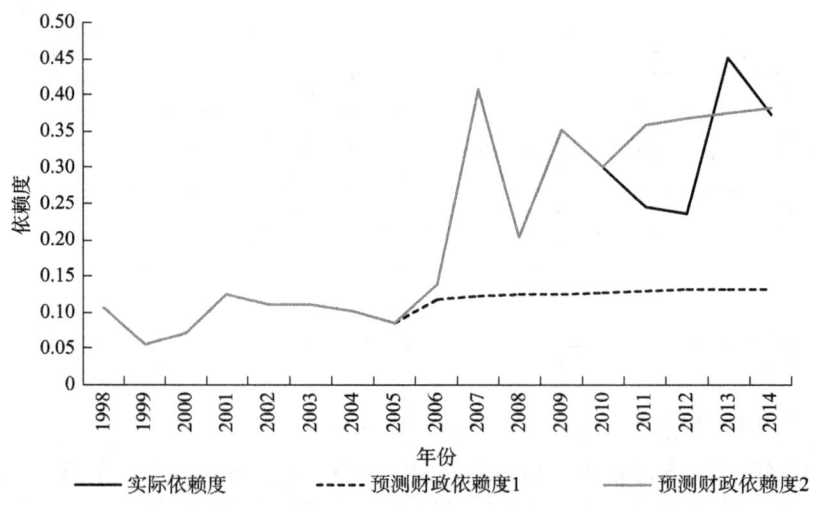

图 6-20 1998~2014 年广东省实际土地财政依赖度和预测财政依赖度对比

根据图 6-20，可以看出，若以 2005 年为节点，在没有集体建设用地出让市场下，2006~2014 年土地财政的依赖度在 0.1~0.15 缓慢增长，远远低于实际依赖度，即集体建设用地市场的建立会增加财政收入对国有建设用地出让金的依赖度。若以 2010 年为节点，在没有建立完整的集体建设用地公开交易平台和交易制度的情况下，2011~2014 年，土地财政依赖度从 2011 年的 0.3 稳步增加到 2014 年 0.38，除了 2013 年以外，均高于实际依赖度，可以认为总体比实际依赖度高，即集体建设用地公开交易平台和交易制度的建立减少了广东省财政收入对国有建设用地出让金的依赖度。

因此可以得出，集体建设用地交易市场的建立在 2005~2010 年加剧了财政收入对国有建设用地出让金的依赖，而当 2010 年集体建设用地公开交易平台建立，集体建设用地市场建设进一步完善后，集体建设用地开始发挥对国有建设用地的替代作用，在 2011~2014 年有效减小了财政收入对国有建设用地出让金的依赖。

3）集体建设用地入市对地方和中央财政收入的影响

分税制改革造成的地方财权事权不匹配，使得地方财政收入、支出间形成巨大缺口，地方和中央面临着纵向财政竞争（吴群和李永乐，2010）。土地财政问题受到国内学者的广泛关注，理论研究与实证分析在土地财政依赖现象成因、土地税收对土地财政贡献度、农村建设用地入市与土地财政关系等方面取得了不同程度的进展。在对土地财政依赖现象成因的研究分析中，国内学者普遍认为财政分权和以 GDP 为主的政绩考核机制是地方政府追逐土地财政，并形成对集体土地征用后开发出让的土地依赖现象的成因（孙秀林和周飞舟，2013；王玉波，2013）。在土地税收方面，Han 和 Kung（2015）从地方财政激励的角度分析了我国地方政府在正规的税制与非正规的土地出让金之间的替代选择行为，征收土地税可以使政府获得公共投资带来的土地价值增量，促进城市的均衡发展，并有效减少土地投机行为（Cocconcelli and Medda，2013）；Foldvary 和 Minola（2017）认为对土地价值征税可以防止扭曲的土地投机行为，抑制土地价值增长异常的现象，实现城市的最优发展，既能保证政府足够的收入水平，又可以实现经济的快速增长。对于农村建设用地入市与土地财政相关关系的研究，夏慧娟（2014）在分析农村建设用地入市对减轻土地财政依赖机理研究中指出，农村建设用地入市有助于地方政府提高资金利用率，减少不必要的财政支出，同时能为地方政府提供财税收入；夏方舟和严金明（2015）认为集体建设用地入市缩小了征收制度适用范畴，有效地抑制了土地出让收入膨胀，在一定程度上缓解了土地财政现象。

现有的地方财政收入包括一般预算收入、政府性基金收入、国有资本经营收入和社会保障基金收入四大类型。一般预算收入包括：①土地相关税收收入；②非税收入，包括专项收入、行政事业性收费、罚没收入、国有资本经营收入、国有资源（资产）有偿使用收入和其他收入等。政府性基金收入是国家通过向社会征收及出让土地等方式取得并专项用于支持特定基础设施建设和社会事业发展的收入，包括彩票公益金收入、文化事业建设费收入、城市基础设施配套费收入、国有土地使用权出让金收入、城市公用事业附加收入、农业土地开发资金收入等指标。国有资本经营收入包括国有企业的经营收入和国有资本、资源的运营收入，由于该部分收入规模很小，可以忽略不计。社会保障基金收入指所得税的加成收入。

集体建设用地入市，将对原有的中央-地方财权和事权分配格局性冲击，最直接的表现是集体建设用地入市后，地方和中央收益分配形式发生变化。地方财政收入依赖于土地财政，土地财政收入中包括财产性收入（出让金）和税收性收入（相关税费），一般而言，土地出让金主要纳入地方财政收入，地方和中央对税收性收入进行分配。因此，剖析集体建设用地入市后地方财政收入中财产性收入和税收性收入，可以窥探地方和中央的收益分配关系。本书将以广东南海为例，实证分析中央和地方收益分配关系。

4）南海区财产性收入和税收性收入

通过收集历年财政数据得知：南海区的国有资本经营收入计入一般预算收入，无须额外统计；政府性基金收入中土地出让收入占比高达95%左右，可用土地出让收入近似代替政府性基金收入，从而弥补所缺失的2003~2009年的政府性基金收入数据。综上，本书所用的地方财政收入分为地方一般预算收入和土地出让收入。由于数据限制，本书选取了2009~2017年土地出让收入数据、一般预算收入数据、政府性基金收入数据和五项与土地直接相关的税收（包括房产税、土地增值税、耕地占用税、契税、城镇土地使用税），地方财政收入为一般预算收入和政府性基金收入的总和。研究数据来源于佛山市南海区人民政府网、南海统计信息网、《佛山统计年鉴》、《广东国土资源年鉴》、《南海年鉴》与《中国财政年鉴》等。

整理2010~2017年统计数据（表6-27）可知，集体建设用地入市后，广东南海土地出让收入在2010~2013年呈上升趋势，在2014~2017年波动下降，其中，2015年土地出让收入增长率为-64.18%，土地出让收入降至最低；土地税收收入则基本保持增长的态势，2013~2015年土地税收收入增长率较低，2015年出现负增长。通过分析相关税费发现：2015年，与土地出让相关的耕地占用税和契税与2014年相比有不同程度的降低，可能是南海区于2015年被正式确立为33个集体建设用地公开入市试点改革区域之一，土地出让面积、收入大幅度减少所致。

表6-27 2010~2017年广东南海土地出让收入与相关税收指标一览表

年份	土地出让收入/万元	土地出让收入增长率	土地税收收入/万元	土地税收收入增长率
2010	1 166 442	195.91%	228 379	42.93%
2011	1 449 438	24.26%	272 507	19.32%
2012	1 719 323	18.62%	345 156	26.66%
2013	2 615 193	52.11%	365 197	5.81%
2014	2 120 456	-18.92%	396 459	8.56%
2015	759 506	-64.18%	389 734	-1.70%
2016	1 909 551	151.42%	606 853	55.71%
2017	1 092 000	-42.81%	687 395	13.27%

5）地方和中央土地财政贡献度测算

本书用税收性土地财政收入占地方财政收入的比例表示税收性土地财政贡献度；用财产性土地财政收入占地方财政收入的比例表示财产性土地财政贡献度；用土地财政收入占地方财政收入的比例表示地方土地财政贡献度；用税收性土地财政收入占中央财政收入的比例表示中央土地财政贡献度。从表6-28可以看出，集体建设用地入市前后，广东南海的税收性土地财政收入呈上升趋势，财产性土地财政收入呈现先增加后减小再增加的趋势。纵观近9年的数据，笔者发现，税收性土地财政贡献度在2009~2017年总体呈现波动性的上升趋势，财产性土地财政贡献度在2009~2013年呈现稳定增长趋势，在2013~2017年则先减少后增长。土地财政贡献度与财产性土地财政贡献度的变化趋势相同，说明土地财政收入中，土地出让收入依然占据很高的比例且左右土地财政收入的变化。直观来看，自南海区2010年底建立农村集体建设用地使用权流转平台以来，除2015年和2016年外，南海区国有土地出让行为几乎没有受到集体建设用地使用权流转的影响，而2015年和2016年财产性土地财政贡献度之所以小于其他年份，可能是受到2015年南海区被正式确立为集体建设用地公开入市试点改革区域的影响。从税收性土地财政贡献度上看，南海区集体建设用地入市对于土地税收的增长具有明显的推动作用。说明集体建设用地入市有助于引导土地财政由"出让收入"为主过渡到"税收收入"为主，促进地方财政收入合理转型。

表6-28　土地财政贡献度测算

年份	税收性土地财政/万元	财产性土地财政/万元	地方土地财政/万元	地方财政收入/万元	中央土地财政收入/万元	税收性土地财政贡献度	财产性土地财政贡献度	地方土地财政贡献度	中央土地财政贡献度
2009	159 782	394 187	553 969	1 997 684	1 139 236	8.00%	19.73%	27.73%	14.03%
2010	228 379	1 166 442	1 394 821	2 560 748	1 534 160	8.92%	45.55%	54.47%	14.89%
2011	272 507	1 449 438	1 721 945	2 820 163	1 667 295	9.66%	51.40%	61.06%	16.34%
2012	345 156	1 719 323	2 064 479	2 856 217	1 564 449	12.08%	60.20%	72.28%	22.06%
2013	365 197	2 615 193	2 980 390	3 062 495	1 601 204	11.92%	85.39%	97.32%	22.81%
2014	396 459	2 120 456	2 516 915	3 756 877	2 090 988	10.55%	56.44%	66.99%	18.96%
2015	389 734	759 506	1 149 240	4 106 322	2 251 288	9.49%	18.50%	27.99%	17.31%
2016	606 853	1 909 551	2 516 404	4 716 114	2 682 688	12.87%	40.49%	53.36%	22.62%
2017	687 395	2 654 466	3 341 861	5 569 780	3 321 065	12.34%	47.66%	60.00%	21.70%

从南海区中央财政和地方财政收入变化可以看出，2010年南海区开发集体

建设用地市场后，中央财政收入占地方财政收入的比例逐渐下降，但2015年南海区建立集体建设用地三级交易平台后，二者比例逐步上升。由于财产性土地财政收入（土地出让金）主要纳入地方财政收入，税收性土地财政收入部分由中央和地方共享，如新增建设用地使用费，30%归中央，70%归地方，因此，土地财政收入对中央财政收入的贡献主要体现在税收性收入上。从表6-28可以看出，地方土地财政贡献度远远大于中央土地财政贡献度，且地方土地财政贡献度和中央土地财政贡献度在2009~2017年的变化趋势趋同，均呈现出先增加并在2013年达到顶峰，而后减少直至2016年重新攀升的状态。所不同的是，地方土地财政贡献度变化幅度（27%~98%）大，而中央土地财政贡献度变化幅度（14%~23%）较小。由此可以得出，增加集体建设用地市场开放程度、有序引导集体建设用地入市、规范城乡建设用地市场相关税费，可以增加中央土地财政收入，增加中央土地财政贡献度，但这一过程对财产性土地财政收入影响较大，导致地方土地财政收入贡献度波动较大，反映出地方和中央在城乡土地市场中获益的目标并不一致。

6.2.5　当前集体建设用地入市流转存在的问题

一是法律上的障碍，尽管《中华人民共和国宪法》（1982年）和《中华人民共和国土地管理法》（1998年）都确认了农村集体建设用地使用权流转的权利，但《中华人民共和国土地管理法》（1998年）第四十三条、第六十条、第六十三条仍然将集体建设用地流转限制在狭小的范围之内；2007年颁布的《中华人民共和国物权法》为进一步的改革预留了空间，但并没有明确规定农村集体建设用地使用权可以依法流转。目前的农村集体建设用地流转制度改革，主要是地方政府进行的制度创新及流转试点工作，其直接依据仅限于国家政策、地方性的法规或者相关的规范管理措施。因此，单位和个人利用农村集体土地进行非农建设的法律依据不足，从国家基本法律层面支持农村集体建设用地流转制度改革的力度还不够，法律对流转采取的含糊态度在一定程度上限制了集体建设用地市场的正常发展。

二是集体建设用地使用权性质制约流转交易。我国现行土地制度下，国家为了公共利益的需要，可以对集体土地实行征收或者征用并给予补偿。由于集体土地不能对抗国家土地征收权，土地使用者利用农村集体建设用地进行建设并从事生产，仍然面临土地被征收或者征用的风险。土地被征收后，土地补偿费属于集体经济组织，但通过流转方式获取该集体建设用地使用权的单位或者个人如何补偿并不明确，相关建设单位因此不愿使用集体土地。另外，农村集体建设用地使用权与国有土地实质上的不平等，也使得金融机构不愿通过抵押贷款给农村集体建设用地使用者，土地融资困难。调研表明，目前主要流转方式是出租和转让，通过抵押方式的很少。农村集体建设用地流转使用权的性质影响了土地使用者和金融机构的信心和预期，不利于流转交易的开展。

三是缺乏集体建设用地流转的统一规划，用地过程监管不足。规划和国土资源管理部门尚未把集体建设用地纳入城市建设规划和土地年度利用计划，规划部门没有对集体建设用地进行有效的规划管理，村镇建设规划编制工作严重滞后。同时，现行规划的焦点往往是城市建设用地、国家基础设施建设用地和农村的耕地，对农村各项集体建设用地的需求缺乏研究，在控制指标的制定上缺乏科学性，在实践中也缺乏可操作性，难以满足农村集体建设用地流转管理的需要。此外，土地利用规划与城市规划缺乏有效衔接是目前普遍存在的现象，它使城乡接合部这一农村集体建设用地流转最为活跃的地区成了管理的真空地带。由于对集体建设用地使用权流转的限制，大量集体建设用地使用权处于自发无序的流转状态，管理部门对于流转情况不明，缺乏有效的调控工具，流转市场呈现混乱局面。土地利用布局分散和效率低下是乡镇企业土地利用的重要特点，土地利用规划和城市规划的目标难以落实。

四是土地流转收益分配机制不完善，缺乏对集体经济组织的监管，集体建设用地使用权流转过程中的收益分配情况较为混乱，所有者、使用者和各级政府之间的利益分配关系不清。要么各级政府对流转管理太严，政府收益分配比例过高；要么集体土地所有者绕开政府进行私下交易，侵占由国家投资带来的土地增值收益；还有些土地使用者私下流转土地，造成集体和国家土地收益的双重流失。集体土地三级所有权主体乡镇、村和村内集体经济组织之间的利益分配关系也较含混，上级所有者利用行政权力侵占下级所有者流转收益的现象时有发生。农村集体建设用地流转实行规范管理之后，大量的土地资产和土地收益保留在了农村集体内部，集体经济组织对流转交易及收益有了支配权，但农民个体的分散、村民自治制度的落后，使得村民不能及时参与村务管理，集体土地资产的经营和管理行为缺乏监督，造成农村集体建设用地流转在基层上的混乱。一些集体经济组织以廉价的集体土地为条件进行招商引资，造成农民集体资产流失和恶性竞争，甚至，由于集体组织的当家人的行为缺少制衡和监督，难免出现村干部以权谋私、占用集体资金等行为，减少了农民分享土地级差收益的比例。农村集体经济组织内部监管不力危害了流转工作的健康顺利进行。

五是地方政府集体建设用地流转的制度需求意愿不强。当前集体建设用地流转的范围主要为存量的集体经营性建设用地，相对东部沿海地区而言，湖北省村企业和个体经济比较落后，存量的集体经营性建设用地面积占比有限，且多集中分布于城市周边发达地区的农村，广大偏远农村地区该类用地面积比较少；城市远郊区的农村区位条件比不上城市近郊区的农村，城市远郊区的集体建设用地流转的市场需求较近郊区的农村低，没有区位优势的村庄基本上没有流转的机会，这使得不同地区农民从集体建设用地流转中获得的收益具有很大的差距；湖北省当前自身的经济发展阶段所局限，省内欠发达建设土地的需求不旺盛，课题组调查过程中有示范乡镇出现了增减挂钩指标富余的情况，在国有建设用地市场都已处于供大于求的状态下，如何让集体建设用地市场实现理想中的"同权同价"值得进一步思考。可流转的存量集体建设用地少、集体建设用地区位不佳、建设用地需求不旺盛这几点共同导致了湖北省集体建设用地市场不温不火的现状。

在市场主导模式下，政府作为市场的管理者，主要的任务是构建一个公平公开的交易平台，提供充分的交易信息，并对双方的交易行为进行规范监督。在这种模式下，政府的角色为管理者与服务者；农户则成为主动的参与者，将集体建设用地投入市场进行市场运作，从而获得满意的回报，有更高的积极性参与到增减挂钩工作的推行之中。与此同时，从国家层面而言，集体建设用地入市流转经历了禁止到逐步放开阶段。然而，集体建设用地流转在政策配套体系上存在诸多缺陷，作为市场化手段集体建设用地入市流转无法有效解决偏远农村地区闲置集体建设用地资源的优化配置问题。

宅基地作为农户生产和生活的地方，与农户的生活息息相关，而宅基地的交易及相应政策的改变也会对农户的家庭福利水平的各个方面产生重大的影响。这些改变在一定方面是有利的，但在一些方面也会对个别农户产生不利的影响，总体而言，宅基地的交易及政策改变的影响主要体现在以下几个方面：

一是对居住条件的影响。宅基地进行交易之后，首先，农户会搬入新的社区或村子，住宅的位置及周边的环境，出行方式及便捷度，到附近的学校、周边的购物商场等公共服务设施的距离也会发生变化；其次，新住房与原住房的面积、条件、住房结构、建造成本等都会发生变化，农户的居住环境也会因此发生变化。

二是对家庭经济收入的影响。首先，宅基地的相关政策会影响居住和就业，从而对农户的总农业收入及非农业收入产生影响；其次，宅基地的交易会影响耕地的面积及质量，由种植相关农作物带来的收入会发生变化；最后，交易会使原有的房屋进行拆旧建新，在此过程中，虽然政府会对此进行一定的补偿，但随着经济的发展，房屋建造成本也会增加，在房屋建造与装修时对于大部分农户来说会是一笔巨大的支出，也会对不少家庭的生活水平产生一定的影响。

三是对社会保障的影响。宅基地进行交易前后，政府是否针对涉及需要搬迁的家庭及个人出台相应的对策，如实行养老保险、医疗保险、最低生活保障、再就业培训、失业保险及住房保障等尽可能地减少交易所带来的负面影响，提高农户的社会保障水平，同时相关政策的保障力度及执行程度也成了宅基地交易影响社会保障的重要一环。

四是对生活环境的影响。首先宅基地交易之后大部分地区选择将相关农户进行集中社区安置，那么安置过后的社区环境就会发生相应的变化，如周边的绿化、宅基地的面积及其附属面积的变化都会对农户的生活产生相应的影响；其次新社区的成立，其附近的公共设施如公园、广场的有无及大小也会对农户、生活水平的评价产生不同的影响。

五是对社区生活的影响。进行交易之前大部分村落农户的分布比较分散，农户之间的交往也会受到其影响而有所限制，进行社区安置之后，农户之间的住房距离也由远变近，那么其与邻居或亲朋好友的交往会变得方便许多，家庭之间的社会交往也会在一定程度上有所改善，故宅基地的交易也会对社区生活产生一定的影响。

第7章 国土空间优化与收益分配改良政策及制度保障

7.1 国土空间优化方向

7.1.1 依据"四化同步"协调度及资源禀赋差异,因地制宜构建国土空间优化模式

建立有效的"四化同步"综合评价体系,根据各村的四化同步协调程度、资源禀赋差异,以镇为最小优化单元,进行国土空间优化。根据各村的发展情况,因地制宜设置"城镇发展区"、"生态农业发展区"、"城镇发展缓冲区"和"综合发展区"。大力开展以人为本的新型城镇化建设,加强整镇的基础设施和信息化配套建设,使村村都享有新型城镇化发展的成果。保护耕地,严守生态红线,基本农田长期不变,适度规模经营,提高农业现代化水平。

1. 城镇发展区

城镇发展区主要由现有镇中心区辐射范围的村庄组成,该区域的主要特点如下:城镇化整体发展水平较高,现有的工业化主要集中区生态农业相对落后,较早地强调城镇化发展使得农业资源禀赋较差。一方面,打造具有地方特色的城镇化中心。城镇发展区是全镇未来政治、经济、文化中心,是全镇的商业中心。可以适度建立商业街、文化街等。另一方面,适度将工业化中心迁移到城镇发展缓冲区。城镇发展区的发展趋势必导致人口向城镇发展区集中,与此同时,原有的工业产业需向城镇发展区边缘的城镇发展缓冲区迁移集中,使城镇发展区重点开展新型城镇化建设。

2. 生态农业发展区

生态农业发展区主要由生态环境优良、农业资源禀赋较好的村落组成，该区域的主要特点是城镇化发展相对落后，工业化水平较差或者基本没有，农业现代化发展水平较高。保护生态环境，坚持可持续发展道路。生态农业发展区要起到涵养水源、保持水土、调蓄洪水、防风固沙、保持生物多样性等生态功能。严格控制生态农业发展区的农药化肥等使用量，科学管理，坚持走农业可持续发展道路。生态农业发展区要发挥自身资源禀赋优势。大力发展农业现代化，土地适度规模经营，提高农业生产效率。建立生态补偿机制，使区域发展更加平衡、稳定。划定永久性基本农田。在生态农业发展区中选择优质农用地划定永久性基本农田，保持粮食产量，保护生态红线。杜绝工业污染。将现有的工业产业迁移到城镇发展区或者城镇发展缓冲区，严格把控生态农业发展区的功能定位，杜绝工业污染。提高农民基础生活水平。生态农业发展区并不意味着不发展城镇化基础，要因地制宜，积极开展新农村建设，根据农民意愿建设具有地方特色的乡村，完备生态农业发展区的基础设施建设和公共设施建设，使该区域村民享受城镇化带来的乐趣。

3. 城镇发展缓冲区

城镇发展缓冲区由城镇发展区周围的村落组成，新型城镇化、工业化和农业现代化发展水平介于生态农业发展区和城镇发展区之间。该区域是城镇发展区的缓冲区域，是未来工业化发展的集中区域。由于城镇发展区的发展势必会不断扩张该区域，城镇发展缓冲区一般围绕城镇发展区而设立，作为城镇发展区的缓冲地带，适当时候可以在城镇发展缓冲区设立工业园区，将工业集中于工业园区放置。城镇发展缓冲区是城镇发展区的缓冲地带，当城镇发展区的规模已经不足以承载新型城镇化发展时，可以适当向城镇发展缓冲区进行扩展。

4. 综合发展区

综合发展区整体新型城镇化、工业化和农业现代化的发展水平较弱，区域资源禀赋也没有如生态农业发展区一样高，相对区位优势较弱。该区域从长期战略上来看具有重要作用，未来发展应整体提高区域的新型城镇化、新型工业化、农业现代化和信息化水平。根据实际情况，因地制宜，寻找适合该区域的发展方向。土地改良，增加良田储备。可以适度提升综合发展区的农业现代化水平，综合发展区是未来发展的粮食备用战场。兼顾生态和城镇化的第三产业。随着城镇发展区、生态农业发展区和城镇发展缓冲区的功能定位逐步完善，兼顾城镇化发展和农业发展的新兴产业，如生态农家乐、生态马场等第三产业的发展，离不开综合发展区。

7.1.2 加强城乡统筹协调发展，全面完善基础设施建设

1. 优化乡镇居民点

针对当前乡镇的主要问题，乡镇居民点优化必然是建立在土地集约化基础上的。一方面，要适度加大乡镇的集聚规模，充分体现有利农业生产、方便农民生活、节约集约使用土地资源的原则，有效控制乡镇人均建设用地；另一方面，村庄的选址要因地制宜、合理布局，有利于保护历史文化和乡村景观，有利于改善生产生活条件。同时，乡镇居民点内部空间也面临着优化。按照节约土地、设施配套、节能环保、突出特色的原则，做好乡镇建设规划，引导农民合理建设住宅，保护有特色的乡镇建筑风貌。乡镇建筑要大力倡导建设低层联排式住宅和多层公寓式住宅，节约乡镇建设用地，充分考虑建筑的节能与节材；建筑形式要具有地方特色，整个乡镇建筑既具有个性又统一和谐；乡镇环境优美整洁，乡镇无暴露垃圾、无露天粪坑、无乱搭乱建、无乱堆乱放、无乱拉乱接、无污水横流，道路畅通、河道清洁、注重绿化。

2. 优化乡村产业空间

乡村空间以发展农业现代化为主，原则上乡村不得布局工业，乡村现有工业已经形成规模并且具有较大发展潜力的应结合镇级以上工业集中区统一考虑，以利于污染的集中治理。工业集聚过程中应优先考虑同行业集聚和产业链的形成。

乡村空间优化的重要目标是提供发展农业现代化的空间载体，提高农业的集中度。乡村空间优化要有利于农业机械化、规模经营、农业基础设施配套、治理农业面源污染，与村庄布局、规模相协调，方便农民生产生活。

3. 完善乡镇基础配套设施

加快建设乡镇基础设施，对于改善农业的生产条件和农民的生活条件具有非常重要的作用。着力加强农民最急需的生产生活设施建设；加快实施乡镇饮水安全工程。加强乡镇公路建设，健全乡镇公路管理和维护体系；积极发展乡镇水电、沼气、太阳能、风能等可再生资源，完善乡镇电网；加强乡镇信息网络建设，发展乡镇邮政和电邮，实现村村通电话、乡乡能上网。

增加乡镇地区基础设施建设的投入，针对农村居民点面临的突出问题，乡镇建设及整治优先项目应该是，集中供水、修路、改厕、垃圾收集处理、畅通排水

沟渠、建活动场所，根据乡镇具体条件确定污水处理方式和建设污水处理设施，改善乡镇交通、市政公用服务设施条件，优化现代化基础设施网络的结构，节省建设投资，提高建设效益。着力整治乡镇环境，创造良好的人居环境，使乡镇真正实现道路硬化绿化、路灯亮化、环境净化和整体美化。

4. 加快乡镇公共设施配套

完善乡镇公共配套设施，建设医疗卫生、商贸服务、文化娱乐等公共设施，提高居民生活水平。着重加强以乡镇卫生院为重点的乡镇卫生基础设施建设，健全乡镇卫生服务和医疗救治体系。提高公共财政和社会资金支持的集中度，提高公共设施共建共享的服务范围，以公共设施的合理配套引导优化乡镇居民点空间布局。

5. 重视乡镇文化保护

乡镇空间优化过程中要加强对乡镇文化的保护，弘扬优秀乡镇文化。乡镇地区承载着数千年来农村文明的发展，虽然时代变迁使得乡村居住形态经历了一次又一次的巨变，但一脉相承的家族亲缘、邻里关系和传统习俗使得它们成为文化的重要载体。加快"四化同步"示范乡镇的建设不应重蹈改革开放后城市建设大拆大建的覆辙，更不能让乡镇文化随着乡村的集聚而消失，尤其要十分重视保护古村落、古民居、具有地域文化特征的建筑，保护优秀的乡风民俗。

6. 改善劳动力、土地要素流动和空间分布

乡镇空间优化应引导生产力要素合理流动，促进城镇化健康发展。乡镇作为以从事第一产业为主的农户聚居点，应积极鼓励和引导长期稳定从事二、三产业的农户向镇区、城区集中，促使城镇化由隐性向显性转换，合理有序地减少村庄和农民，优化乡镇空间结构。乡镇空间优化的关键是促进集聚发展、集约经营。首先应该引导农民集中居住，保护耕地，节约用地。其次结合农村建设用地的合理归并，对宅基地、废弃地及时进行复垦，以利于农业的规模经营和农业基础设施建设，确保基本农田的数量和质量。

7. 加强与城市共享要素的统筹

乡镇建设规划还需要体现与区域经济、城镇体系协调发展的要求。由于农村是城镇体系的基础层次，乡镇的发展水平、发展状况一方面受周边城乡、所在区域经济社会发展影响，另一方面牵制和影响整个区域及城市化的发展。乡镇规划要综合考虑乡镇在区域范围内的地位和作用，选准发展方向，选择发展重点，确

定科学的发展空间和合理的发展规模、服务职能，安排好乡镇布局、人口流向、居住转移、交通运输、公共设施和基础设施等。乡镇空间优化在注重城乡空间分开的同时，还要增强城乡之间的交通联系、文化联系，保护好城乡空间格局。

统筹城乡二元的市场体系。一方面要加快建立要素市场，促进其发育，形成城乡统筹的公平竞争的要素市场环境；另一方面必须加快建立政府对农业的投入和扶持机制。

统筹城乡基础设施建设。积极实施对供水、燃气、治污等市政基础设施的区域共建共享和有效利用，推进城市基础设施和公用事业向农村拓展和延伸，缩小城乡差距。统筹城乡教育、卫生、文化、体育等设施，促进公共设施的区域共建共享。

统筹保护区域水资源、土地资源，防止城市污染向乡村的扩散和城市对耕地资源的无序侵占。保护基本农田，使得基本农田成为城镇与乡村之间永久性的生态隔离带，促进乡镇发展和自然生态相协调。

7.2 土地增值收益分配的改革方向

7.2.1 指标交易下的土地增值收益分配改革方向

1. 保障农民长久分享土地增值收益

一次性的补偿无法保障农民长期稳定的生活，需要在保障现行补偿合理、科学的前提下，探索多种方式促进农民分享长期稳定的增值收益。而根据已经开展的一系列实践探索，可以考虑推进以下两种方式：一是留用地增值收益。在项目实施过程中，为了保障农民的长远生计，为农民预留一定比例的留用地，可用于经营、房地产开发等，所获收益归集体和农民。二是土地入股收益。集体经济组织和农民以留用地入股或购买政府配建的固定产业的方式，获得长期稳定收益，提高财产性收入。上述两种方式均是为了保证农民能获得长期稳定的收益，从而减少对农民利益的侵害，减少由此引发的矛盾冲突等。

2. 完善复垦耕地质量验收监督体系

复垦耕地仍然归土地权利人所有或使用，耕地质量对于权利人来说具有重要意义，若复垦耕地质量无法保障，则权利人的利益难以保障。现在的挂钩中复垦耕地偏重耕地数量，忽视耕地质量，应将耕地质量纳入政府的耕地保护责任中，激励政府严格管理耕地质量。同时，严格将复垦耕地质量与挂钩指标挂钩，从经济上激励政府重视耕地质量，制定可操作的程序性标准，以耕地质量为标准换算出挂钩指标，完善复垦耕地质量验收监督标准，保护农民的权益。

7.2.2 建设用地直接入市下土地增值收益分配改革方向

1. 充分发挥市场资源配置作用

传统经济学中所描述的政府，是在市场经济条件下通过行政措施对市场进行宏观调控，解决经济主体基于私人目标所难以解决的问题的经济主体，是独立于"经济人"假设之外的"管理者"，是国家各种制度的供给者。但是，在我国现行土地制度背景下，地方政府既是土地市场的"管理者"，也是追求利益最大化的"经济人"，实际上地方政府是以双重身份直接干预土地市场。当涉及经济利益时，地方政府谋求卖地所得的增值收益扭曲了政府"管理者"的行为，降低了政府作为"管理者"的公信力。同时，地方政府作为既得利益者，既没有改革现行土地增值收益分配机制的动力，也有可能制定相应的政策保护或增进其相应的经济利益，从而导致土地增值收益分配机制的紊乱和不公平。因此，应建立公共服务型政府，允许市域范围内建设用地的指标交易，引入交易机制带来地区间的竞争，政府退出市场经营，通过土地税收回收土地增值收益，回归其市场管理者的角色定位。

2. 建立完善的财产税体系，摆脱过度依赖土地财政

地方政府应脱离对土地财政的依赖，从"开源"角度探索逐步建立财产税体系，形成地方政府稳定的税收收入，改革地方政府的卖地财政模式，消除地方债务风险，即在税制体系改革中，逐步建立适应我国市场经济发展条件的财产权体系，并归于地方政府，形成地方政府稳定的税收来源。同时，现行征税部门繁多，使得税收的征收存在一定的问题，因此应将土地税收的征收统一交于税收部门执行，而且考虑到现行地方政府财权的上缴，建议有关土地的税收全部都留予地方财政，从而保障地方政府稳定的税收收入。这一措施能够通过增加地方政府财政收入来源，从而在一定程度上遏制其对土地出让收益的依赖。

3. 规范政府土地增值收益的使用方向

政府土地增值收益的管理与不规范导致使用的低效率，虽然有明确规定出让收益的使用方向，但是在实际操作中，地方掌握了土地的实际占有权，是土地出让使用的主体，再加上中央监督力度不足，因此，地方不规范使用土地出让收入，甚至导致侵吞土地出让收入的现象发生，从而更加剧了土地增值收益分配各个利益主体之间的矛盾。由土地利用类型转变带来的土地增值是绝对地租的增加，应归全社会。因此，地方由于征地-出让过程所得的土地增值应归全

社会,这不仅需要中央加大对地方土地出让收入使用的监督力度,也要配合其他措施(包括建立公共服务型政府、完善政绩考核体系、逐步建立财产税体系等)共同发挥作用,规范土地增值收益的使用方向。

7.3 构建政府-市场混合模式的国土空间优化模式的政策建议

由前文的分析可以看到,在市场主导的模式下,集体建设用地入市流转能够保障农民权益,激发农民参与国土空间优化的积极性;与此同时,在市场主导模式下,政府的角色为市场的管理者,其职责为维护市场的运行机制。然而由于市场需求的不足,用地单位对集体建设用地的需求主要集中在近郊区,偏远农村地区土地仍然难以享受集体建设用地流转带来的增值收益,土地资源难以得到优化配置。

在政府主导的模式下,政府通过增减挂钩工作的实施将农村土地发展权转移到城市,土地资源在空间上得到了优化。尽管给予了农户一定的补偿,但政府在工作中既是执行者又是获益者,既是"运动员"又是"裁判员",导致政府行为容易出位,侵害农民权益,农户参与意愿较低,国土空间优化工作开展困难。此外,在政府主导的模式下,增减挂钩结余出来的指标通过行政手段配置使用,导致了指标使用的经济效益较低、指标供需不匹配等问题。

政府主导与市场主导的国土空间优化模式在一定程度上均有局限,如何在解决偏远农村发展空间的同时满足农民意愿,提高农户的参与程度,应对当前复杂经济体系下的集体建设用地优化配置问题,单纯市场机制和政府管制都不能起到良好效果,必须从市场机制和政府管制相结合的角度来研究农村集体建设用地的优化配置,本书尝试构建政府-市场混合模式的国土空间优化模式解决此问题。

7.3.1 指标的产生阶段:引入市场机制

传统的增减挂钩指标的产生阶段,政府通过项目区的整体拆建,结余出建设用地增减挂钩指标。将市场机制引入增减挂钩的运作过程中,参照集体建设用地入市流转,构建市场主导的指标产生运作机制。在市场主导的模式下,农户的参与是工作开展的核心。市场主导模式相对于传统政府主导模式而言,其特点是项目的主体是农户,以人为本,充分重视农户的愿望、利益和需求;农户自愿参与,同时注重弱势群体和妇女的参与;决策自下而上,政府是项目的引导者、推动者、服务者,重视和发挥乡土知识和传统经验的作用;增减挂钩项目开展的阻力下降，可持续性明显增加；同时将拆旧复垦项目区化整为零，减少资金投入数量，降低了指标生产可能带来的金融风险。

在遵循土地用途总体规划的前提下，一切决策都由农民自己做出，是一个"自下而上"的过程，是在技术员详细宣传、介绍项目后，让农民充分了解项目细节，然后自行决定是否参加项目，而政府只负责提供技术咨询指导并指出农户的方案在技术上是否可行。

在前人研究基础上，结合相关地区试点经验。在指标的产生阶段，本书尝试性地将政府-市场混合的增减挂钩工作运行机制设计如下：政府首先通过增减挂钩的相关政策宣传，帮助农户和集体经济组织加深对增减挂钩政策的认知，以形成参与的行为意愿，工作人员实地调查农户的参与意愿，进一步确认农户自愿参与拆旧复垦的地块面积，并对上述信息加以登记造册，进而基于村社对参与增减挂钩意愿情况加以公示反馈，如无异议，则进一步编制汇总村社增减挂钩规划，其次逐级上报增减挂钩规划，规划获核实批准后，下达计划并基于村社加以实施，进而具体开展拆旧复垦工作，最后经农户参与检查验收后兑现相关政策，结余出来的建设用地可直接流转或折算成建设用地指标进行交易；政府搭建相关农村土地产权交易平台，对项目地块相关信息进行公示，从而为相关用地需求的企业提供信息渠道。可以看到，市场主导模式下的增减挂钩工作以人为本，农户参与程度高，项目目标符合农户的需求，有利于提高社区及社区农户的自我发展能力，并形成良好的示范效应。具体运行机制见图7-1。

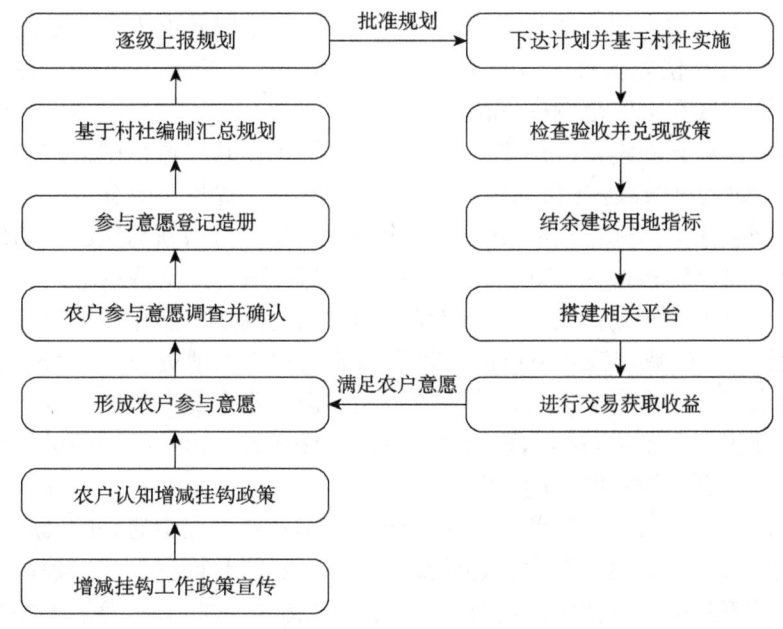

图 7-1 市场主导模式增减挂钩运作机制

7.3.2 结余指标的交易流通阶段：构建指标交易平台

从挂钩指标的配置方式来看，分为行政配置和市场配置两种。行政配置是指地方政府将挂钩指标通过行政指令在项目区范围内进行配置，大部分项目在编制项目区实施规划时，就已经通过行政配置的方式大致确定挂钩指标的落地位置、范围、规模及使用时序，当前湖北省"四化同步"重点示范乡镇增减挂钩项目实施过程中结余下来的指标大多通过行政手段进行配置，这种配置方式导致指标使用效益低、指标供需区域不匹配。课题组跟随湖北省国土资源厅在"四化同步"建设示范乡镇进行调研访谈时，收集到了以下乡镇对指标分配的反馈。

荆门市沙洋县官垱镇总结当前"四化同步"工作开展过程中遇到的问题时提到："省国土资源厅鼓励各示范乡镇大力开展土地增减挂钩，并规定迁村腾地的结余指标可进行交易，交易价格不得低于10万元/亩。但目前荆门市范围内建设用地指标交易价格一般在6万元/亩以下，难以按照《中共湖北省委办公厅、湖北省人民政府办公厅关于开展全省"四化同步"示范乡镇试点的指导意见》文件规定的价格进行交易。恳请国土资源厅进一步完善城乡建设用地增减挂钩制度，放宽指标交易区域，帮助官垱镇在全省范围内交易，确保增减挂钩指标不低于10万元/亩。"

宜昌市夷陵区龙泉镇总结当前"四化同步"工作开展过程中遇到的问题时提到："增减挂钩实施难度大。主要原因是龙泉镇是夷陵区经济发展水平相对较高的乡镇，土木结构房屋改造基本结束，农民房屋基本以砖混为主，农民自愿积极性不高，而且补偿要求高，实施难度大，增减挂钩理论潜力与现实潜力相差较大。建议拆旧区在全区范围内平衡。"

荆州市监利县新沟镇总结当前"四化同步"工作开展过程中遇到的问题时提到："希望加大对增减挂钩的资金支持，按照省委、省政府的有关精神，示范乡镇的全域增减挂钩指标可按照10万元/亩进行交易。目前新沟镇已使用建新指标338.16亩，剩余周转指标960亩，请上级落实这一精神，支持示范镇的建设。"

武汉市黄陂区武湖街道办事处总结当前"四化同步"工作开展过程中遇到的问题时提到："增减挂钩政策可以有效集约节约利用土地资源，既为新农村建设提供资金支持，也为产业发展提供有效空间，但因各个试点单位辖区土地资源情况各异，建议在实施增减挂钩政策时，可以允许在省、市一级层面进行平衡，为试点街道释放更大的发展空间。"

枝江市安福寺镇总结当前"四化同步"工作开展过程中遇到的问题时提到："增减挂钩项目实施难度较大，还建成本较高。建议允许我镇多余建设用地周转指标在宜昌市乃至全省范围内进行交易，发挥指标最大收益，筹措更多城镇建设资金。"

然而，根据地方的回馈可以鲜明地发现，通过行政手段已经满足不了地方经济发展对土地指标的需求，示范乡镇在指标使用过程中出现了挂钩指标使用效益低、供需区域不匹配问题，地方政府迫切希望通过建立指标交易体系，自由地流转指标来满足地方经济发展的需求。

1. 构建"四化同步"示范乡镇的指标交易体系的创新思路

1）指标交易体系创新的目标

挂钩的过程是城乡资源的重新配置过程，是通过农村建设用地的集约利用及农村土地发展权的转移，对城镇化发展过程中城乡土地结构和布局进行优化，以实现耕地保护与城市建设的双赢，最终使有限的资源在一定时间和空间范围内实现最大的综合效益与配置效率，达到城乡土地资源优化配置的目的。探索挂钩指标的交易，即打破挂钩指标的封闭运行，通过区域间的合作，提高挂钩指标的使用效益，实现增减挂钩结余指标的有效供给与需求。

2）指标交易体系创新的原则

为实现上述目标，促进挂钩制度更有效地运行，在指标交易制度创新中应遵循效率原则、公平原则、区域利益协调原则等基本原则。

效率原则：提高增减挂钩指标的使用效率，挂钩指标封闭运行下，指标的行政配置模式使用效益低，区域间挂钩指标供需不匹配。制度的创新应通过区域间的合作，形成挂钩指标的供需交易市场，发挥市场机制在城乡建设用地要素空间配置中的基础性作用，提高挂钩指标的配置效率。

公平原则：增减挂钩指标交易涉及政府、企业、农民多方利益需求，因此，在指标交易过程中利益分配本身要求公正，体现全体利益主体特别是弱势群体的意愿。制定挂钩指标的收支管理办法，规范收益分配的标准与用途，如果在挂钩中忽视了公平，必定不利于政治安定和社会和谐。

区域利益协调原则：当前，湖北省区域经济发展不平衡，劳动力输出区域的农村建设用地整理潜力大，但由于经济发展水平落后，缺乏资金与农村整理建设动力，而劳动力输入区域建设用地需求旺盛，但土地资源瓶颈明显，用地指标紧缺。通过挂钩指标的跨区交易，由挂钩指标需求旺盛的区域为整理潜力较大的区域提供资金与发展权补偿，支持落后地区农村发展与发达地区城镇开发，以协调不同区域经济利益，逐步缩小不同区域间耕地保护与城镇发展的差距。

3）指标交易体系创新的框架设计

完整的增减挂钩系统是由指标生产子系统与指标使用子系统共同构成的，并受外部社会、经济、文化、政治及自然环境共同影响与制约，由现行指标运行的分析看到，当前，示范乡镇在指标的产生环节主要为政府主导及企业参与两种模式，尽管已经改善农户居住条件、节约集约土地利用、优化土地利用空间结构，但依然存在项目区运行成本高、损害农民权益等问题，因此在这一环节，提出了应当引入市场主导的模式共同辅助前两种模式进行指标的生产，提高公众的参与程度。具体见图7-2。

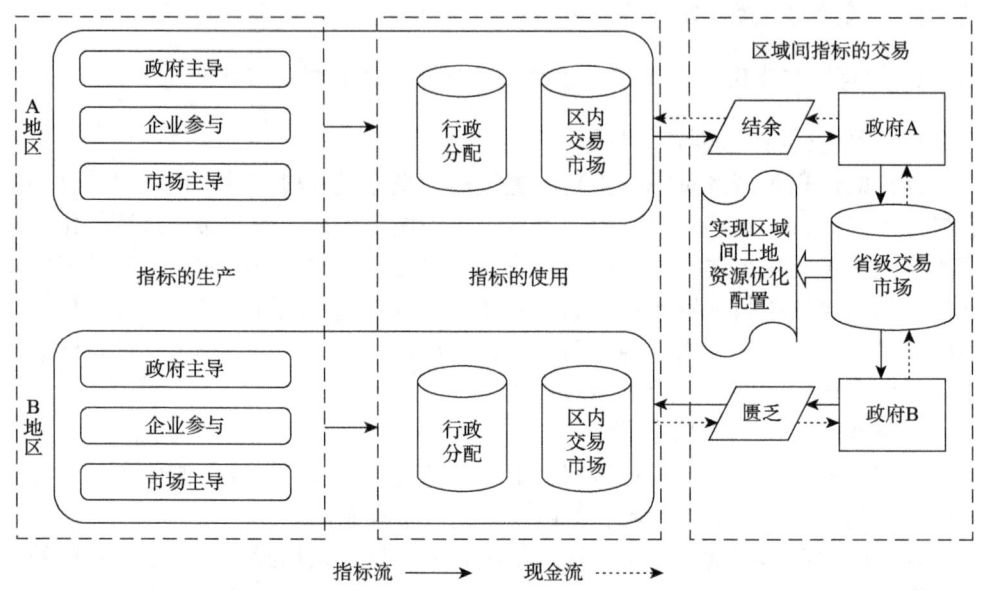

图 7-2 示范乡镇指标交易体系运行示意图

指标生产后，在指标的使用过程中存在着指标使用的经济效益低、指标供需区域不匹配问题，造成了指标使用过程中效率的损失。因此同样需要制度的完善和创新弥补现有制度缺陷、改进制度运行效果。因此，挂钩制度创新的框架设计应着力于完善现有制度缺陷，使其达到降低制度运行成本、提高指标使用效率等目标。遵循公平原则、效率原则、区域协调原则等基本原则；在挂钩指标使用环节不仅仅依赖行政手段封闭运行，而应引入市场机制实现指标的区域交易，其关键点就是构建多层级的增减挂钩指标交易机制。

鼓励个人及社会资本参与增减挂钩，通过政府主导、企业参与、市场主导三种增减挂钩模式结余出来的建设用地面积，经国土部门登记并发放建设用地指标证书，形成建设用地挂钩指标。建立区内农村综合产权交易平台，建设用地挂钩指标的交易必须进入区内农村综合产权交易所进行。实行差别化的交易方式，原则上采取完全市场交易方式，但针对区内进行重大项目及公益性项目，允许一定比例的指标通过行政手段优先进行分配使用，但指标的交易价格不应低于同样条件通过市场交易的价格。

建立省级的农村土地交易市场，为区域间指标交易搭建平台。当本地区指标结余时，由市级主管部门代理将结余指标投入省级农村土地交易平台，通过招拍挂等方式进行交易。通过交易平台信息的发布与反馈，形成农村建设用地整理潜力大但缺乏资金的地区与挂钩指标紧缺区的有效供需。通过市场竞争达成交易后，指标供给方相关部门将获得的挂钩指标收益纳入挂钩资金专用库，并按照各级地方政府增减挂钩资金管理办法及指标生产过程中各方的投入进行合理的收益分配。而指标需求方按照国家供地政策与当地购买需求，将指标购买回去，行政区内产权交易中心交易给用地企业落地使用，并将收支状况一并计入挂钩资金专用库。通过构建多层级挂钩指标交易机制，将目前挂钩指标使用的行政配置与封闭运行，转变为市场配置供需调节，旨在发挥市场机制在城乡建设用地要素空间配置中的基础性作用。

2. 指标交易风险及其防范

1）增减挂钩结余指标交易存在的风险

一是指标交易风险与统筹城乡发展。增减挂钩制度本质上具有城市偏向的特征，在盘活农村闲置的建设用地的同时，其主要目标是解决城市化发展用地不足的问题。从"效率"和"公平"来看，经济发达地区，既急需获取建设用地指标来发展工业和第三产业，又有经济实力在挂钩指标交易市场上购买指标。这势必推动经济发达地区快速发展，视为效率的体现；而经济落后地区，一方面区位条件差，另一方面经济相对落后。在短期内，经济落后地区通过指标交易实现了土地资产变现，增加了当地的财政收入，但在今后的发展中丧失了利用建设用地指标的主动权。即便为了发展，确实需要增加建设用地指标，通过指标交易再次获得的成本势必成倍增加而得不偿失。由此看来，发展的不平衡同样体现在指标交易制度上，必然会导致"公平"的丧失。试点乡镇的经济发展水平参差不齐，随着指标交易规模的不断扩大，建设用地会不会集中于经济发展前列的地区，而农村发展权利的转移，土地用途的限制，是否会导致经济欠发达地区城镇化进程缓慢及城乡经济发展与收入的断裂的"马太效应"？这是一个不得不认真考虑的风险。

二是指标交易风险与国家宏观调控。2006年国土资源部发布了《土地利用年度计划管理办法》，该办法为改变以往计划，将新增建设用地控制指标纳入土地利用年度计划，注重对农用地转用审批的控制，而缺乏对实际用地总量的有效控制。同时，在土地利用年度计划考核中以实际耕地保有量和新增建设用地面积作为考核依据，这也是增减挂钩制度产生的根源。增减挂钩结余的指标作为国家年度计划指标之外的建设用地增量指标，在年度计划考核中没有受限。此外，结余指标的交易在时间及区域选择上相对灵活，可根据经济发展的周期跨期跨区调整。因此，结余的建设用地指标可被指标持有者掌控而削弱国土部门的控制力，从而影响到国家对土地的宏观调控。2019年《中华人民共和国土地管理法》第三章第十六条规定,"省、自治区、直辖市人民政府编制的土地利用总体规划,应当确保本行政区域内耕地总量不减少",即一定时期一个地方的土地利用总体规划在规划期内是固定的。由于增减挂钩及指标交易产生的新增建设用地量将提前用完未来的建设用地指标,出现最严重的问题可能是下届政府在扩大经济建设的过程中无地可用。由此会形成重新向国家争取用地指标,频繁调规的恶性循环。

三是指标交易风险与严格保护耕地。指标交易运行涉及耕地保护问题的主要是复垦环节、验收环节和使用环节。复垦环节中的新增耕地率与耕地的数量相关,复垦施工设计方案及施工管理与新增耕地的质量相关;验收环节要严把新增耕地数量与质量关;使用环节指标落地的地块是否占用耕地,占用耕地的质量情况关系着整个指标交易运行流程中耕地保护的成效。从目前出台的政策来看,未明确对复垦新增耕地质量及指标落地占用耕地质量的监管;从指标交易制度运行的过程来看,一是在验收过程中,缺乏对耕地质量的检测和评判标准,主观性较强,可能导致耕地质量下降的风险;二是从指标交易的相关主体看,指标核发的主体为国土资源部门,复垦环节中从数量的确认到质量的审查再到支付,各环节主体均为政府的行政部门。当前地方政府考虑更多的是增长幅度,即经济效益,因此关注更多的是建设用地指标取得和由指标交易带来的收益,而对复垦出来的耕地质量的关心程度并不够。由此,严格保护耕地可作为指标交易制度的一个风险点,带来的风险有耕地占补不平衡、耕地质量下降、粮食安全得不到保障。

2)指标交易风险防范

一是指标交易导致地区发展失衡的风险防范。构建多层级的指标交易体系,突出政府在指标交易过程中的管控能力。指标的交易涉及多方利益,由于农民及企业自身能力局限,不能完全掌握市场信息,同样容易出现刻意追求建设用地指标,忽视复垦土地质量现象;同时由于农户个体的局限性,容易出现恶性竞争导致指标价格过低最终土地权益受损现象。为防止交易信息不对称而产生的偏离市场的交易行为,在省级的跨区域指标交易平台,市级相关政府部门作为区内指标供给者(政府、企业、个人)的利益代理人进行市场交易。

指标过渡到经济发达地区可能造成本区未来发展时用地空间不足问题。为防止农村重视眼前利益而盲目扩大集体建设用地复垦规模,造成未来发展受到土地限制的问题,应制定相关政策以增强农村的持续发展力。市级相关管理部门通过规划管控严格限定每年可在全域范围进行交易的指标数量。首先,优先满足集体建设用地需求的规定,农村集体建设用地复垦形成的指标要优先满足新农村、农村基础设施和公共服务配套设施建设。其次,结合农村自然经济状况和发展阶段特征,为农村发展制定长远周密的村级规划,确定农村未来发展方向并预测其用地需求,在此基础上给农村发展预留合理的用地指标,最终结余的用地指标才进行交易。最后，农村集体经济组织可以探索成立农村新型股份合作社，将农村集体组织的收益股份化，运用农村发展预留指标发展壮大农村产业，让广大农民分享农村持续发展的成果。

建立指标交易区域之间的补偿制度，指标交易价格仅仅是指标作为稀缺资源的交易价格，并不包括指标所承载的耕地保护义务等方面的价格。因此，建立指标购买地区向指标卖出地区的财政转移支付机制，实现指标购买地区向指标卖出地区的经济补偿，弥补指标卖出地区因承担更多耕地保护义务而在发展机会上的损失，有助于保证区域发展的平衡。

二是指标交易导致建设用地总量突破管控的风险防范。加强指标交易制度与土地利用总体规划、城乡总体规划、控制性详细规划、国民经济及社会发展规划的衔接，促进指标平稳落地。指标具体落地时要根据地方经济社会发展需求及空间布局进行分解并落实到规划范围内，严格按照落地区的规划要求确定地块用途，同时对落地地块进行项目功能界定，使结余指标持有人在地票落地时可根据规划指引寻求落地目标，方便指标顺利落地。而对于不符合土地利用总体规划发展需求和空间布局，以及城乡总体规划、控制性详细规划中对应地块的规划功能、开发强度、容积率等相关条件的建设项目，坚决不能落地。从制度设计角度来说，交易指标发挥着补充国家下达的年度新增建设用地计划指标不足的功能，那么实际用地需求与国家安排的用地计划的差额便是我们确定指标交易规模的理论依据。实际操作中，考虑到示范乡镇以后可能实行的建设用地指标双轨制制度，根据土地利用总体规划、土地利用年度计划、挂钩周转指标及经营性建设用地实际需求情况，并结合区域内农村建设用地腾退复垦的理论和实际潜力及耕地复垦验收程序完成情况，来最终确定合理的年度指标交易规模。当然，以需求定供给只是一个理论规模，实现国家的宏观调控以供应引导需求，建议当前暂时将指标年度交易规模控制在国家下达的年度增减挂钩指标量的50%左右，有效地把风险控制在可承受的范围内，保证国家土地调控的基础地位。此外，采取试点推进的方式，在"四化同步"内部先行先试，出现问题随时调整或叫停。下一步再在全省范围内进行推广，对指标交易风险进行有效防控。

三是指标交易导致耕地质量下降的风险防范。对复垦耕地质量进行监督，对于区县开发、复垦的耕地，市国土资源行政主管机关有责任进行审核，对开发、复垦土地的数量、质量、区位、权属等登记造册，评价开发复垦耕地质量，为指标交易后耕地的有效使用奠定基础。对增减挂钩指标交易过程进行监督，要加大对交易流程各环节的监管，交易前应严格审查参与主体资格，交易过程中应遵循公开、公平、公正的原则，并接受公众、媒体及审计部门的监督。各省（市）均应根据实际情况制定耕地质量等级折算标准，并按照该标准对占用、补充的耕地质量进行面积折算，以确保耕地在数量、质量上实现平衡。

建立指标交易管理信息系统。为规范指标交易流程，加强指标交易管理，切实掌握指标产生、交易、使用等相关信息，依托各省（市）统一的土地管理信息平台，建立指标交易管理信息系统，对指标的产生区域、数量、质量、交易时点、交易价格、使用区域、使用情况等进行全面的数据采集与分析，并及时更新交易相关信息，确定各区县是否具有指标买卖的必要性，避免指标炒作行为发生。此外，在指标交易管理信息系统的基础上，探索建立指标交易风险预警系统，通过对相关预警指标的动态监测，及时掌握指标交易风险的产生及强度等情况，以便及时、有效、有针对性地进行风险防范与调控。

可以看到，政府-市场主导的国土空间优化模式在满足了农户需求的基础上，解决了偏远农村地区集体建设用地资源优化配置问题，在一定程度上弥补了政府主导的增减挂钩及市场主导的集体建设用地流转机制的不足，同时指标的跨区交易，实现了土地要素在空间上的自由流通，提高了指标的使用效率。

政府-市场混合参与模式下，增减挂钩的运作流程可以总结为两个阶段：第一个阶段为指标的产生，通过将市场机制引入增减挂钩工作，在一定程度上提高农户的参与积极度和指标产生的效率，与在集体建设用地流转中的角色类似，政府在此过程中主要扮演引导者和服务者角色，此时主要为农民和用地企业在市场中进行博弈。第二个阶段为指标的交易与使用阶段，这一阶段农民先将结余指标在区内交易平台进行交易，区内交易剩余指标由当地政府相关部门放入省级的平台进行流转。在省级的交易平台进行区域间的交易时，市级相关政府部门作为区内指标供给者（政府、企业、个人）的利益代理人进行市场交易，此时相对于个人，地方政府能够掌握更多的交易信息，保障本区域的利益。在此阶段，尽管政府为交易的主体，但在省级的交易平台上，通过市场交易手段对指标进行交易，提高了指标使用配置的透明程度。

参 考 文 献

毕宝德. 2010. 土地经济学[M]. 6版. 北京：中国人民大学出版社.
蔡昉. 2012. 避免"中等收入陷阱"：探寻中国未来的增长源泉[M]. 北京：社会科学文献出版社.
蔡继明，熊柴，高宏. 2013. 我国人口城市化与空间城市化非协调发展及成因[J]. 经济学动态，（6）：15-22.
蔡荣，虢佳花，祁春节. 2007. 果蔬市场流通效率与制度设计——基于交易费用视角和SCM理论的分析[J]. 生态经济，（7）：117-121.
蔡银莺，陈莹，任艳胜，等. 2008. 都市休闲农业中农地的非市场价值估算[J]. 资源科学，30（2）：305-312.
蔡银莺，李晓云，张安录. 2007. 湖北省农地资源价值研究[J]. 自然资源学报，22（1）：121-130.
蔡银莺，张安录. 2007. 武汉市农地非市场价值评估[J]. 生态学报，27（2）：763-773.
蔡银莺，张安录. 2010. 规划管制下基本农田保护的经济补偿研究综述[J]. 中国人口·资源与环境，20（7）：102-106.
曹亚鹏. 2014. "指标漂移"的社会过程——一个基于重庆"地票"制度的实证研究[J]. 社会发展研究，（2）：55-91.
柴铎，董藩. 2014. 美国土地发展权制度对中国征地补偿改革的启示——基于福利经济学的研究[J]. 经济地理，34（2）：148-153.
陈科. 2011. 基于城市化角度的增减挂钩政策实施研究[J]. 城市规划，35（7）：14-19.
陈利根，卢吉勇. 2002. 农村集体非农建设用地为什么会发生流转[J]. 南京农业大学学报（社会科学版），2（3）：14-19.
陈顺清. 2012. 城市增长与土地增值的综合理论研究[J]. 地球信息科学，1（1）：12-18.
陈文言，张雷，刘慧，等. 2004. 流域可持续发展及其实现途径：土地利用空间重组[J]. 中国软科学，（2）：125-129.
陈锡文. 2004. 资源配置与中国农村发展[J]. 中国农村经济，（1）：4-9.
陈燕. 2012. 中国城乡建设用地市场一体化研究[D]. 福建师范大学硕士学位论文.
陈莹，谭术魁，张安录. 2009. 公益性、非公益性土地征收补偿的差异性研究——基于湖北省4市54村543户农户问卷和83个征收案例的实证[J]. 管理世界（月刊），（10）：72-79.
陈莹，张安录. 2007. 农地转用过程中农民的认知与福利变化分析——基于武汉市城乡结合部农户与村级问卷调查[J]. 中国农村观察，（5）：11-21，37.
陈佑启，Verburg P H，徐斌. 2000. 中国土地利用变化及其影响的空间建模分析[J]. 地理科学进展，19（2）：116-127.

陈志刚. 2002. 试论土地增值与土地用途管制[J]. 国土经济, （4）: 34.
陈竹, 张安录. 2012. 土地用途管制下农地城市流转的公众福利动态研究[J]. 中国土地科学, 26（5）: 57-63.
成邦文, 刘树梅, 吴晓梅. 2001. C-D 生产函数的一个重要性质[J]. 数量经济技术经济研究, （7）: 78-80.
崔宝敏. 2010. 天津市"以宅基地换房"的农村集体建设用地流转新模式[J]. 中国土地科学, 22（5）: 37-40.
戴媛媛. 2011. "增减挂钩"中农户安置模式的比较分析[J]. 特区经济, （8）: 170-171.
党国英. 2005. 土地制度对农民的剥夺[J]. 中国改革, （7）: 31-35.
底亚玲, 郝晋珉, 朱道林. 2006. 基于产权的土地征收增值收益分配探讨[J]. 农村经济, （12）: 34-36.
丁绒, 叶广宇. 2016. 地方政府的土地供应抉择研究——土地财政规模倒 U 型效应的博弈均衡视角[J]. 财政研究, （9）: 76-92.
董黎明, 李向明, 冯长春, 等. 1993. 中国城市土地有偿使用的地域差异及分等研究[J]. 地理学报, 48（1）: 1-10.
董品杰, 赖红松. 2003. 基于多目标遗传算法的土地利用空间结构优化配置[J]. 地理与地理信息科学, 19（6）: 52-55.
杜新波. 2003. 对我国城市地产价格及价值形成的理论探讨[J]. 资源与人居环境, （4）: 9-11.
杜雪君, 黄忠华. 2015. 以地谋发展: 土地出让与经济增长的实证研究[J]. 中国土地科学, 29（7）: 40-47.
杜雪君, 黄忠华, 吴次芳. 2009. 中国土地财政与经济增长——基于省际面板数据的分析[J]. 财贸经济, （1）: 60-64.
段力志, 傅鸿源. 2011. 地票模式与农村集体建设用地流转制度的案例研究[J]. 公共管理学报, 8（2）: 86-92.
范辉, 董捷. 2006. 征地中土地增值来源及其分配的产权经济学分析[J]. 国土资源科技管理, （3）: 62-66.
方创琳, 李广东, 张蔷. 2017. 中国城市建设用地的动态变化态势与调控[J]. 自然资源学报, 32（3）: 363-376.
弗鲁博顿 E, 芮切特 R. 2014. 新制度经济学——一个交易费用分析范式[M]. 姜建强, 罗长远译. 上海: 上海人民出版社.
付海英, 郝晋珉, 安萍莉, 等. 2007. 基于精明增长的城市空间发展方向分析——以山东省泰安市为例[J]. 资源科学, 29（1）: 63-69.
傅颜颜, 林卿. 2015. 纵向一体化对企业绩效影响的实证分析——基于中粮集团 4 家上市公司的研究[J]. 广西经济管理干部学院学报, 27（1）: 49-53.
高洁, 廖长林. 2011. 英、美、法土地发展权制度对我国土地管理制度改革的启示[J]. 经济社会体制比较（双月刊）, （4）: 206-213.
高进云. 2008. 农地城市流转中农民福利变化研究[D]. 华中农业大学博士学位论文.
高进云, 乔荣锋, 张安录. 2007. 农地城市流转前后农户福利变化的模糊评价——基于森的可行能力理论[J]. 管理世界（月刊）, （6）: 45-55.
高圣平, 刘守英. 2007. 集体建设用地进入市场: 现实与法律困境[J]. 管理世界（月刊）, （3）: 62-72, 88.
高魏, 闵捷, 张安录. 2007a. 基于岭回归的农地城市流转影响因素分析[J]. 中国土地科学,

21（3）：51-58.

高魏，闵捷，张安录. 2007b. 江汉平原耕地非市场价值评估[J]. 资源科学，29（2）：124-130.

高魏，张安录，付海英，等. 2010. 城乡生态经济交错区农地城市流转价格影响因素分析[J]. 中国土地科学，24（11）：45-49.

顾汉龙，冯淑怡，张志林，等. 2015. 我国城乡建设用地增减挂钩政策与美国土地发展权转移政策的比较研究[J]. 经济地理，35（6）：143-148，183.

顾汉龙，刚晨，王秋兵，等. 2018. 重庆市地票交易的空间分布特征及其影响因素分析[J]. 中国土地科学，32（2）：48-54.

顾湘. 2013. 农村集体建设用地流转的博弈分析与制度改进——基于地方政府与农村集体组织关系的视角[J]. 经济体制改革，（1）：83-87.

顾益康，邵峰. 2003. 全面推进城乡一体化改革——新时期解决"三农"问题的根本出路[J]. 中国农村经济，（1）：20-26，44.

郭翔宇，王颜齐. 2010. 农户与村干部土地流转纠纷的博弈分析[J]. 农业经济与管理，3（1）：38-43.

何春阳，陈晋，史培军. 2007. 大都市区城市扩展模型——以北京城市扩展模型为例[J]. 中国土地科学，21（6）：16-22.

胡传景. 2009. 建立出让建设用地增减挂钩指标制度的初步构想[J]. 中国房地产，（6）：54-55.

胡小平，孔喜梅. 2005. 农村土地使用权流转与农民利益保护[J]. 经济学家，（6）：39-43.

黄珂，张安录. 2016. 城乡建设用地的市场化整合机制[J]. 改革，（2）：69-79.

黄利民. 2009. 农地边际化及其效应研究——以湖北省通城县为例[D]. 华中农业大学博士学位论文.

黄庆杰，王新. 2007. 农村集体建设用地流转的现状、问题与对策——以北京市为例[J]. 中国农村经济，（1）：58-64.

黄祖辉，汪晖. 2002. 非公共利益性质的征地行为与土地发展权补偿[J]. 经济研究，（5）：66-71.

姜开勤. 2004. 征用土地增值收益分配分析[J]. 农业经济，（10）：14-16.

姜友华，王新生. 2002. 遗传算法用于产生可供选择的城市规划方案[J]. 武汉大学学报（工学版），35（3）：63-66.

蒋省三，刘守英. 2003. 土地资本化与农村工业化——广东省佛山市南海经济发展调查[J]. 管理世界（月刊），（11）：87-97.

凯恩斯 J M. 2010. 就业、利息和货币通论[M]. 李欣全译. 三亚：南海出版社.

黎夏，李丹，刘小平，等. 2010. 地理模拟优化系统 GeoSOS 软件构建与应用[J]. 中山大学学报（自然科学版），49（4）：1-5，15.

李二超，韩洁. 2013. "四化"同步发展的内在机理、战略途径与制度创新[J]. 改革，（7）：152-159.

李辉，王良健. 2015. 土地资源配置的效率损失与优化途径[J]. 中国土地科学，29（7）：63-72.

李霜，张安录. 2014. 农地城市流转的外部性与社会损失研究——基于武汉城市圈的实证[J]. 资源科学，36（2）：303-310.

李旺君，王雷. 2009. 城乡建设用地增减挂钩的利弊分析[J]. 国土资源情报，（4）：34-37.

李晓云，张安录，高进云，等. 2007. 农户农地城市流转意愿及其影响因素分析——以武汉市城乡交错区农户为例[J]. 长江流域资源与环境, 16（4）：471-475.

李郇, 洪国志, 黄亮雄. 2013. 中国土地财政增长之谜——分税制改革、土地财政增长的策略性[J]. 经济学（季刊）, 12（4）：1141-1160.

李永友, 徐楠. 2011. 个体特征、制度性因素与失地农民市民化——基于浙江省富阳等地调查数据的实证考察[J]. 管理世界（月刊）, （1）：62-70.

林瑞瑞, 朱道林, 刘晶, 等. 2013. 土地增值产生环节及收益分配关系研究[J]. 中国土地科学, 27（2）：3-8.

刘国臻. 2005. 中国土地发展权论纲[J]. 学术研究, （10）：64-68.

刘洪玉, 姜沛言. 2015. 中国土地市场供给的价格弹性及其影响因素[J]. 清华大学学报（自然科学版）, 55（1）：56-62.

刘建生, 王志凤, 孟展. 2011. "增减挂钩"操作问题及改进建议[J]. 中国土地, （6）：23-24.

刘江涛, 杨开忠, 冯长春. 2005. 城市边缘区土地利用规划缘起·失灵·改进[M]. 北京：新华出版社.

刘明皓, 邱道持. 2008. 储备土地增值机理与收益测算研究[J]. 生态经济（学术版）, （1）：127-132.

刘守英. 2005. 政府垄断土地一级市场真的一本万利吗[J]. 中国改革, （7）：22-25.

刘卫东, 张国钦, 宋周莺. 2007. 经济全球化背景下中国经济发展空间格局的演变趋势研究[J]. 地理科学, 27（5）：609-616.

刘彦随. 1999. 土地利用优化配置中系列模型的应用——以乐清市为例[J]. 地理科学进展, 18（1）：26-31.

刘彦随. 2007. 中国东部沿海地区乡村转型发展与新农村建设[J]. 地理学报, 62（6）：563-570.

刘永湘. 2003. 农民增收的根本出路在于加快城镇化进程[J]. 经济学家, （3）：122-124.

卢闯, 张伟华, 崔程皓. 2013. 市场环境、产权性质与企业纵向一体化程度[J]. 会计研究, （7）：50-55.

陆大道. 2002. 关于地理学的"人-地系统"理论研究[J]. 地理研究, 21（2）：135-145.

陆铭, 陈钊. 2009. 分割市场的经济增长——为什么经济开放可能加剧地方保护?[J]. 经济研究, （3）：42-52.

罗鼎, 许月卿, 邵晓梅, 等. 2009. 土地利用空间优化配置研究进展与展望[J]. 地理科学进展, 28（5）：791-797.

罗湖平. 2014. 中国土地隐形市场研究综述[J]. 经济地理, 34（4）：145-152.

吕萍, 孙琰华. 2004. 农地转用价格确定模型与实证研究[J]. 中国农村观察, （4）：16-22.

马爱慧. 2011. 耕地生态补偿及空间效益转移研究[D]. 华中农业大学博士学位论文.

马爱慧, 蔡银莺, 张安录. 2012. 基于选择实验法的耕地生态补偿额度测算[J]. 自然资源学报, 27（7）：1154-1163.

马克思. 1995. 马克思恩格斯全集[M]. 中共中央马克思恩格斯列宁斯大林著作编译局译. 北京：人民出版社.

马贤磊, 曲福田. 2006. 经济转型期土地征收增值收益形成机理及其分配[J]. 中国土地科学, 20（5）：2-6, 12.

买晓森, 杨庆媛. 2018. 三峡库区建设用地利用的经济效益评价——以重庆市云阳县为例[J]. 资源与产业, 10（2）：67-70.

毛燕玲，曾文博，余国松，等. 2015. 基于改进区间 Shapley 值的农村宅基地退出收益分配方法[J]. 中国地质大学学报（社会科学版），15（5）：104-114.

倪绍祥，王玲霞. 1994. 城市土地综合基准地价评估方法探讨[J]. 地理研究，13（4）：36-42.

聂鑫，汪晗，张安录. 2010. 基于公平思想的失地农民福利补偿——以江汉平原 4 城市为例[J]. 中国土地科学，24（6）：62-67.

宁晓明，李法义. 1991. 城市土地区位与城市土地价值[J]. 经济地理，11（4）：35-39.

牛振国，李保国，张凤荣. 2002. 基于区域土壤水分供给量的土地利用优化模式[J]. 农业工程学报，18（3）：173-177.

潘文卿，李跟强. 2014. 垂直专业化、贸易增加值与增加值贸易核算——全球价值链背景下基于国家（地区）间投入产出模型方法综述[J]. 经济学报，1（4）：188-207.

彭建超，吴群. 2006. 农地整理后的增值收益分配问题探讨[J]. 农村经济，（4）：27-30.

彭开丽. 2009. 农地城市流转的社会福利效应：公平、效率与集体选择——基于效率与公平理论的实证分析[D]. 华中农业大学博士学位论文.

彭开丽，彭可茂，席利卿. 2012. 中国各省份农地资源价值量估算——基于对农地功能和价值分类的分析[J]. 资源科学，34（12）：2224-2233.

彭开丽，张安录. 2012. 农地城市流转中土地增值收益分配不公平的度量——方法与案例[J]. 价值工程，（31）：1-4.

彭开丽，张鹏，张安录. 2009. 农地城市流转中不同权利主体的福利均衡分析[J]. 中国人口·资源与环境，19（2）：137-142.

戚晓旭，杨雅维，杨智尤. 2014. 新型城镇化评价指标体系研究[J]. 宏观经济管理，（2）：51-54.

钱忠好. 2004. 土地征用：均衡与非均衡——对现行中国土地征用制度的经济分析[J]. 管理世界（月刊），（12）：50-59.

钱忠好，马凯. 2007. 我国城乡非农建设用地市场：垄断、分割与整合[J]. 管理世界（月刊），（6）：38-44.

钱忠好，牟燕. 2013. 土地市场化是否必然导致城乡居民收入差距扩大——基于中国 23 个省（自治区、直辖市）面板数据的检验[J]. 管理世界（月刊），（2）：78-89.

乔庆伟，许庆福，孟艳丽，等. 2010. 现行土地税收体系存在问题及完善建议[J]. 经济研究导刊，（16）：15-16.

乔志敏. 1994. 论土地增值的合理分配[J]. 中国房地产，（1）：44-46.

任艳胜，张安录，邹秀清. 2010. 限制发展区农地发展权补偿标准探析[J]. 资源科学，32（4）：743-751.

单卓然，黄亚平. 2013. "新型城镇化"概念内涵、目标内容、规划策略及认知误区解析[J]. 城市规划学刊，（2）：16-22.

申兵. 2012. "十二五"时期农民工市民化成本测算及其分担机制构建——以跨省农民工集中流入地区宁波市为案例[J]. 城市发展研究，19（1）：86-92.

沈飞，朱道林，毕继业. 2004. 政府制度性寻租实证研究——以中国土地征用制度为例[J]. 中国土地科学，18（4）：23-29.

沈宏超，洪功翔. 2015. 新型城镇化质量测度指标体系及实证研究——以安徽省为例[J]. 农业现代化研究，36（3）：412-418.

石英，程锋. 2008. 基于遗传算法的乡级土地利用规划空间布局方案研究[J]. 江西农业大学学报，30（2）：380-384.

斯密 A. 1972. 国民财富的性质和原因的研究[M]. 郭大力, 王亚南译. 北京: 商务印书馆.
宋涛, 蔡建明, 刘彦随, 等. 2012. 农地流转模式与机制创新研究[J]. 农村经济, (8): 23-26.
孙陶生. 1997. 论企业改制中的土地资产管理问题[J]. 管理世界（月刊）, (3): 129-135.
孙秀林, 周飞舟. 2013. 土地财政与分税制: 一个实证解释[J]. 中国社会科学, (4): 40-59.
覃事娅, 尹惠斌, 熊鹰. 2012. 基于不同价值构成的耕地资源价值评估——以湖南省为例[J]. 长江流域资源与环境, 21 (4): 466-471.
谭荣, 曲福田. 2006. 现阶段农地非农化配置方式效率损失及农地过度性损失[J]. 中国土地科学, 20 (3): 3-8.
汤芳. 2005. 农地发展权定价研究[D]. 华中农业大学硕士学位论文.
汤英牛. 2007. 按贡献分配两手分工并用——解决我国分配问题的对策思考[M]. 北京: 经济科学出版社.
唐健, 谭荣. 2013. 农村集体建设用地价值"释放"的新思路——基于成都和无锡农村集体建设用地流转模式的比较[J]. 华中农业大学学报（社会科学版）, (3): 10-15.
唐鹏, 周来友, 石晓平. 2014. 地方政府对土地财政依赖的影响因素研究——基于中国 1998-2010 年的省际面板数据分析[J]. 资源科学, 36 (7): 1374-1381.
田莉. 2004. 从国际经验看城市土地增值收益管理[J]. 国外城市规划, (6): 8-13.
万俊毅. 2008. 准纵向一体化、关系治理与合约履行——以农业产业化经营的温氏模式为例[J]. 管理世界（月刊）, (12): 93-102.
汪晗, 聂鑫, 张安录. 2011. 武汉市农地发展权定价研究[J]. 中国土地科学, 25 (7): 66-71.
汪晗, 张安录. 2009. 基于科斯定理的农地发展权市场构建研究[J]. 理论月刊, (7): 135-137.
汪晖, 黄祖辉. 2004. 公共利益、征地范围与公平补偿——从两个土地投机案例谈起[J]. 经济学（季刊）, 4 (1): 249-262.
汪晖, 陶然. 2009. 论土地发展权转移与交易的"浙江模式"——制度起源、操作模式及其重要含义[J]. 管理世界（月刊）, (8): 39-52.
汪阳红. 2012. 优化我国国土空间开发格局的体制机制研究[J]. 经济研究参考, (49): 21-34.
王汉花, 刘艳芳. 2008. 基于生态位与约束 CA 的土地资源优化配置模型研究——以武汉市黄陂区为例[J]. 中国人口·资源与环境, 18 (2): 97-102.
王君, 朱玉碧, 郑财贵. 2007. 对城乡建设用地增减挂钩运作模式的探讨[J]. 农村经济, (8): 29-31.
王青, 陈志刚, 叶依广, 等. 2007. 中国土地市场化进程的时空特征分析[J]. 资源科学, 29 (1): 43-47.
王珊, 张安录, 张叶生. 2014. 农地城市流转的农户福利效应测度[J]. 中国人口·资源与环境, 24 (3): 108-115.
王文革. 2006. 建立合理的城市土地增值回收制度[J]. 国土资源, (2): 16-17.
王小映. 2003. 全面保护农民的土地财产权益[J]. 中国农村经济, (10): 9-16.
王小映. 2007. 土地征收公正补偿与市场开放[J]. 中国农村观察, (5): 22-31.
王小映, 贺明玉, 高永. 2006. 我国农地转用中的土地收益分配实证研究——基于昆山、桐城、新都三地的抽样调查分析[J]. 管理世界（月刊）, (5): 88-95.
王晓霞, 蒋一军. 2009. 中国农村集体建设用地使用权流转政策的梳理与展望[J]. 中国土地科学, 23 (4): 38-42.

王洋, 王德利, 刘丽华, 等. 2015. 中国城市住宅价格的空间分化及其土地市场影响[J]. 中国土地科学, 29（6）: 33-40.
王永慧, 严金明. 2007. 农地发展权界定、细分与量化研究——以北京市海淀区北部地区为例[J]. 中国土地科学, 21（2）: 25-30.
王玉波. 2013. 土地财政的成因与效应及改革研究综述[J]. 经济问题探索, （2）: 150-155.
王志刚, 周永刚, 朱艺云. 2013. "养儿防老"与"新农保": 替代还是互补——基于福建省厦门、漳州和龙岩三市的问卷调查[J]. 中国经济问题, （6）: 20-27.
温修春, 何芳, 马志强. 2014. 我国农村土地间接流转供应链联盟的利益分配机制研究——基于"对称互惠共生"视角[J]. 中国管理科学, 22（7）: 52-58.
文兰娇, 张安录. 2016a. 地票制度创新与土地发展权市场机制及农村土地资产显化关系[J]. 中国土地科学, 30（7）: 33-40, 55.
文兰娇, 张安录. 2016b. 长三角地区与珠三角地区农村集体土地市场发育与运行比较研究——基于上海松江、金山和广东南海、东莞四地实证分析[J]. 中国土地科学, 30（10）: 64-71.
文兰娇, 张安录. 2017. 论我国城乡建设用地市场发展、困境和整合思路[J]. 华中科技大学学报（社会科学版）, 31（6）: 74-81.
文兰娇, 张晶晶. 2015. 国土空间管制、土地非均衡发展与外部性研究: 回顾与展望[J]. 中国土地科学, 29（7）: 4-12.
吴克宁, 史原轲, 路婕, 等. 2006. 农用地分等定级估价成果在征地补偿中的应用[J]. 资源与产业, 8（3）: 50-52.
吴群, 李永乐. 2010. 财政分权、地方政府竞争与土地财政[J]. 财贸经济, （7）: 51-59.
席一凡, 杨茂盛, 尚耀华. 2001. 遗传算法在城市土地功能配置规划中的应用[J]. 西北建筑工程学院学报（自然科学版）, 18（4）: 190-194.
夏方舟, 严金明. 2015. 土地储备、入市影响与集体建设用地未来路径[J]. 改革, （3）: 48-55.
夏慧娟. 2014. 农地入市对土地财政依赖症的影响机制[J]. 中外企业家, （19）: 136-137.
肖金成, 欧阳慧. 2012. 优化国土空间开发格局研究[J]. 经济学动态, （5）: 18-23.
谢晶晶, 窦祥胜. 2016. 基于合作博弈的碳配额交易价格形成机制研究[J]. 管理评论, 28（2）: 15-24.
谢青, 苏振锋, 岳亮. 2006. 基于土地增值的城中村改造利益分配研究[J]. 宁夏社会科学, （5）: 33-35.
徐小峰. 2012. 城乡建设用地增减挂钩区农村宅基地退出补偿研究[D]. 华中农业大学硕士学位论文.
许恒周, 曲福田, 郭忠兴. 2011. 市场失灵、非市场价值与农地非农化过度性损失——基于中国不同区域的实证研究[J]. 长江流域资源与环境, 20（1）: 68-72.
严栋. 2008. 征地补偿与土地发展权分配: 基于农户意愿的实证分析[D]. 浙江大学硕士学位论文.
杨杰, 黄贤金, 陈涛, 等. 2003. 征地制度改革中社会保障制度建设的研究——以江苏省太仓市为例[J]. 南京社会科学, （7）: 85-90.
杨永磊. 2012. 城乡建设用地增减挂钩机制研究[D]. 中国地质大学（北京）博士学位论文.
姚洋. 1999. 非农就业结构与土地租佃市场的发育[J]. 中国农村观察, （16）: 16-21, 37.
易小燕, 陈印军, 肖碧林, 等. 2011. 城乡建设用地增减挂钩运行中出现的主要问题与建议[J].

中国农业资源与区划, 32 (1): 10-13, 23.

袁方, 蔡银莺. 2012. 城市近郊被征地农民的福利变化测度——以武汉市江夏区五里界镇为实证[J]. 资源科学, 34 (3): 449-458.

张安录. 1999. 城乡生态经济交错区农地城市流转机制与制度创新[J]. 中国农村经济, (7): 43-49.

张安录. 2000. 可转移发展权与农地城市流转控制[J]. 中国农村观察, (2): 20-25.

张合林, 郝寿义. 2007. 城乡统一土地市场制度创新及政策建议[J]. 中国软科学, (2): 28-40.

张俊, 于海燕. 2008. 国内外城市土地增值收益分配制度的比较与借鉴[J]. 价格月刊, (3): 66-68.

张俊峰, 张安录. 2015. 基于要素贡献率的建设用地差别化管理——以武汉城市圈为例[J]. 经济地理, 35 (10): 171-178, 193.

张鹏. 2010. 规划管制与土地发展权关系研究评述[J]. 中国土地科学, 24 (10): 74-78.

张鹏, 张安录. 2008. 城市边界土地增值收益之经济学分析——兼论土地征收中的农民利益保护[J]. 中国人口·资源与环境, 18 (2): 13-17.

张五常. 2010. 佃农理论[M]. 北京: 中信出版社.

张耀光. 2001. 辽河三角洲土地资源利用结构优化与持续利用对策[J]. 自然资源学报, 16 (2): 115-120.

张一鸣, 刘俊. 2011. 建设用地增减挂钩制度: 问题与出路[J]. 西南政法大学学报, 13 (4): 20-24.

张宇, 欧名豪, 张全景. 2006. 钩, 该怎么挂——对城镇建设用地增加与农村建设用地减少相挂钩政策的思考[J]. 中国土地, (3): 23-24.

张志宏, 金晓斌, 周寅康, 等. 2013. 农用地转用征收环节土地税费设置分析与绩效评价研究[M]. 南京: 南京大学出版社.

郑娟尔, 吴次芳. 2006. 地价与房价的因果关系——全国和城市层面的计量研究[J]. 中国土地科学, 20 (6): 31-37.

郑思齐, 孙伟增, 吴璟, 等. 2014. "以地生财, 以财养地"——中国特色城市建设投融资模式研究[J]. 经济研究, 49 (8): 14-27.

郑新奇, 阎弘文, 赵涛. 2001. RS 和 GIS 支持的城市土地优化配置——以济南市为例[J]. 国土资源遥感, (1): 15-18, 53.

郑振源, 黄晓宇. 2011. 集约用地呼唤土地资源市场配置[J]. 中国土地科学, 25 (4): 13-16.

周诚. 2003. 农村结构问题的深层次透视——评《农村非正式结构的经济分析》[J]. 中国农村观察, (11): 78-79.

周诚. 2006. 我国农地转非自然增值分配的"私公兼顾"论[J]. 中国发展观察, (9): 26-29.

周击. 2011. 城乡一体化背景下的土地"挂钩"政策研究[D]. 华东理工大学硕士学位论文.

周建春. 2007. 中国耕地产权与价值研究——兼论征地补偿[J]. 中国土地科学, 21 (1): 4-9.

周黎安. 2007. 中国地方官员的晋升锦标赛模式研究[J]. 经济研究, (7): 36-50.

周其仁. 2004. 农地产权与征地制度——中国城市化面临的重大选择[J]. 经济学 (季刊), 4 (1): 193-210.

周天勇. 2003. 土地制度的供求冲突与其改革的框架性安排[J]. 管理世界 (月刊), (10): 40-49, 156.

朱道林, 强真, 毕继业. 2006. 中国农地征转用的价格增值分析[J]. 中国土地科学, 20 (4):

24-27.

朱丽娜, 石晓平. 2010. 中国土地出让制度改革对地方财政收入的影响分析[J]. 中国土地科学, 24 (7): 23-29.

朱一中, 王哲, 潘英健. 2015. 基于特征价格理论的土地增值影响因素及其效应——以中山市商品住宅用地为例[J]. 经济地理, 35 (12): 185-192.

诸培新, 曲福田. 2003. 从资源环境经济学角度考察土地征用补偿价格构成[J]. 中国土地科学, 17 (3): 10-14.

诸培新, 曲福田. 2006. 农地非农化配置中的土地收益分配研究——以江苏省 N 市为例[J]. 南京农业大学学报（社会科学版）, 6 (3): 1-6.

庄社明. 2005. 加强农村建设用地整理 拓展城镇建设用地空间——关于落实"城镇建设用地增加与农村建设用地减少相挂钩"政策的思考[J]. 国土资源通讯, (19): 37-38.

Allardt F. 1976. Hyvinvoinnin Ulottuvuuksia（Dimensions of Welfare）[M]. Helsinki: WSOY.

Alterman R. 2010. Takings International: A Comparative Perspective on Land Use Regulations and Compensation Rights[M]. Chicago: American Bar Association Publications Press.

American Farmland Trust（AFT）. 2008-04-01. Transfer of development rights: fact sheet[EB/OL]. http://www.farmlandinfo.org/sites/default/files/TDR_04-2008_1.pdf.

Anderson D L. 2001. Landscape heterogeneity and diurnal raptor diversity in honduras: the role of indigenous shifting cultivation 1[J]. Biotropica, 33 (3): 511-519.

Arnott R J, MacKinnon J G. 1978. Market and shadow land rents with congestion[J]. The American Economic Review, 68 (4): 588-600.

Arrow K J, Fisher A. 1974. Environmental preservation, uncertainty, and irreversibility[J]. Quarterly Journal of Economics, 88 (2): 312-319.

Awasthi M K. 2009. Dynamics and resource use efficiency of agricultural land sales and rental market in India[J]. Land Use Policy, 26 (3): 736-743.

Bai X, Shi P, Liu Y. 2014. Society: realizing China's urban dream[J]. Nature, 509 (7499): 158-160.

Barber G M. 1976. Land-use plan design via interactive multiple-objective programming[J]. Environment and Planning A, 8 (6): 625-636.

Barnhart K. 1977. Land use-taking, TDR, and the Tudor city parks: Fred F. French investing Co. v. city of New York[J]. Harvard Law Review, 90 (6): 637-647.

Barrows R L, Prenguber B A. 1975. Transfer of development rights: an analysis of a new land use policy[J]. American Journal of Agricultural Economics, 57 (3): 549-557.

Bastian C T, Keske C M H, Mcleod D M, et al. 2017. Landowner and land trust agent preferences for conservation easements: implications for sustainable land uses and landscapes[J]. Landscape and Urban Planning, 157 (1): 1-13.

Bastian C T, Mcleod D M, Germino M J, et al. 2002. Environmental amenities and agricultural land values: a hedonic model using geographic information systems data[J]. Ecological Economics, 40 (3): 337-349.

Beaton W P. 1991. The impact of regional land-use controls on property values: the case of the New Jersey pinelands[J]. Land Economics, 67 (2): 172-194.

Bellü L G, Liberati P. 2006. Policy impacts on inequality welfare based measures of inequality: the atkinson index [R]. EASYPol, http://www.fao.org/docs/up/easypol/451/welfare_measures_inequa_

atkinson_050en.pdf.

Benirschk M, Binkley J K. 1994. Land price volatility in a geographically dispersed market[J]. American Journal of Agricultural Economics, 76（2）: 185-195.

Bethany L, Jeffrey D, Barry B, et al. 2004. Farmland preservation in Georgia: three possible roads to success[R]. University of Georgia.

Blaikie P, Brookfield H. 1987. Land Degradation and Society[M]. London: Routledge.

Blondel J. 2006. The "design" of Mediterranean landscapes: a millennial story of humans and ecological systems during the historic period[J]. Human Ecology, 34（5）: 713-729.

Blume L, Rubinfeld D L, Shapiro P. 1984. The taking of land: when should compensation be paid?[J]. The Quarterly Journal of Economics, 99（1）: 71-92.

Bockstael N E, McConnell K E. 1980. Calculating equivalent and compensating variation for natural resource facilities[J]. Land Economics, 56（1）: 56-63.

Bockstael N E, McConnell K E, Strand I. 1991. Recreation[C]//Braden J, Kolstad C. Measuring the Demand for Environmental Quality. Amsterdam: North-Holland: 370.

Bourassa S C. 2007. Community land trusts and housing affordability[C]//Ingram G K, Hong Y H. Land Policies and Their Outcomes. Cambridge: Lincoln Institute of Land Policy: 464.

Bronfenbrenner M. 2006. Income Distribution Theory[M]. Chicago: Transaction Pub Press.

Bukenya J O. 2007. Dynamics of land-use change in North Alabama: implications of new residential development[C]. 2007 Annual Meeting, February 4-7, 2007, Mobile, Alabama. Southern Agricultural Economics Association.

Cameron A. 1991. Christianity and the Rhetoric of Empire: The Development of Christian Discourse[M]. Berkeley: University of California Press.

Capozza D R, Helsley R W. 1989. The fundamentals of land prices and urban growth[J]. Journal of Urban Economics, 26（3）: 295-306.

Charnes A, Haynes K E, Hazleton J E, et al. 1975. A hierarchical goal programming approach to environmental land use management[J]. Geographical Analysis, 7（2）: 121-130.

Chau N H, Zhang W. 2011. Harnessing the forces of urban expansion: the public economics of farmland development allowances[J]. Land Economics, 87（3）: 488-507.

Chavooshian B B, Norman T. 1975. Transfer of development rights: a new concept in land-use management[J]. The Appraisal Journal, （6）: 400-409.

Chen M, Huang Y, Tang Z, et al. 2014. The provincial pattern of the relationship between urbanization and economic development in China[J]. Journal of Geographic Science, 24（1）: 33-45.

Chiodelli F, Moroni S. 2016. Zoning-integrative and zoning-alternative transferable development rights: compensation, equity, efficiency[J]. Land Use Policy, 52（3）: 422-429.

Choi K W, Sjoquist D. 2015. Economic and spatial effects of land value taxation in an urban area: an urban computable general equilibrium approach[J]. Land Economics, 91（3）: 536-555.

Coase R H. 1937. The nature of the firm[J]. Economica, （4）: 386-405.

Cocconcelli L, Medda F R. 2013. Boom and bust in the Estonian real estate market and the role of land tax as a buffer[J]. Land Use Policy, 30: 392-400.

Coggins J S, Ramezani C A. 1998. An arbitrage-free approach to quasi-option value[J]. Journal of Environmental Economics and Management, 35（2）: 103-125.

Colwell P F, Munneke H J. 1999. Land prices and land assembly in the CBD[J]. Journal of Real Estate Finance and Economics, 18（2）: 163-180.

Cooper J, Loomis J. 1992. Sensitivity of willingness-to-pay estimates to bid design in dichotomous choice contingent valuation models[J]. Land Economics, 68（2）: 211-224.

Corburn J. 2007. Urban land use, air toxics and public health: assessing hazardous exposures at the neighborhood scale[J]. Environmental Impact Assessment Review, 27（2）: 145-160.

Costonis J J. 1972. The Chicago plan: incentive zoning and the preservation of urban land marks[J]. Harvard Law Review, 85（3）: 574-634.

Costonis J J. 1973. Development rights transfer: an exploratory essay[J]. Yale Law Journal, 83（75）: 75-128.

Coughlin R. 1980. Ideology, Public Opinion and Welfare Policy: Attitudes Towards Taxes and Spending in Industrialised Countries[M]. Berkley: University of California Press.

Daniels T L. 2001. Coordinating opposite approaches to managing urban growth and curbing sprawl[J]. The American Journal of Economics and Sociology, 60（1）: 229-243.

Danner J C. 1997. TDRs: great idea but questionable value[J]. The Appraisal Journal, 65（2）: 133-142.

David A N. 2002. Spatial economic models of land use change and conservation targeting strategies[D]. Ph D. Dissertation of the University of California.

de Brauw A, Mueller V. 2012. Do limitation in land rights transferability influence mobility rates in Ethiopia?[J]. Journal of African Economics, 21（4）: 548-579.

Deininger K. 2003. Land markets in developing and transition economies: impact of liberalization and implications for future reform[J]. American Journal of Agricultural Economics, 85（5）: 1217-1222.

DiMasi J A. 1987. The effects of site value taxation in an urban area: a general equilibrium computational approach[J]. National Tax Journal, 40（4）: 577-590.

Dökmeci V F. 1973. An optimization model for a hierarchical spatial system[J]. Journal of Regional Science, 13（3）: 439-451.

Duffy-Deno K T. 1997. The effects of state parks on county economics of the west[J]. Journal of Leisure Research, 29（2）: 201-224.

Dunham A. 1958. City planning: an analysis of the content of the master plan[J]. The Journal of Law and Economics, 1: 170-186.

Ely T R, Wehrwein G S. 1940. Land Economics[M]. Now York: The Macmillan Company Press.

Ervin D E, Dicks M R. 1988. Cropland diversion for conservation and environmental improvement: an economic welfare analysis[J]. Land Economics, 64（3）: 256-268.

Faris J M, Beever L B, Brown M. 2000. Geography Information System（GIS）and Urban Land Use Allocation Model（ULAM）techniques for existing and projected land use data[C]. Seventh National Conference on Transportation Planning for Small and Medium-Sized Communities Transportation Research Board Federal Highway Administration Mack-Blackwell Transportation Center.

Farmer J R, Meresky V, Knapp D, et al. 2015. Why agree to a conservation easement? Understanding the decision of conservation easement granting[J]. Landscape and Urban Planning, 138（6）: 11-19.

Feng C M, Lin J J. 1999. Using a genetic algorithm to generate alternative sketch maps for urban planning[J]. Computers, Environment and Urban Systems, 23（2）：91-108.

Fisher A, Krutilla J V. 1975. Resource conservation, environmental preservation, and the rate of discount[J]. Quarterly Journal of Economics, 89（3）：358-370.

Foldvary F E, Minola L A. 2017. The taxation of land value as the means towards optimal urban development and the extirpation of excessive economic inequality[J]. Land Use Policy, 68：287-294.

Gao X, Asami Y. 2007. Effect of urban landscapes on land prices in two Japanese cities[J]. Landscape and Urban Planning, 81（1）：155-166.

Gardner B D. 1977. The economics of agricultural land preservation[J]. American Journal of Agricultural Economics, 59（5）：1027-1036.

Gengaje R K. 1992. Administration of farmland transfer in urban fringes：lessons from Maharashtra, India[J]. Land Use Policy, 9（4）：272-286.

George H. 1879. Progress and Poverty：An Inquiry into the Cause of Industrial Depressions and the Increase of Want with Increase of Wealth[M]. New York：Trow's Printing and Booking Company.

Goetz R, Zilberman D. 2007. The economics of land-use regulation in the presence of an externality：a dynamic approach[J]. Optimal Control Application and Method, 28（1）：21-43.

Gude P H, Hansen A J, Rasker R, et al. 2006. Rates and drivers of rural residential development in the Greater Yellowstone[J]. Landscape and Urban Planning, 77（1~2）：131-151.

Hale C W. 1973. Impact of technological change on urban market areas, land values, and land uses[J]. Land Economics, 49（3）：351-356.

Han L, Kung J K S. 2015. Fiscal incentives and policy choices of local governments：evidence from China[J]. Journal of Development Economics, 116：89-104.

Hanushek E A, Quigley J M. 1990. Commercial land use regulation and local government finance[J]. American Economic Review, 80（2）：176-180.

Hill K Q, Coughlin R M. 1980. Ideology, public opinion, and welfare policy：attitudes toward taxes and spending in industrialized societies[D]. PhD. Dissertation of the University of California.

Hodge I. 1984. Uncertainty, irreversibility and the loss of agricultural land[J]. Journal of Agricultural Economics, 35（2）：191-202.

Hoffmann W G. 1958. The Growth of Industrial Economies[M]. Manchester：Manchester University Press.

Hoyos D. 2010. The state of the art of environmental valuation with discrete choice experiments[J]. Ecological Economics, 69（8）：1595-1603.

Huizing H, Bronsveld M C, Chandrapatya S, et al. 1994. Knowledge transfer to farmers and the use of information systems for land use planning in Thailand[C]//Fresco L O, Stroosnijder L, Bouma J. The Future of the Land：Mobilising and Integrating Knowledge for Land Use Options Chichester：Wiley：141-160.

Hushak L J, Sadr K. 1979. A spatial model of land market behavior[J]. American Journal of Agricultural Economics, 61（4）：697-702.

Isakson H R, Ecker M D. 2001. An analysis of the influence of location in the market for undeveloped urban fringe land[J]. Land Economics, 77（1）: 30-41.

Jaeger W K, Plantinga A J, Grout C. 2012. How has Oregon's land use planning system affected property values?[J]. Land Use Policy, 29（1）: 62-72.

Johnson E A. 2002-12-03. Peripheral land grid array package with improved thermal performance[P]. U.S. Patent 6490161.

Kenedy G A, Hening S A, Vandevear L R, et al. 1997. An empirical analysis of the Louisiana rural land market[R]. Louisiana State University Agricultural Center, Louisiana Agricultural Experimental Station.

Lai Y, Peng Y, Li B, et al. 2014. Industrial land development in urban villages in China: a property rights perspective[J]. Habitat International, 41（2）: 185-194.

Lall S V, Freire M, Yuen B, et al. 2009. Urban Land Markets: Improving Land Management for Successful Urbanization[M]. Washington: Springer & World Bank.

Lancaster K J. 1966. A new approach to consumer theory[J]. Journal of Political Economy, 74（2）: 132-157.

Lawrence D M, Slater A G, Tomas R A, et al. 2008. Accelerated arctic land warming and permafrost degradation during rapid sea ice loss[J]. Geophysical Research Letters, 35（11）: L11506.

Lee C M, Linneman P. 1998. Dynamics of the greenbelt amenity effect on the land market—the case of Seoul's greenbelt[J]. Real Estate Economics, 26（1）: 107-129.

Lee Y Q, Jia R M. 2006. A diagnoses of 1538 losing field peasants in eastern, middle and western part of China[J]. Economist, （5）: 84-90.

Lenz R T. 1978. Strategic interdependence and organizational performance: patterns in one industry[D]. PhD. Dissertation of the Indiana University.

Li Y, Liu Y, Long H, et al. 2014. Community-based rural residential land consolidation and allocation can help to revitalize hollowed villages in traditional agricultural areas of China: evidence from Dancheng County, Henan Province[J]. Land Use Policy, 39: 188-198.

Libby L W. 2008. Rural land use problems and policy options: overview from a US perspective[J]. Journal of Property Tax Assessment and Administration, 5（1）: 5.

Lin R, Zhu D. 2014. A spatial and temporal analysis on land incremental values coupled with land rights in China[J]. Habitat International, 44: 168-176.

Lin T, Evans A W. 2000. The relationship between the price of land and size of plot when plots are small[J]. Land Economics, 76（3）: 386-394.

Liu Y, Fang F, Li Y. 2014. Key issues of land use in China and implications for policy making[J]. Land Use Policy, 40（1）: 6-12.

Liu Y, Li Y. 2017. Revitalize the world's countryside[J]. Nature, 548（7667）: 275-277.

Loomis J, Gonzalez-Caban A, Gregory R. 1994. Do reminders of substitutes and budget constraints influence contingent valuation estimates?[J]. Land Economics, 95（7）: 499-506.

Lopez R A, Shah F A, Altobllo M A. 1994. Amenity benefits and optimal allocation of land[J]. Land Economics, 70（1）: 53-62.

MacKenzie D. 1993. Inventing Accuracy: A Historical Sociology of Nuclear Missile Guidance[M]. Cambridge: MIT Press.

Macours K. 2014. Ethnic divisions, contract choice and search costs in the Guatemalan land rental market[J]. Journal of Comparative Economics, 42（1）: 1-18.

Manski C F. 1977. The structure of random utility models[J]. Theory and Decision, 8（3）: 229-254.

Marshall A. 1890. Principle of Economics: An Introductory Volume[M]. Cambridge: University of Cambridge Press.

McFadden D. 1974. Conditional Logit Analysis of Qualitative Choice Behaviour[M]. New York: Academic Press.

Miceli T J, Segerson K. 1994. Regulatory takings: when should compensation be paid?[J]. The Journal of Legal Studies, 23（2）: 749-776.

Mill J S. 1848. Principles of Political Economy, with Some of Their Applications to Social Philosophy[M]. London: Longmans, Green and Co., Ltd.

Miller J G, Vollmann T E. 1985. The hidden factory[J]. Harvard Business Review, 63（5）: 142-150.

Mills D E. 1980. Transferable development rights markets[J]. Journal of Urban Economics, 7（1）: 63-74.

Muth R F. 1961. Economic change and rural-urban land conversions[J]. The Econometric Society, 29（1）: 1-23.

Myyra S, Pouta E. 2010. Farmland owners' land sale preferences: can they be affected by taxation programs?[J]. Land Economics, 86（2）: 245-262.

Nelson A C. 1992. Preserving prime farmland in the face of urbanization: lessons from Oregon[J]. Journal of American Planning Association, （3）: 467-488.

Nickerson C J, Lynch L. 2001. The effect of farmland preservation programs on farmland prices[J]. American Journal of Agricultural Economics, 83（2）: 341-351.

Niroula G S, Thapa G B. 2007. Impacts of land fragmentation on input use, crop yield and production efficiency in the mountains of Nepal[J]. Land Degradation & Development, 18（3）: 237-248.

Olson R K, Lyson T A. 1999. Under the Blade: The Conversion of Agricultural Landscapes[M]. Boulder: Westview Press.

Patton M, Kostov P, Mcerlean S, et al. 2008. Assessing the influence of direct payments on the rental value of agricultural land[J]. Food Policy, 33（5）: 397-405.

Paudelg S. 2001. Farmers' land management practices in the hills of Nepal: a comparative study of watersheds "with" and "without" external intervention[D]. PhD. Dissertation of Asian Institute of Technology.

Peterson G. 2009. Unlocking land values to finance urban infrastructure[R]. World Bank.

Petty W. 1679. A Treatise of Taxes and Contributions[M]. London: Obadiah Blagrave.

Pigou A C. 1920. The Economics of Welfare[M]. London: Macmillan and Co.

Pinto-Correia T, Sorensen E M. 1995. Marginalisation and Marginal Land: Processes of Change in the Countryside: Monotoring and Managing Changes in Rural Marginal Areas: A Comparative Research[M]. Aalborg: Institut for Samfundsudvikling og Planlægning: Aalborg Universitetscenter.

Plantinga A J, Miller D J. 2001. Agricultural value and value of rights to future land development[J]. Land Economics, 77（1）: 56-67.

Richard J A, James G M. 1978. Market and shadow land rents with congestion[J]. The American Economic Review, 68（4）：588-600.

Roddewing R J, Ingbram C A. 1987. Transferable Development Rights Programs[M]. Chicago：American Planning Association.

Rosen H S, Ted G. 2008. Public Finance[M]. New York：McGraw-Hill, Irwin.

Sante-Riveira I, Crecente-Maseda R, Miranda-Barros D. 2008. GIS-based planning support system for rural land-use allocation[J]. Computers and Electronics in Agriculture, 63（2）：257-273.

Scarpa R, Bateman I. 2000. Efficiency gains afforded by improved bid design versus follow-up valuation questions in discrete-choice CV studies[J]. Land Economics, 76：299-311.

Sellar C, Chavas J P, Stoll J R. 1986. Specification of the logit model：the case of Valuation of nonmarket goods[J]. Journal of Environmental Economics and Management, 13（4）：382-390.

Seto K C, Kaufmann R K. 2003. Modeling the drivers of urban land use change in the Pearl River Delta, China：integrating remote sensing with socioeconomic data[J]. Land Economics, 79（1）：106-121.

Shapley L S. 1953. Additive and non-additive set function[D]. Ph D. Dissertation of the Princeton University.

Small L E, Derrd A. 1980. Transfer of development rights：a market analysis[J]. American Journal of Agricultural Economics, 62（1）：130-135.

Smolka M O, Davi A. 2007. Value capture for urban development：an inter-American comparison[R]. Lincoln Institute for Land Policy.

Swait J, Adamowicz W, van Bueren M. 2004. Choice and temporal welfare impacts：incorporating history into discrete choice models[J]. Journal of Environmental Economics and Management, 47（1）：94-116.

Teklu T, Lemi A. 2004. Factors affecting entry and intensity in informal rental land markets in southern Ethiopian highlands[J]. Agricultural Economics, 30（2）：117-128.

Titman S. 1985. Urban land prices under uncertainty[J]. The American Economic Review, 75（3）：505-514.

Wang H, Tao R, Tong J, 2009. Trading land development rights under a planned land use system：the "Zhejiang Model"[J]. China & World Economy, 17（1）：66-82.

Wang Y, Chi-man H E. 2017. Are local governments maximizing land revenue? Evidence from China[J]. China Economic Review, 43（7）：196-215.

Wen L J, Bustic V, Stapp J R, et al. 2017. Can China's land coupon program activate rural assets? An empirical investigation of program characteristics and results of Chongqing[J]. Habitat International, 59（1）：80-89.

Wiebe K, Tegene A, Kuhn B. 1996. Partial inerests in land：policy tools for resource use and conservation[R]. US Department of Agriculture, Economic Research Service.

Williamson O E. 1971. The vertical integration of production：market failure considerations[J]. The American Economic Review, 61（2）：112-123.

Williamson O E. 1979. Transaction-cost economics：the governance of contractual relations[J]. The Journal of Law & Economics, 22（2）：233-261.

Williamson O E. 1985. The Economic Institutions of Capitalism：Firms, Markets, Relational

Contracting[M]. New York, London: Free Press.

Williamson O E. 1991. Comparative economic organization: the analysis of discrete structural alternatives[J]. Administrative Science Quarterly, 36(2): 269-296.

Wu W. 2004. Sources of migrant housing disadvantage in urban China[J]. Environment and Planning A, 36(7): 1285-1304.

Wuensch J, Kelly F, Hamilton T. 2000. Land value taxation: views, concepts and methods: a primer[R]. Lincoln Institute of Land Policy.

Xu J, Yeh A, Wu F. 2009. Land commodification: new land development and politics in China since the late 1990s[J]. International Journal of Urban and Regional Research, 33(4): 890-913.

Yang X, Burton M, Cai Y, et al. 2015. Exploring heterogeneous preference for farmland non-market values in Wuhan, central China[J]. Sustainability, 8(1): 12.

Zhang Q, Song C, Chen X. 2018. Effects of China's payment for ecosystem services programs on cropland abandonment: a case study in Tiantangzhai Township, Anhui, China[J]. Land Use Policy, 73(4): 239-248.

Zhang W, Nickerson C J. 2015. Housing market bust and farmland values: identifying the changing influence of proximity to urban centers[J]. Land Economics, 91(4): 605-626.

Zhou J. 2005. A transitional institution for the emerging land market in China[J]. Urban Studies, 42(8): 1369-1390.

Zhou M, Cai G. 2005. Trapped in neglected corners of a booming metropolis: residential patterns and marginalization of migrant workers in Guangzhou[C]//Logan J R. Urban China in Transition. Oxford: Blackwell: 226-249.

后　　记

　　优化国土空间开发格局和完善集体建设用地增值收益分配制度是当前土地制度改革的重点，也是难点，在城乡一体化建设过程中发挥着统筹和管控作用。因此，本书的问世，对于深化我国城乡土地制度改革、唤醒沉睡的农村土地资产、提高农民收入有着重要意义。本书紧紧围绕"城乡一体化"，首先，将城乡一体化分解为新型城镇化、新型工业化、农村现代化和信息化，建立了四化指标评价体系，以湖北省为例测算了"四化同步"水平，并以湖北省典型城市和"四化同步"试点乡镇为例，进行省、市、镇三级尺度的城乡一体化空间优化分区。其次，结合地租地价理论、收益分配理论、要素贡献理论等，建立了城乡一体化下相关权利主体在存量市场和空间置换过程中的收益分配理论模型，并在集体建设用地空间关系识别和空间置换收益分配模式总结的基础上，以鄂州市和"四化同步"典型示范乡镇为例，构建基于要素贡献的收益分配模型，分析市、镇两级尺度收益分配时空变化和优化分配比例。最后，对研究区不同优化模式下不同利益主体参与国土空间优化的意愿、福利水平和合作关系，以及相关权利主体参与的动力和阻力因素进行分析，最终为国土空间优化和改善收益分配机制提供参考和依据。在这一研究过程中，涌现了较多研究成果，且部分已采用学术论文等形式发表，产生了一定学术影响。为了进一步扩大影响力，在多次课题讨论和听取多方意见后，我们将相关研究成果整理成书。因此，可以说，本书是历经多年实地调研、多次课题讨论、多方论证后凝结而成的。

　　全书的统稿由文兰娇博士和张安录教授负责。同时，包含了课题组诸多同仁的辛勤工作，其中，孙宇腾和韩啸博士参与了本书第1章、第2章，高欣和谢向向博士参与了本书第3章，胡越、吴巍和罗天琪硕士及杨作霞、杨昊参与了本书第4章，王鹏涛参与了本书第5章。在此，对以上参与了各章节工作的同仁们表示真诚的感谢，感谢大家辛苦的工作和对本书的全力支持，感谢研究过程中老师、同学和其他研究人员在实地调研和课题论证中的协作和支持。最后，本书的出版离不开编辑的辛苦付出，在这里，也衷心感谢科学出版社的编辑为本书的出版提供的帮助、意见和支持。再一次向他们表示诚挚的谢意！

　　尽管在研究过程中力求理论和实践紧密结合，立足于充分、广泛的社会调查，深入分析城乡一体化下国土空间优化和土地增值收益分配机制与未来政策需求，以支持政策建议的针对性、合理性和可靠性，且本书的编辑耗时较长，在书稿编辑过程中也进行了反复修改和完善，但不足之处在所难免，恳请读者批评指正！

文兰娇　张安录

2019 年 12 月于狮子山